運의 해석

夏

박청화의 실전 사주명리학

청화학술원

서문

한 개인의 운명에 작용하여 각개(各個) 다른 삶의 모습을 만드는 것은 여러 가지 요소의 작용 속에 이루어진다. 크게 나누어 보아 천시(天時), 인위(人爲), 지리(地理) 요소로 나눌 수 있다.

천시는 한 개인이 태어날 때 세성(歲星;목성)의 공전 좌표와 지구의 공전, 자전 그리고 시각이 부여하는 천체 인력 작용의 조합으로 볼 수 있다. 사주(四柱) 성립의 원리이기도 하다. 물론 일반론으로 그 국가의 흥망 흐름이 이루어지는 당시 흐름도 천시에 해당한다고 볼 수 있겠다.

인위는 어떤 부모나 어떤 배우자, 가족 커뮤니티, 생활 방식, 직업 활동 등과 관계성을 갖추어가느냐가 된다. 동일 사주의 사람이 많은데 삶의 내용과 결과가 다른 이유는 사주 외에 1차적으로 '인위'의 요소가 작용한다고 볼 수 있다.

지리는 어떤 물리적 공간, 국가, 국가 체제 속에 삶의 근거를 획득하고 활용(생활)하는가의 측면을 의미한다. 지구에서 경도(經度)가 동일한 나라가 많이 존재하는데 어떤 나라에서 태어나고 살아가는지를 살필 필요가 있다. 유럽과 아프리카의 예는 격차가 많음을 보여준다. 사회주의, 자본주의 체제도 삶의 선택을 많이 제한하는 요소로 작용하니 전제할 필요가 있다. 태어난 나라를 떠나 다른 나라에서 살아갈 경우, 그 지리적 변화 요소를 챙기면서 미래를 유추하는 것이 상식이 될 것이다.

태어나는 순간을 떠나 성장의 시기에 들어서면 천시가 바뀌는 과정, 인위 요소가 바뀌는 과정, 지리적 변동 과정을 거치면서 운의 변화 작용과 그 결과를 얻는 것이 삶의 원리가 된다.

사주 명리에서 운의 변화를 해석하는 방법은 아주 다양한 방법이 필요하다. 큰 단위로는 10년 단위의 대운, 1년의 운을 다루는 세운(歲運), 월의 변동에 따른 월운(月運), 하루하루의 일진(日辰), 시각 변화의 시진(時辰)의 변동과 조합을 고려하면서 큰 흐름과 세세한 흐름을 다루어야 하니 많은 방법이 필요하다.

간지의 변화로 운의 작용이 바뀐다는 것은 운의 해석 측면에서 일반적인 것이다. 격용론을 위주로 해석하는 사람들은 대체로 강약론과 용신, 희(喜)·기(忌)·구(仇)·한(閑) 작용을 많이 채택하여 해석하고 신살(神殺)론을 많이 쓰는 사람들은 신살의 변화와 작용을 통하여 많은 부분을 해석한다. 많은 사람들이 기타 다양한 방법으로 운의 해석을 하는 것을 볼 수 있다. 여러 가지 장단점이 있는 것으로 안다.

필자는 좀 더 현대적 기준점을 정리, 제시하기 위하여 '운의 해석'을 강술하였다. 운이 바뀔 때 기운의 강약 측면, 구조의 변동 측면, 속성의 변화 측면, 역학적 주기론에 따른 해석 측면 등을 다루어 다양한 시각이나 기준점으로 운을 해석할 수 있도록 정리하였다. 흡사, 사람의 몸을 진단할 때 엑스레이, CT, MRI, PET-CT 등 다양한 방식으로 해석할 수 있듯이 명과 운도 다양한 기준점으로 분석하여 제시할 수 있다고 생각하면 좋겠다. 예를 들어 운에서 지지 미(未)가 신(申)으로 바뀌었을 때 단순히 토(土)가 금(金)으로 바뀐 측면만 고려하지 말고 미(未)의 고유 작용과 신(申)의 고유 작용이 바뀌는 것도 고려하고 명의 인자에 어떤 작용을 일으켜 구조적 변동을 만드는지 신살 작용으로 속성을 바꾸는지 등을 함께 살펴보는 것이 좋겠다는 생각이다.

 이런 점을 전제하고 '운의 해석'에서 나오는 다양한 논리들을 정리하다보면 운을 풀이하는 큰 시각도 자연 얻을 수 있으리라 생각한다.

 이 강의를 들을 분들은 대부분 현업에 종사하거나 수준급 아마추어들이라 용어나 술어에 대한 설명이 없이 바로 주요 논리를 적용한 측면이 있고 논리를 보강하기 위하여 곁가지 논리를 한참 언급하는 부분도 있을 것이다. 용어나 술어에 관한 이해가

능숙하지 못한 분들은 인내심을 가지고 차근차근 읽어나가면 해결이 될 것이라 생각한다. 아쉽지만 혜량하여 주시기를 바란다.

설명이나 적용 논리에서 부족한 부분이나 의심나는 점도 많을 것인데 해당 부분에 대하여 언제든지 질정(叱正)을 아끼지 않으시길 바란다.

세상살이가 모두 운의 변화, 변동 앞에서 항해를 하는 입장이라 무수한 변수를 만나는 것이 일반인데 독자제현께서 운명적 해석을 하는데 일조(一助)가 된다면 참으로 영광스러운 일이겠다.

이 책의 출간에 도움을 주신 많은 분들께 거듭 거듭 감사의 말씀을 드린다.

2021. 11.

원저자　박 청 화 근배

서문	2
2-2. 運의 五行	
2-2-1. 명조내의 五行과 運의 五行 차이	12
명조내의 五行	
運의 五行	
명조내의 五行과 運의 五行 적용 및 해석	
2-2-2. 干支의 五行	20
天干의 五行	
地支의 五行	
地藏干의 五行 처리	
2-2-3. 五行의 적용	31
亥子, 巳午의 적용	
辰戌丑未의 해석 적용	
運의 五行 적용 및 범위	
2-2-4. 合에 의한 五行	37
合의 성립 여부	
화(化) 五行의 해석	
적용 및 범위	
2-2-5. 五行과 변화량	63
五行의 기운별 편차	
2-2-6. 케이스 연구	67

2-3. 干支의 해석

2-3-1. 명내(命內)의 干支와 運의 干支 차이 ········ 82
    명내(命內)의 干支, 運의 干支
    명내(命內)의 干支와 運의 干支 적용 및 해석

2-3-2. 運의 干支 ········ 92
    天干의 해석 적용
    地支의 해석 적용

2-3-3. 運의 干支 실제 ········ 132
    天干 地支의 해석적용 실제
    地藏干의 干支해석 적용 실제
    運의 干支 적용 및 범위

2-3-4. 合과 冲에 의한 干支적용과 해석 ········ 154
    合의 해석 / 冲의 해석
    合化의 해석
    적용 및 범위

2-3-5, 干支의 특성 정리 ········ 169
    干支의 특성 적용 범위와 사례

2-3-6. 케이스 연구 ········ 173

2-4. 神殺의 적용 및 해석

- 2-4-1. 神殺의 종류 - 運의 해석에 필요한 神殺 중심 ——— 178
- 2-4-2. 天干끼리의 神殺 ——— 186
  - 天干끼리의 적용과 해석
  - 三奇의 성립과 해석 / 해석의 실례
- 2-4-3. 天干과 地支의 관계 神殺 ——— 205
  - 空亡의 적용 및 해석
  - 수강생 질문과 답변
  - 12운성의 적용 및 해석
  - 貴人의 적용과 해석
  - 각종 天干 地支의 적용
- 2-4-4. 地支와 地支의 관계 神殺 ——— 261
  - 合과 冲의 적용 및 해석
  - 12神殺의 적용 및 해석

2-5. 남녀의 해석

2-5-1. 인간 運의 고정요소 ——————————— 336
신체발달의 運
정신변화의 運
기후변화와 발달의 運
인간의 운명

2-5-2. 남녀 運의 고정요소 ——————————— 350
남자 運의 고정요소 / 여자 運의 고정요소
남녀간의 편차

2-5-3. 남녀 運의 干支 적용 ——————————— 373
干支의 적용과 남녀편차
三合의 적용과 남녀 편차
해석의 실례

2-5-4. 남녀 運의 神殺 적용 ——————————— 396
合과 冲의 적용과 남녀편차
12神殺의 적용과 남녀편차
각종 神殺의 적용과 남녀편차

2-2. 運의 五行

2-2-1. 명조내의 五行과 運의 五行 차이
　　　　명조내의 五行
　　　　運의 五行
　　　　명조내의 五行과 運의 五行 적용 및 해석
2-2-2. 干支의 五行
　　　　天干의 五行
　　　　地支의 五行
　　　　地藏干의 五行 처리
2-2-3. 五行의 적용
　　　　亥子, 巳午의 적용
　　　　辰戌丑未의 해석 적용
　　　　運의 五行 적용 및 범위
2-2-4. 合에 의한 五行
　　　　合의 성립 여부
　　　　화(化) 五行의 해석
　　　　적용 및 범위
2-2-5. 五行과 변화량
　　　　五行의 기운별 편차
2-2-6. 케이스 연구

2-2. 運의 五行

2-2-1. 명조내의 五行과 運의 五行 차이

　수많은 종류에 陰陽의 다양한 기준과 범위를 공부 중인데 제가 정리한 것 외에도 여러분이 스스로 '나는 이런 것을 또 陰陽으로 본다.' 이렇게 陰陽을 하나의 기준으로 만들어 보십시오.
　陰陽은 이렇습니다. 이쪽 공부를 오랫동안 한 분이 지나가는 말로 저에게 물었습니다.
　"도대체 뭘 진짜 바꿀 수 없는 원리로 생각하면 되느냐?"
　"사주명리고 뭐고 陰陽밖에 없다."
　'陰陽의 기준을 어떤 기준으로 나누느냐?' 하는 문제일 뿐이라는 것입니다. 하여튼 陰陽을 '큰 단위로 하느냐? 작은 단위로 설정하느냐? 또 이것을 서로 대립으로 보느냐?' 그 기준만 잘 설정하면 그것만 가지고도 얼마든지 이 학문적 분야를 확장해서 쓸 수 있습니다.
　그래서 제가 정리 안 해드린 그런 분야에서도 여러분이 陰陽을 설정해서 다양하게 해석하는 방법을 찾아보시기 바랍니다.
　그다음에 '運의 五行'입니다. 五行은 이 공부하면서 마르고 닳도록 매일 했던 이야기가 五行인데, 運의 五行에서 제일 중점을 뒤서 생각할 것은 명내에 있는 五行과 運에서 오는 五行을 조금은 분리할 필요가 있다는 겁니다.

명조내의 五行

그러니까 명내에 있는 木, 火, 土, 金, 水는 일종의 사람이나 존재에 이미 부여된 질적(質的)인 측면을 더 많이 설정하였다고 보면 되는데 木이라고 하면 기본적으로 木氣라고 하는 것이 당연히 木운동을 많이 조장하는 기운을 상징합니다.

木, 火, 土, 金, 水를 일종의 기질(氣質)이라고 합니다. 氣的인 요소를 바탕으로 하지만 모든 干支체계 자체가 質的으로 고정되거나 사물화된 것으로 설정해도 좋다는 겁니다. 어떤 것에 대비해서입니까? 運에 대비해서입니다.

[그림 10-5]

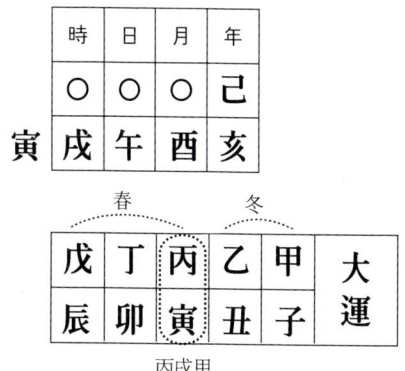

丙戌甲

● 運의 五行

運에서는 木, 火, 土, 金, 水를 제일 간략하게는 계절이라고 생각하면 됩니다. 계절이라는 것이 결국은 뭡니까? 천체운행에 의해서 발생되는 소위 '運行氣'가 됩니다. 봄에서 여름으로 넘어가고 여름에서 가을로 넘어가고 가을에서 겨울로 넘어가는 것이 전부 다 運에 의한 행(行)으로 나아가고 운행하면서 생기는 기운적인 측면 즉 기(氣) 측면을 또 질(質)과 대비했을 때를 일단 설정해줄 필요가 있는 것입니다.

● 명조내의 五行과 運의 五行 적용 및 해석

```
木 火 土 金 水     氣質     씨앗
                ↕        +
木 火 土 金 水 :   계절     계절
                  運行氣
```

명리를 공부하면서 木, 火, 土, 金, 水도 사물화를 시켜서 해석하려는 이해가 많은데 사실은 전체를 다 무엇으로 봐야 되겠습니까? 소위 氣的인 요소로 봐야 된다는 것입니다. 운동성, 경향성, 흐름 이런 것이 훨씬 더 많이 부여된다는 뜻인데 명과 運이라는 것을 볼 때는 運을 계절로 이 명(命)은 소위 씨앗입니다. 명(命)을 씨앗으로 본다면 어떤 기운이 사물화되고 구체화 된 것입니다. 기운이 사물화된 것으로 기준을 두고 또 이것이 '어떤 계절을 만나서 변화하느냐? 변동하느냐?' 하는 것입니다.

변화는 속성이나 개성이 화학적인 변성에 가까운 것이 化가 됩니다. 변동은 튕겨서 움직이는 것으로 움직임의 개념입니다. 化는 그 자리에서 자기 성질을 자꾸 바꾸어나가는 것이 됩니다.

그래서 계절이라는 것이 하나의 기운의 운행에 의해서 씨앗을 변동시키기도 하고 변화시키기도 하고 그 두 가지를 다 읽어줘야 되는 것입니다. 그래서 그것을 먼저 전제해두셔야 합니다.

옛날 고전에 보면 주역의 찬동계인지 어딘지는 저도 기억이 정확하지 않습니다만 수화호근 금목정질(水火互根 金木定質)이라고 하는 것이 나옵니다. 혹시 이 구절을 보신 적 있으십니까? 옛날 고전 책에서 본 것 같습니까?

물과 불이 서로 호근(互根)작용을 한다는 것은 소위 기운의 운행 측면을 말하는 것이고 한래(寒來) 즉 추위가 오면 서왕(暑往) 즉 더위가 물러가고 하는 것이 서로 오르고 내리고 한다는 것입니다.

[그림 10-2]

四柱란

壬 丁
水 火 互 根 : 기운의 운행측면, 더위가 물러가고
金 木 定 質 : 질적인 측면
庚 乙

그래서 결국은 뿌리가 같은데 '운동성이 어떻게 형성되었느냐? 방향성이 밖으로 펼쳐지느냐? 안으로 오므라드느냐?' 그러니까 펼쳐지거나 오므라들거나 오르거나 내리거나 하는 것이 서로 극단에 이르면 되돌리므로 호근(互根) 서로 뿌리 작용을 한다는 것입니다.

자기가 火의 극단에 水의 뿌리가 있는 것이 문양으로 태극문양이 되는 것입니다. 서로의 뿌리가 되는 작용이라는 것입니다.

그래서 이런 氣의 운행 측면이 五行 안에서도 水火가 되고 금목정질(金木定質)은 水火의 운행에 의해서 木의 성질이 펼쳐졌다가 金의 성질이 다시 드러났다가 하게 되는데 金木이 대체로 질적인 측면을 보여주게 됩니다.

그러니까 五行도 어떤 운동성 속성 면에서 이렇게 차이를 주는 것입니다. 그러니까 저는 저런 클래식도 사실은 명리 클래식만 주로 봤기 때문에 저런 주역에 나오는 표현들을 그 당시에는 섭렵을 못 하고 87년도 여름에 책을 다 불살라놓고 왔다 갔다 하면서 고민을 하다가 저런 것과 의미가 거의 같은 개념에서 五行을 이해하게 된 것이 이런 것입니다.

[그림 10-3]

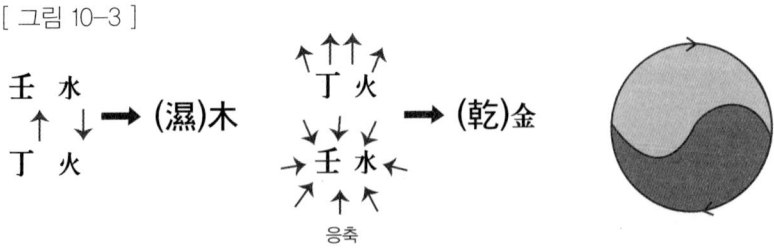

결국, 金과 木이 다른 몸이라고 생각한 것부터 골병이 든 겁니다. 그래서 水와 火가 干支상으로 보면 壬과 丁이 되고 金과 木은 庚과 乙이 됩니다.

丁壬 合이 어떻게 됩니까? 壬水가 위에 놓고 丁火가 밑에 놓면 五行的으로 火와 水가 위아래로 놓임으로써 주역괘상으로는 보통 기제(既濟)라고 표현하지만, 水는 밑으로 내려오고 火는 위로 오름으로써 水火가 섞이는 조건이 부여된 것입니다. 水火가 섞이는 조건이 부여되어서 만들어지는 것이 木의 성질로 드러납니다.

거꾸로 丁火가 위에 떠있고 壬水가 밑에 있으면? 더운 기운이 위에 매달려서 밑으로 내려오지 않고 위로 더 떠오릅니다. 그다음에 水의 기운이 더 응축하는 작용이 이루어지면 丁과 壬 사이에는 뭐가 발생합니까? 건(乾)이 발생합니다.

壬이 위에 있고 丁이 아래에 있는 건(乾)의 반대 개념에서는 땅에서는 자꾸자꾸 지열이 생기고 그다음에 위에서는 수분이 자꾸 내려오면 뭐가 발생합니까? 五行的으로는 木이고 濕이 발생합니다. 이 濕이라고 하는 것이 생명체를 만들어내는 동인(動因)이 됩니다.

그다음 봄이 오면 점점 열량이 증가합니다. 그러면 지상의 추위에 또는 陰의 기운에 갇혀있던 것들은 봄이 되면 밖에서 살살 꼬셔냅니다. 씨앗이라는 것이 응축해 있는 것이 壬水입니다. 그러니까 밖에서 丁火가 살살 꼬셔내니까 결국은 木氣가 형성되고 木氣가 형성되었다는 말은 金氣가 해체된다는 것입니다.

그래서 처음에 五行을 공부할 때 木은 나무, 金은 도끼 그렇게 뼈가 부서지도록 공부해서 格局은 이러하고 用神은 이러하니 뭐 어쩌고저쩌고 마르고 닳도록 봤던 것에서 착오를 한 것이 근본적으로 氣의 운행이 되는 것이고, 그다음에 金木이라고 하는 것이 결국은 질적인 면을 드러내는 것인데 둘이 아니고 표리(表裏) 즉 겉과 속이라는 것입니다. 金木이 둘이 아니고 한몸이 되는 겁니다. 水火도 둘이 아니고 한 몸입니다.

그래서 결국 丁火가 壬水 밑에 들어가기 시작한다는 것은 씨앗 속에 열기가 들어가면 丁火가 壬水를 짊어지고 있습니다. 그러면 어떤 작용입니까? 생명작용이 이루어지고 濕이 만들어집니다.

그다음에 丁火가 위로 오르기 시작하면 즉 가을에 해가 짧아지고 열량이 줄어들면 丁火가 이 壬水 밑으로 못 들어오니까 결국은 壬水는 자기 고유 성질로 자꾸 밑으로 내려오고 엉기는 작용이 옵니다. 그다음에 열기는 부족하니까 위에만 들떠있는 모양이 됩니다.

그렇게 하니까 乾이 생기고 金이 생깁니다. 그러니까 싹트고 뻗어 나가던 놈이 엎드리고 열매 맺고 도로 내려오게 됩니다. 그래서 金氣가 에워싸고 木氣가 숨는 과정이 발생한다는 것입니다.

싹이 될 놈이 그다음 봄이 되면 金氣가 해체되고 木氣가 올라옵니다. 그 두 가지가 결국은 한 몸으로 붙어있기 때문에 결국은 금목정질(金木定質)이 됩니다.

거기에 水火가 어떤 컨디션으로 작용하느냐는 것을 제가 87년도 7월 18일 날 밤에 알았다는 겁니다.

강원도 군사지대 바닷가에 가면 진짜 멋있는 곳이 많습니다. 멋있는 바위 사이에 소나무들이 막 몸을 비꼬아 자라있습니다. 그것을 볼 때마다 매일 저것은 金剋木이라고 생각을 했습니다.

그런데 이 원리를 알고 나니까 '옛사람들의 말이 이 말이었구나.' 하는 것을 알게 되었습니다.

金과 木이 분리된 것이 아니라 나무에 일어나는 '에워싸주는 힘'으로 딱딱하게 굳어지고 결실을 시키는 힘이 金이고 그것이 사물에 대한 것이 씨앗이고 열매가 되는 것입니다.

'五行이라고 하는 것이 결국은 사물의 다섯이 아니라 기운의 다섯이구나! 그리고 그것이 각각 다 다른 줄 알았더니 한 몸 속에 있더라.' 하는 것입니다.

사주라는 것이 五行의 여러 가지 기운적인 요소가 그 사람 속에 질적으로 부여된 것 그것이 소위 그릇이 되는 것입니다. 그래서 그런 질적인 부분을 좀 더 이해하기 위해서 생각해 본다면 씨앗, 부여되어 있는 바탕적인 요소, 그다음에 運에서 오는 木, 火, 土, 金, 水는 계절이라고 하는 것을 가지고 접근 해석 하는 것이 運의 五行을 보는 방법이라는 것입니다. 이해되십니까?

2-2-2. 干支의 五行

그다음에 干支의 五行에서 '天干의 五行', '地支의 五行' 또 '地藏干의 五行처리'인데 이것은 運에서 오는 干支를 말하는 것입니다.

[그림 10-4]

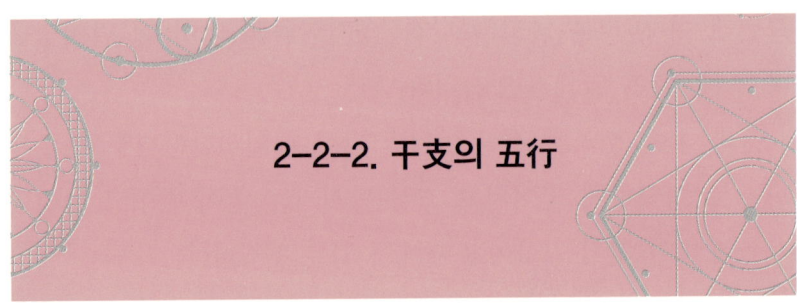

戊 丁 丙 乙 甲
─────────────
辰 卯 寅 丑 子

㉠ 干支 자체의 의미
㉡ 干支의 五行 → 天干의 六親的 요소
㉢ 命內의 인자(地藏干을 포함)
㉣ 化의 여부

大運이 甲子, 乙丑, 丙寅, 丁卯, 戊辰 이런 식으로 흘러간다고 할 때 天干의 처리를 몇 가지 측면에서 할 수 있는데 기본적으로 '㉠干支자체의 의미'는 다음 시간에 할 겁니다.

'㉡干支의 五行' 그다음에 '㉢득기(得氣)' 命內의 인자가 있습니다.

득기(得氣)했다는 명칭을 꼭 붙인다면 예를 들어서 팔자의 명내에 돼지 亥자라는 것이 있는데, 大運에서 甲子 大運을 만났다면 이것은 일종의 내부적인 힘을 밖으로 뻗쳐낸 것으로 볼 수 있습니다. 그 작용이 명내의 인자에서 드러난 것인데, 범 寅자가 있어도 당연히 그렇습니다. 또 地藏干을 포함하는 것도 당연한 것입니다.

[그림 10-5]

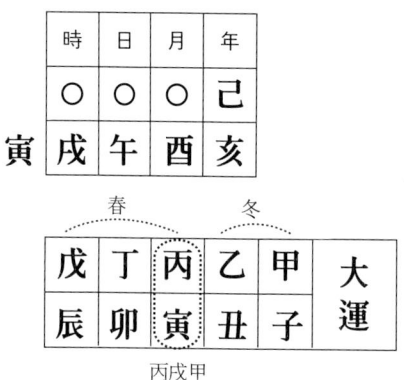

예를 들어서 팔자의 구성이 亥, 酉, 午, 戌이라면 亥중에 있는 甲木이 運에서 드러나 있다면 이때 운동성, 방향성, 六親的인 속성이 대체로 강하게 드러난다는 것입니다.

왜냐면 사람들 사이에서도 마찬가지입니다. '작심하고 떠든다.', '작심하고 매를 들었다.' 그것은 뭡니까? 마음속에 매가 있었다는 겁니다. 그래서 그 매가 타고난 명내에 있다면 干支에서 그 힘의 우열 이런 것을 통해서 가려줄 필요가 있다는 것입니다. 그래서 干支의 五行도 마찬가지입니다.

그다음에 네 번째가 'ㄹ 化의 여부'입니다. (그림 10-5 참조)

명조 내에 己土가 있어버리면 甲이 세력은 있되 甲의 작용을 다 하지 못하게 되는데 그 조건이 '大運에 의해서 가능하냐? 가능하지 않으냐?' 이런 것들을 化의 여부를 봐줘서 해석해야 합니다.

그러니까 해석은 일단 그냥 다해주면 됩니다. 일단 甲의 작용이 옵니다. 그다음에 명내에 인자가 있으므로 이것이 偏官이라면 감투라든지 남의 일을 봐주는 이런 속성으로써 강하게 작용합니다. 그런데 다시 己土로 견인 작용이 생기면 그 작용이 제한적입니다. 그러니까 그 의미를 그대로 전부 다 부여를 해주는 것입니다.

그래서 사람들이 힘들다고 느끼는 것이 모두 다입니다. 슴이 되어서도 괴롭다는 겁니다. 그다음에 偏官이 와도 괴롭다는 겁니다. 이런 식입니다. 그러니까 사람들이 '어느 레벨에서 본인이 통증을 느끼는가?' 또는 '근심거리로 삼고 있느냐?' 이런 것을 전제해두고 이해를 해줘야 하는 것입니다.

안 그러면 지난 시간에 잠깐 언급했지만, 甲乙이라는 이 자체에서 제일 두드러진 특징 중에 하나가 干支 중에서도 木입니다. 甲, 乙, 寅, 卯 이놈들은 어쨌든 가만히 놓아두면 안 되는 것입니다. 터트려야 됩니다. 싹을 터트리고 씨앗을 터트리고 터트려야 되니까, 본래에 있는 모양을 어떤 식으로든 훼손하고 흐트러지게 하고 새롭게 만든다는 것입니다.

그래서 '그런 뭔가 가만히 있으려고 했는데 바뀌어서 오는 통증인가?' 아니면 '甲이 偏財라면 偏財라서 겪는 통증인가?' 이것을 전부 다 체크를 해봐야 됩니다.

그러니까 보통 서로 대화가 어긋나는 것이 그런 것들입니다. 지금 뭔가 변화가 온다는 것을 강조하고 있는데 자기는 偏官 때문에 피곤하다는 식의 어긋난 대화가 상담 같은 것에서 잘 발생하는 것입니다.

그래서 干支의 五行측면에서 ㉠~㉣ 안의 맥락에서 파악을 해주어야 됩니다.

五行이 있다는 것은 결국 六親的인 요소하고도 결국 매칭이 됩니다. 五行은 결국 六親的인 요소인데 주로 天干이니까 天干 六親 요소라는 것이 주로 정신적 지향성 그다음에 대외적으로 또는 공적으로 드러난 타이틀, 행동, 틀 이런 것들이 됩니다.

그래서 그런 것들의 작용을 '강하다. 약하다.', '甲이다. 乙이다.' 그다음에 주변 인자에 의해서 '化한다. 化하지 않는다.' 이런 것을 같이 해석을 해줘야 되는 것입니다.

그러니까 사람이 통증을 느끼는 것이 이렇습니다. '춥고, 외롭고, 괴롭고, 슬프고, 아프고'까지 있습니다. 그러니까 통증이 오는 통로가 많다는 겁니다. 그러니까 '추워서 힘들다. 아파서 힘들다. 외로워서 힘들다.' 등 통증을 느끼는 것이 많습니다.

앞에서 三合, 五行을 전 시간에 할 때도 했지만 아무리 재물활동이나 사회적인 성취는 좋다 하더라도 그 三合의 陰陽 작용이 왜곡되어 있으니 자기는 외로움 때문에 결국은 그 시기에 자기가 누리고 있는 것이 주는 가치나 행복을 다 버린다는 것입니다.

그러니까 인간의 몸 자체가 통증에 민감해서 그렇습니다. 이런 것입니다. 우리가 클래식을 조금 넘어서 조금 더 융통성 있게 현대적으로 해석해도 좋은 運이 와서 "잘 먹고 잘 사네!", "예. 그런데 왜요?" 이런 것이 자기가 느끼고 있는 통증의 속성이 다르기 때문에 그런 것입니다.

"좋다. 너 잘 되네. 무슨 걱정이고?"
"칫~ 잘 보기는 잘 보는데 나는 별로더라."

그 사람들의 표현도 자기만의 감각이고 객관성을 확보한 것은 아니지만, 또 그 사람의 감각이 영 잘못을 말한 것은 아닙니다. 그러니까 '잘 보기는 잘 보는데 나는 별로더라.' 이런 표현들이 결국 자기의 통증을 같이 읽어주고 공감해주고 하는 것이 필요한데 그런 것 속에 이것이 '六親에서 왔느냐? 五行에서 왔느냐?' 이런 것들을 기준을 가지고 가볍게 터치를 해 보는 겁니다.

예를 들어서 "당신은 偏官이 와서 실속 없는 일, 남의 일에 바쁘다. 관청 일로 왔다 갔다 하는데…." 그런데 별 감동이 없으면 바로 넘어가는 겁니다. "아이고 주변에 만들어 놨던 것들 전부 다 또 새로 만들고 고치고 하겠네." 이렇게 해도 감동이 없으면 다른 것으로 가야됩니다.

그래서 이것이 사실 할 짓이 아닙니다. 어떤 사람은 이럽니다. 어떤 해에는 空亡겹치고 三災겹치고 六親관계, 大運 교차되고 복잡한 것이 있어서 그것을 써주면 1년 것이 거의 반바닥 이상입니다. 그래서 빼곡하게 써주면 읽어보고 "아니 이렇게 여러 가지 이야기하면 무조건 맞추겠네." 하는 겁니다.

그래서 세월이 지나가서 맞았던 것을 형광펜으로 칠해서 오는 사람도 있습니다. '초상 지나간다.' 이런 것에 빨간 줄을 그어서 오는 사람들이 있습니다.

'초상 지나간다.'는 것이 그냥 神殺에서 오는 원리입니다. 그러면 체크해 보면 7개 썼으면 5개 정도는 보통 맞고 두 개는 잘 모르겠다는 식이 되는데 결국 대화나 상담이 어긋나기 쉬운 것이 자기 자신이 통증의 부위라고 생각하는 것이 상담에서는 부위, 속성이 다르기 때문에 그렇다는 겁니다.

가끔가다가 한칼에 그냥 자빠지는 것이 있습니다. 그것이 상기의 내용이 맞아 떨어진 것입니다. 자기가 안 그래도 지금 가만히 있으려고 하는데 주변에서 소란스럽게 말이 나고 해서 왔는데 그 말을 처음 던져준 것입니다.

"아이고 이시기 들어오면 주변이 엄청나게 소란스러워지는데…."

"어찌 알았느냐?"

그러면 다른 것 대충 말해줘도 "예! 예! 예! 맞습니다. 언제 끝납니까? 그것만 명심하겠습니다." 그러면서 갑니다.

여러분이 실관을 많이 해보시면 어차피 우리가 직면하게 되는 모양새니까 그런 측면에서 여러분이 잘 좀 분류를 해 놓으십시오.

❀ 天干의 五行

그다음에 天干의 五行은 주로 기본 의미로 알고 있습니다. 六親이나 또 정신적 경향요소 그다음에 干支 자체의 속성요소 이런 것들을 따져서 해석하는데 주로 五行的으로는 문젯거리라기보다는 자꾸 틀을 훼손하는 木작용 이런 것이 올 때 번잡스러움이나 새로운 것을 추구하는 것이나 이런 것이 자꾸 생겨납니다.

그다음에 火土金水는 여러분들이 일반적인 속성을 다 아시니까 특별히 거기에 시간을 할애하지 않겠습니다.

地支의 五行

[그림 10-6]

地支의 五行

현실면 { 활동분야
양적인 측면
질적인 측면
(계절의 틀) } 80%/100

　그다음에 地支의 五行에서 地支의 五行이 결국은 가장 많은 현실면을 반영하고 그 현실면을 반영한다는 말 자체가 굉장히 또 의미가 많은 것입니다. 그러니까 활동분야의 제한성을 현실적으로 준다는 것입니다.

　그러니까 팔자 내에 그런 케이스들이 좀 있는데 팔자 내에 제조업이 없는데 그러니까 食傷이라는 것이 天干에도 地支에도 잘 드러나지 않은 모양인데도 運에서 食傷이 드러나면 그것을 運에서 써먹고 있습니다.

　그래서 현실 면에서 五行의 작용 그다음에 활동분야뿐만 아니라 干支 자체의 의미에서도 했지만, 五行이라는 것이 주로 양적(量的)인 측면 이런 것도 五行의 인자들이 많이 간섭하게 되는 것입니다.

　그다음에 질적(質的)인 측면이라는 것도 사실 활동분야, 양적(量的)인 면이 다 뒤섞여 있는 표현이긴 한데 양적, 질적 측면 전체를 현실 면에서 많이 간섭하는 것이므로 地支의 五行은 늘 하나의 큰 계절의 틀로 이해해 줄 필요가 있는 것입니다.

　명조마다 다른 것을 비율을 정할 수는 없지만, 그 사람의 삶의 내용을 또는 양적이나 질적인 측면을 규정하는 데에 실제로 한 80% 정도는 기본적으로 끼어든다고 보시면 됩니다.

　그래서 地支의 운동이나 속성 이런 것들에 대해서 상당히 많은 비중을 두고서 해석을 할 필요가 있습니다.

[그림 10-6-2]

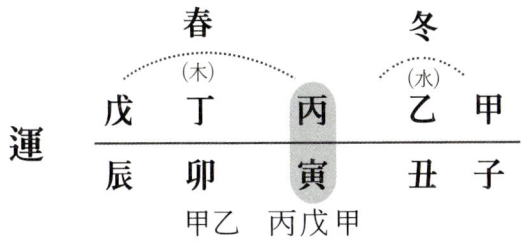

　그래서 丙寅, 丁卯, 戊辰을 크게 묶어서 봄이라 하고 甲子, 乙丑은 겨울입니다. 水라고 하는 속성을 기본적으로 전제해두고 처리를 해나가야 됩니다.

地藏干의 五行 처리

　그다음 地藏干의 처리인데 저는 실관할 때는 많이는 안 써봤는데 이것은 이론적으로 충분히 되는데, 丁卯 大運을 지나간다고 했을 때 甲, 乙이 드러난 유년 歲運이 있지 않습니까?

　그런데 제가 볼 때는 실제로는 명조 내에 있는 것이 드러난 경우가 더 작용이 강한 것 같습니다. 명조 내에 있는 것은 뚜렷하고 運에서 오는 것은 그 차이를 크게 규정하기가 애매하더라는 겁니다. 그런데 이론상으로는 운에서 오는 것이 더 상징성이 커야 되는 것이 맞습니다.

예를 들어서 丙寅 大運 10년을 지나갈 때 甲, 戊, 丙이 드러날 때 좀 더 상징성이 있는 변화가 생기는 것으로 생각하면서도 진짜는 명조 내에서 '이놈이 유년에 튀어나왔다. 안 나왔다.' 이것을 더 유념하여 보게 되고, 실제로 그 사람에게 일어나는 이벤트를 볼 때 명조 내에 있는 것이 좀 더 강하게 작용하더라는 것입니다.

결국 자기 마음속에 씨앗이 있어야 한다는 것입니다. 그러니까 '이미 작심을 했다.' 이것이 내부적으로 에너지를 준비하고 있었던 것을 끄집어내는 것이 그 사람에게 구체적으로 강하게 작용한다는 것입니다.

학생 질문 - 地藏干 안에 있음으로써 상대편이 그러니까 부인이라든지 이런 사람들이 그것보고 붙어있고 떨어져 나가고 하는 그런 역할을 많이 하지 않습니까?

선생님 답변 - 그것을 본다는 것이 이제 이 地藏干 안에 있는 것을요?

학생 질문 - 財, 官, 印이 안에 있어서 그런 財가 튼튼하면 그것보고라도 남자는 뭐 같아도 그것을 보고 있고 그런 역할을 하지 않습니까?

선생님 답변 - 그것은 관계면에서 충분히 그럴 수 있습니다. 관계 면에서 地藏干에 있다는 것이 유리한 것도 있고 불리한 것도 있겠지만 어쨌든 노출하지 않고 항상 자기가 늘 쓸 수 있는 도구의 서랍처럼 갖고 있는 것이므로, '금고에 금돼지 있다.'와 '금고에 아무것도 없다.'는 여자 마음이 완전히 다를 것입니다. 하여튼 금돼지가 있으면 그런 견인 작용이 당연히 있을 겁니다.

[그림 10-7]

 合중에서 '기이한 合이다.' 또는 '特合이다.' 이런 말을 붙여 쓰는 것이 있습니다. 그런 것들이 예를 들어서 申卯 이런 것들은 怨嗔으로 처리하면서 또 庚과 乙이 또 서로 견인작용이 있는 것으로 처리합니다. 怨嗔은 상당히 어울리기 어려운 조건 속에 있는 것을 의미하는데 乙庚이 서로 딱 당기고 있으니까 눈은 흘겨보면서도 서로 견인 작용이 있는 것입니다.
 그래서 그런 것들이 명조 내에 地藏干 속에 있다는 것도 주변 가까운 사람들의 관계 면에서는 작용이 있을 것이라고 보는데 運에 드러난 것을 보고 영향은 좀 받겠지만, 그것 하나로만 의미

를 국한하기는 어렵지 않습니까?

　그래서 저는 이것으로만 연구를 깊이는 못 해봤습니다. 명조 분석하기도 바쁩니다. 10년 중에 명조 안에 있는 것이 튀어나오는 것이 10년 중의 6년~7년이 걸립니다. 명조에 있는 것만 해석해 주는 것도 바쁩니다. 그것만 해도 바쁜데 運에서 온 것까지 겹쳤기 때문에 더하다는 이런 식의 해석을 많이 해보지는 않았는데 아마 이론상으로는 이런 작용도 어느 정도는 작용한다고 봐야 될 것이라는 겁니다.

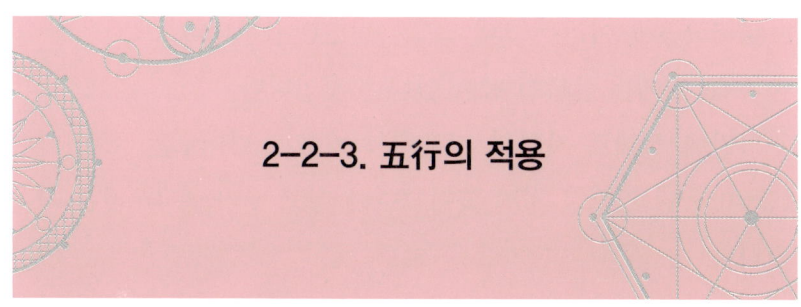

2-2-3. 五行의 적용

亥子, 巳午의 적용

'亥, 子나 巳, 午의 강약이나 편차를 어떻게 볼 것이냐?' 하는 것인데 五行의 적용은 당연히 水로써 처리하는 것인데 자체에 陰陽속성을 따지는 것은 지난 시간에 '六親의 변용 요소'를 통해 보셨습니다.

[그림 10-8]

천체 운행의 發現	亥	子 水	化現
	−	+	子 丑
	六 陰	一 陽	土
	(0 陽)	(五 陰)	

그래서 당연히 子가 陽이고 亥가 陰이고 水에 속하고 陰陽의 농후성을 생각한다면 이것이 亥가 陰이 더 강합니다.

뒤에 표를 한번 만들어 드릴 것입니다. 천체운행의 氣로 보면 子가 一陽입니다. 亥가 六陰이 됩니다. 그 말은 무슨 말입니까?

一陽이고 六陰이라는 말은 亥는 陽이 0이 됩니다. 그다음에 子는 一陽 뒤에는 五陰이 남아 있다는 것입니다.

그런데 실제로 자연의 기운에서 기후로 넘어오는 소위 발현(發現)이 된 것으로 치면 亥가 초겨울이고 子가 좀 더 깊은 기운입니다.

그러니까 실제의 강도로 봐서 자연현상에서 발현된 것을 보면 子가 훨씬 더 水의 성질이나 陰의 성질이 더 많은 것입니다. 그래서 그런 차이를 여러분이 천체운행에 의해서 그늘이 진 것, 햇볕이 조금 들어온 것을 一陽으로 날씨나 기후 속에 약간 발현된 것으로 본다면 亥가 사실은 五陰, 子가 六陰쯤 되는 것입니다.

옛사람들이 그런 측면을 정리한 글이 없기 때문에 제가 일종의 가칭(假稱)을 만든 것입니다. 가칭(假稱)으로 만든 용어이니 '저것은 어느 책에 나오지?' 이렇게 생각하지 마시고 저 용어는 이해를 돕기 위해서 만들었다고 생각하세요.

그러니까 화현(化現)의 측면에서 보면 子보다는 丑이 陰의 기운이 더 농후한 것입니다. 그래서 陰의 기운이 가장 농후한 것을 水라고 봤을 때 水의 속성에서 水의 성질이 가장 많이 드러난 것은 亥, 子, 丑 중에서 실제로 동짓달보다 섣달이 더 춥다는 겁니다. 이 子월이 동짓달이고 丑월은 섣달입니다. 섣달이 더 춥다는 것입니다.

그러니까 지상에 펼쳐져서 서서히 만들어져 가는 것을 발현(發現)이라 하고 그다음에 실제 완전히 化해서 결과치로써 드러난 이런 것으로 보면 丑이 더 陰의 기운이 많은 모양이 되고 水의 성질이 더 농후한 모양이 되니까 그런 차이가 五行的으로 水

의 해석에 가서도 亥, 子가 제일 헷갈립니다. 이다음부터는 子, 丑은 무리 지어서 볼 수 있으니까 상관이 없는데 이 亥, 子가 헷갈리는 것이 됩니다.

그래서 천체 운행에 의한 기운의 강약 또 水로써의 강약 그다음에 자연에 드러난 실제적인 기운 그다음에 완전히 겨울이 다 만들어진 그 시기에 의한 기운의 차이 그런 것을 똑같은 水라도 구분해 줄 해줄 필요가 있다는 겁니다.

辰戌丑未의 해석 적용

그 밑에 亥, 子, 丑을 무리 지어서 해놓은 것이 아니라 밑에 보면 辰, 戌, 丑, 未를 따로 떼놓았습니다.

丑은 실제로는 水의 기운이 가장 농후하고 강하게 드러난 것인데 배속을 土로 해 놓았으니까 이것이 몇 가지 속성이 섞이어 있는 이런 것으로 처리할 수밖에 없는 것입니다.

그래서 辰, 戌, 丑, 未가 다 土라고 하지만 土의 아주 본래의 의미, 土의 본래의 의미는 뭡니까?

그러니까 甲, 乙, 丙, 丁, 戊, 己에서 庚, 辛, 壬, 癸로 넘어갈 때 甲, 乙, 丙, 丁이 봄, 여름 그다음에 庚, 辛, 壬, 癸가 가을, 겨울 중간에 있는 戊, 己는 長夏가 됩니다. 그러니까 여름의 기상이 제대로 다 드러난 長夏로 배속이 되는 것입니다.

戊, 己가 陽을 수렴하고 陰으로 바꾸어주는 그런 본래의 土의 기상을 계승하고 있는 것인데, 사실 辰, 戌, 丑, 未에는 합당한 土는 없습니다. 그래도 그나마 未가 子에서 午까지 순환성을 한

번 만들고 未를 통해서 다시 子로 회귀성을 만드는 작용을 합니다.

[그림 10-9]

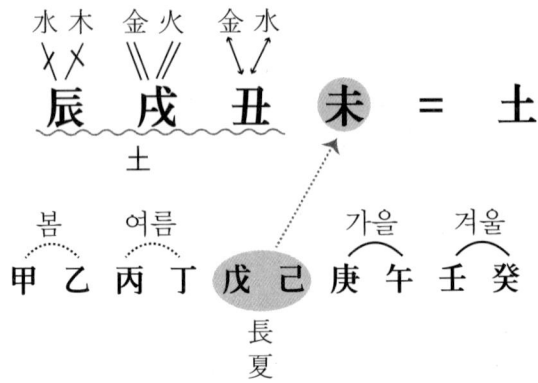

그러니까 子에서 午까지가 기본적으로 陽운동이되고 午에서 다시 子까지가 陰운동이라면 陽陰의 중간위치에서 陽을 수렴하고 陰으로 넘기는 土의 고유 의미를 그대로 보여주는 未빼고 辰戌丑은 五行的으로 무리지어서 바뀔 수 있다는 것입니다.

辰이 木과 무리 지으면 木운동, 申子辰과 무리 지으면 水운동을 합니다. 그래서 土와 가장 대비되는 운동을 만들 수 있는 것입니다. 木과 土는 서로 상극관계이고 水도 土와 상극관계인데 여차하면 반대로 갈아탄다는 겁니다.

그나마 戌은 金과 무리 짓거나 火와 무리 지음으로써 자기 속성이 왔다 갔다 하지만 五行的으로는 서로 소통관계에 있는 것입니다.

丑은 반대편이긴 한데 金으로 무리 지었다가 또 水로 무리 지었다 합니다. 亥, 子, 丑으로 무리 지으면 水처럼, 巳酉丑으로 무리 지으면 金처럼 왔다 갔다 하는 그런 변화성을 가지고 있다는 것입니다.

辰, 戌, 丑, 未가 運에서 왔을 때 이 글자 자체가 가지고 있는 여러 가지 六親, 神殺 이런 요소를 두고, 그것은 기본 해석의 틀로 삼고 五行的인 요소를 적용할 때 간섭자, 간섭을 누가 하고 있느냐?

土의 성질도 기운을 한번 수렴하고 다시 열고, 수렴하고 다시 여는 그런 동작이 있는 기능적인 부분도 運에서는 해석해 줄 필요가 있는 것입니다.

그래서 옛날에 별도로 한번 정리를 하기는 했었는데 辰, 戌, 丑, 未는 누군가의 눈물을 딛고 일어섰다는 것입니다. 그러니까 어떤 기운에 대한 入庫작용을 꼭 해줘야만 우주가 빈틈없이 돌아가고 있다는 것이 맞아 떨어지는 거니까, 누군가의 눈물이 깔려있는 곳입니다.

그래서 五行의 적용 부분을 간섭자 인자로써 꼭 이렇게 해석을 해줄 필요가 있는 것입니다.

☀ 運의 五行 적용 및 범위

'五行 적용과 범위'는 전체 타이틀과 그대로 매칭이 됩니다.

五行을 적용할 때 강약차이라든지 속성차이를 생각해 주어야 한다는 것입니다.

그래서 土의 성질을 제대로 계승하고 있는 未도 木이 오면 土

로서의 성질을 다 안 하려고 합니다. 그다음에 火가 오면 이놈이 午와 未가 둘이서 무리 짓습니다.

巳, 午, 未와 무리 짓는다는 것은 어차피 火, 土는 그 속성이 거의 선후관계의 동체로 돌아가니까 火, 土는 별 무리가 없는데 고유의 土의 작용을 적용하는데 굉장히 섬세한 해석이 필요하다는 것입니다.

'五行의 적용 및 범위'는 이러한 맥락에서 이해하시면 됩니다.

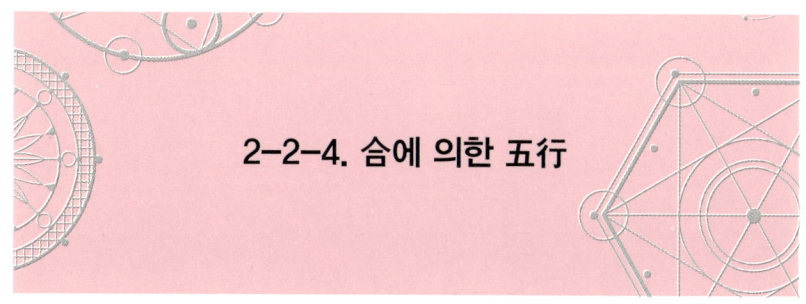

合의 성립 여부 / 화(化) 五行의 해석

[그림 10-10]

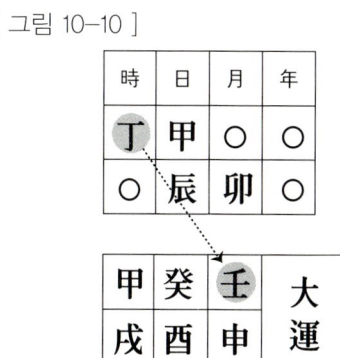

　예를 들어서 명조가 甲日柱에 丁이 드러나 있는 이런 케이스에서 壬이 왔다면 기본적으로 명내에서는 어떻게 되겠습니까? 명내에서는 '地支조건이 되느냐?' 이것을 따집니다. 그런데 運에서 오는 것은 '運에서 조건이 되느냐?' 하는 것입니다.
　그러니까 壬申, 癸酉, 甲戌 이런 식으로 大運이 흘러간다면 이 丁壬 合이 제대로 됩니까? 안됩니까? 丁壬이 合이 제대로 잘 안됩니다. 그래도 실제 실관을 해보면 丁火가 탁색(濁色)이 되기는 됩니다.

[그림 10-11]

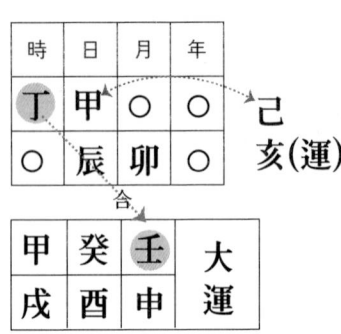

　예를 들어서 이런 명조가 丁火의 五行 소통 작용이 굉장히 활발하다면 壬申運이 왔을 때 丁과 壬이 껴안으면 굉장히 많이 힘들다고 봅니다.
　그런데 大運에서 온 계절이 申, 酉, 戌이므로 丁壬의 작용을 현실적으로 제대로 하지는 못하게 한다는 겁니다. 그런데 濁色하는 것도 확실하게 하는 것이 아니라서 엉거주춤하게 해서 세월 가는 것은 많이 볼 수 있습니다. 이것이 현실 속에서 일단 견인력은 기본적으로 무조건 있다고 봐야 되더라는 것입니다.
　그러니까 로미오와 줄리엣이 비록 현실 조건 때문에 안 되었지만, 로미오와 줄리엣이 서로 끌어당기려고 하는 그런 에너지는 여전히 유효하게 있더라는 것입니다. 그러니까 결국 로미오와 줄리엣이 둘 다 정신 못 차리는 겁니다. 合이 된 것은 아니지만, 정신 못 차리더라는 것입니다.
　그러니까 偏印으로써의 작용도 어중간해지고 그다음에 傷官

작용도 주춤주춤 濁色이 되더라는 겁니다. 그래서 보통 이럴 때 안개가 끼어있는 것처럼 어느 한쪽을 쫓아서 뛰어나가지도 못하고 운동도 못하는 이럴 때가 더 괴롭다는 사람도 있습니다.

그냥 슴을 해버리든지 하면 좋은데 슴을 하지도 않으면서 어정쩡하게 끌어당기는 이런 작용이 더 괴롭더라는 것입니다. 실제로 실관 속에 보면 이런 슴작용이 멍하니 지나갑니다.

그러니까 일간을 중심으로도 마찬가지입니다. 예를 들어서 유년에서 己亥 이런 運이 왔다면 이 자체로 분명히 財星입니다. 甲己가 서로 확실하게 껴안을 수 있는 운의 조건이 안 됩니다. 그래서 멍하게 가는 겁니다.

"그래 뭐했노?"

"아니 뭐 하기는 한 것 같은데"

하면서 멍하게 가는 것입니다.

학생 질문 – 天干의 힘이 비등해서 지금 그런 것입니까?

선생님 답변 – **비등한 것이 아니고 그 부분을 한번 보시죠. 그러니까 天干 슴의 의미를 자연의 운동으로 정리해 놓은 것을 보면 甲己의 화토(化土)작용이 자연현상에서 볼 수 있는 모양을 보면 계절이 어울려 줘야 한다는 겁니다.**

그러니까 乙庚이 寅, 卯, 辰 運을 만나면 乙庚 合金 작용이 잘 안 됩니다. 그런 측면에서 乙庚 슴이라는 것이 寅, 卯, 辰이 오면 해체된다는 겁니다. 그런 것처럼 運에서 돼지 亥자가 왔다면

甲과 己가 어울려서 가장 바람직한 土의 성질을 서로 유도하는 작용이 일어나게 되는데 亥 이런 것은 잘 안 되는 것입니다.

학생 질문 - 丁壬을 말하는 것입니까?

선생님 답변 - 丁壬도 상기 그림의 예에서 申, 酉, 戌 運을 만났다는 겁니다.

학생 질문 - 壬도 강하고 丁도 강해서 힘이 비등해서 그런 것입니까?

선생님 답변 - 丁火와 壬水가 비등해서가 아니고 丁壬은 서로 合을 이루고자 하는데 지금 運에서 와있는 계절이 가을이라는 겁니다. 앞에서 五行편에서 했었습니다.

壬을 씨앗으로 치고 丁을 햇볕이라고 합시다. 싹 틔우고 죽죽 밀고 나가는 작용이 木行이라면 가을에는 씨앗에다가 햇볕을 비춰도 丁과 壬이 즉 볕과 씨앗이 서로 만나도 가을에는 싹이 잘 안 틉니다. 그래서 이것이 제대로 合이 안 된다는 것입니다.
그러니까 암탉이 알을 품는 것도 이런 丁壬의 속성입니다. 壬水라고 하는 모든 기운을 담고 있는 것에다가 닭의 체열을 가해서 생명으로 태어나는 것이 丁壬 合인데 이 壬水가 계속 차가운 기운 속에 갇혀있어서 어지간히 열량을 가해도 이것이 木작용을 못한다는 것입니다. 그러니까 병아리가 태어나지 못하는 것입니다.

그런데도 부화를 잘하기 어려운 것을 계속 닭이 품으려고 합니다. 품으려고 하니까 자기 고유의 개성이나 기질이 어느 한쪽으로 끌려가서 제대로 작용을 못하는 것입니다.

학생 질문 – 예를 들어서 甲이 아니고 일간이 壬일 때 寅, 卯, 辰월이 왔을 때 자기가 丁壬 合을 하고 있는데 運에서 壬이 온다면 어떻게 됩니까?

[그림 10-14]

선생님 답변 – 이 경우에는 地支를 보면 됩니다.

학생 질문 – 그러니까 계절이 받쳐주니까?

선생님 답변 – 그러니까 암탉은 한 마리인데 계란이 두 개인 것입니다. 그러니까 조금 열량이 부족한 것은 있겠지만, 무엇의 도움입니까? 계절이 그것을 돕고 있으니 능히 둘 다 丁壬 合의 작용을 일으킨다고 보는 것입니다.

학생 질문 – 먼저 日干이 合을 해 있어도 그렇습니까?

선생님 답변 – 그렇습니다. 그러니까 이런 것입니다. 간단하게 이야기를 하면 신랑 있다고 애인 못 만드는 것 아닙니다. 팔자 내에 있는 丁壬은 팔자 안의 짝이고 運에서 온 壬은 壬日柱를 중심으로 보면 경쟁자입니다.

[그림 10-15]

時	日	月	年
壬	丁	○	○
子	卯	○	○

運
壬

예를 들어서 丁日柱가 時에 壬으로 앞의 명조와 뒤집어져 있으면 壬子시가 되는데 그러면 팔자 안에 丁壬은 내가 보듬고 있는 짝이고 그다음에 丁壬은 運에서 오는 짝이라는 말입니다. 그래서 그 두 가지 작용이 다 일어납니다.

그러나 오랫동안 짝지을 수 없는 運의 유한성이 당연히 발생하는 것이고 그래서 合은 하되 분란을 여러 가지로 만들고 결국은 제자리로 돌아간다는 것입니다. 이 프로세스가 운명적으로 있는 겁니다. 대부분 역학을 하면서 오류에 빠지는 것이 이런 것입니다.

"좋다는 말입니까? 안 좋다는 말입니까? 된다는 말입니까? 안 된다는 말입니까?"

그런 식으로 결론을 하나로 규정지으려 하는 것이 사실은 억지스러운 접근입니다. 그러니까 이런 복잡한 과정을 거치고 결국은 運에서 만난 남자는 역시 運이 끝나니까 가더라는 겁니다.

노랫말도 있습니다.

"♬ 나이트클럽에서 우연히 만난 사람 어쩌고저쩌고 ♬"

그것은 그 기간이 끝나고 나면 運에서 떠날 것은 떠나가는 것입니다. 그래서 이것이 안 된다가 아니라 되기는 되는데 결국은 여러 가지 분란을 만들다가 결국 정리가 된다는 겁니다. 이것을 그대로 설명하면 됩니다. 그런데 그것을 자꾸 공부하는 사람들이

"된다는 말입니까? 안 된다는 말입니까?"

어느 노대가가 뭐라고 대답하는지 아십니까? 대답하기 귀찮아서 이럽니다.

"어, 그래 그거 되기도 하고 안 되는 것이기도 하다."

학생 질문 - 그것이 아니라 어떤 경우가 있느냐면 卯月에 저렇게 되는 것을 가르치는 교수들도 보니까 잘 모르더라고요.

선생님 답변 - 그런데 格用論的인 이해력이라는 것은 喜忌를 나누어서 '이건 좋고 이것은 나쁘고 이것은 되고 이건 안 되고' 이런 식으로 결론을 자꾸 지으려고 하는 것에서 온다는 것입니다.

그런데 그런 것이 문제가 있다는 것을 나름대로 오래 한 분들은 알고 있다는 겁니다. 그리고 본인 나름대로 또 이론으로 정립해 놓았는데

"선생님 이것이 슴이 됩니까? 안됩니까? 빨리 대답해 주십시

오."

"어 그래 그건 될 때도 있고 안 될 때도 있다."

이렇게 대답하고 끝냅니다.

왜냐면 질문의 수준이 답의 수준을 규정해 버리니까 그런 식으로 답을 하게 된다는 것입니다. 즉 영표, 곱표주기만 찾아달라 했으니까 그런 겁니다.

처음에는 되어서 분란을 일으켰다가 결국은 안 된다는 것입니다. 그런데 그것을 설명해 주려면 속에 천불이 몇 번 올라옵니다. 그러니까 그렇게 묻는 제자한테는 그냥 그렇게 대답하고 말아 버리는 겁니다. 그러니까

"공부 더 해보면 안다."

이렇게밖에는 말하지 못합니다.

학생 질문 – 결론은 丁壬 合이 되어 있는 상태니까 運에서 한시적으로 왔다 가는 것이지요?

선생님 답변 – 그렇습니다. 그릇과 똑같다고 했습니다. 바탕입니다. 이것은 사물화되고 형상화되었기 때문에 이것을 부정할 수 없는 겁니다. 그다음에 運에서 오는 것도 반드시 강약 차이, 정도 차이만 두고 작용한다고 보면 됩니다.

그래서 '가볍게 지나가느냐? 아니면 좀 강하게 삭용하느냐?' 그 차이만 있을 뿐이지 실제로 이벤트의 주인공은 누구냐 하면 대부분 살면서는 전부 運입니다. 그래서 '운빨'이라고 합니다.

그래서 일어나는 이벤트 대부분은 運이 더 주인으로, 임금으로 작용한다 보시면 됩니다. 그래서 그런 측면을 어쨌든 잘 정리해 두시기 바랍니다.

학생 질문 – 저럴 때 乙庚이 명내에서 卯월이면 合이 안 되는 것입니까?

선생님 답변 – 안 되는 것입니다.

[그림 10-16]

時	日	月	年
乙	庚	○	○
酉	子	卯	○

己
亥

예를 들어서 庚子日柱라고 합시다. 乙이라고 하는 여인을 내 사람으로 보듬고 있는데 이런 사람은 어떻겠습니까? 乙이 劫財 위에 있으니까 늘 확인하는 겁니다.

"어디고? 뭐하는데?"

하겠죠? 마누라 입장에서는

"내 지금 일하고 있다."

이렇게 막 보듬는 작용이 오는데 運에서 오면 이 卯가 더 아픈 겁니다. 여기서 일어나는 이벤트는 卯運을 따라갑니다. 庚日柱 본인도 卯運으로 흘러갑니다. 기운이 乙만 보듬고 있던 마음이 흘러가거니와 乙庚 자체의 合은 스물스물 허물어집니다. 이 庚

의 입장에서

"아이고 마 전화해도 소용없더라. 자기가 알아서 오겠지."

옛날에는 乙만 보니까

"어딘데? 뭐하노? 누구랑 있노?"

하게 되는데 卯運을 만나니까 乙庚이 서로 合을 하는 강도가 약해지는 것입니다. 그리고 본인은 또 運에서 온 사람을 따라갑니다.

그러니까 이런 것과 같습니다. 乙이 주로 정신적 조화력위주로 본다면 卯운은 현실 쪽입니다. '여자는 역시 밥을 잘해야 되고' 이런 것처럼 현실적으로 卯는 새로 만난 애인이잖아요?

그러면서 時에 있는 乙은 자연적으로 관계가 소원해진다는 것입니다.

그래서 運의 기본적인 틀을 항상 이벤트의 주인으로 보면 됩니다. 그렇게 보시고 접근하시면 됩니다.

'五行과 변화량'은 陰陽도 '干支의 변화량' 했듯이 '五行의 변화량'도 있는데 진도를 더 하기에는 다음 시간에 이 부분을 연결해서 앞에 있는 것을 정리하도록 하겠습니다. 오늘 수고하셨습니다.

적용 및 범위

일단 질문이 들어와 있는 내용부터 먼저 정리를 해 드리겠습니다.

[그림 11-1]

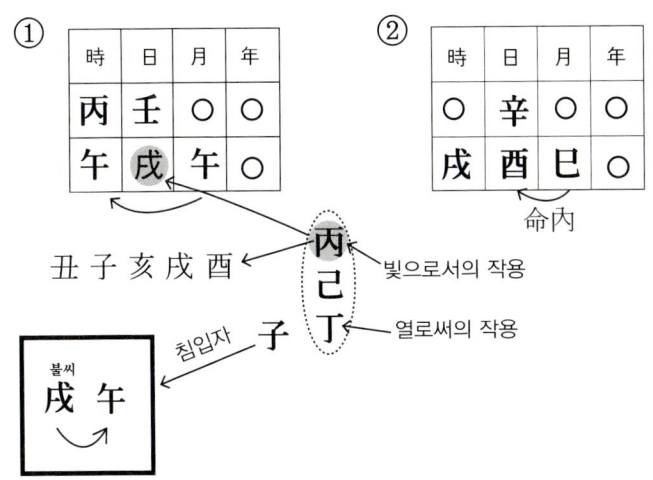

학생 질문 – 壬水日柱의 地支에 午 財星이 무리 지어 있을 때 財星을 극하는 子 歲運이 들어왔다면 三合에 의해 戌이 午를 보호하는 보험처리 구실을 한다고 하셨는데 다른 명조의 예를 볼 때 여자 辛酉日柱의 地支에 巳 官星이 무리 지어 있을 때 正官의 작용이 三合을 따라서 그 역할이 망실되는 과분(過分)의 과정을 겪는다고 하셨습니다. 三合에 의한 보험 인자와 과분(過分)의 인자가 외관상 비슷한데 이 둘의 해석적용을 어떻게 달리 보아야 하는지요?

선생님 답변 – 이것은 말 그대로 명내에 있는 것입니다. 巳酉 슴이 명내에 있는 것은 결국은 뱀 巳자가 자기의 기능을 다 못하고 자빠질 수 있는 것입니다.

예를 들어서 時에 개 戌자가 있어도 마찬가지입니다. 개 戌자가 있어도 결국은 자기의 기능을 다 못하고 자빠질 수 있는 것이 외부에서 오는 것이 아니라 내부에서 벌써 스탠바이가 되어 있는 겁니다.

그러니까 중요한 행사를 할 때 '경찰관 입회하'에 이런 말을 합니다. 나를 잡아 가둘 수 있는 인자를 이미 가지고 있는 거니까 결국 이것이 빠르고 늦고 간에 운명적으로 겪게 되는 이벤트로써 뱀 巳자가 결국 기운이 망실(亡失)된다고 보는 겁니다.

개 戌자가 있어도 마찬가지입니다. 개 戌자가 결국은 뱀 巳자의 활동력을 결과적으로는 入庫작용을 일으키게 되는 것입니다.

팔자 안에 있다는 것은 팔자를 보는 여러 가지 방법이 있지만, 집안이라고 봐도 좋고 도시 안이라고 봐도 좋고 집안이나 도시 안에 이미 계획되어 있다는 것과 같습니다.

이 경우에는 官星이 좋은 것이지만 안 좋은 것도 처리장이 있다는 겁니다.

그래서 ②번 명조에는 운명적으로 뱀 巳자의 작용이 결국 슴을 쫓아서 기운이 소진되어 가는 것이 내재적으로 이미 있음으로써 살면서 運이 특별히 이런 작용을 방해하지 않는 한 진행된다고 보면 될 것이고 그다음에 運에서 온 것은 외부에 침입자가 온 것입니다.

①번 명조를 예로 들어서 외부의 침입자가 쥐 子자로 나타난 거니까 이 戌자가 평상시에는 火의 기운을 항상 삭감시키는 작용을 하지만 그 내부에 항상 불기운을 외부적으로 보호 작용과 갈무리를 시켜주는 작용을 동시에 하고 있기 때문에 외부에서 子가 오면 冲을 만나면서 三合이 해체됩니다.

三合은 그 목적이 사회적인 合에 가까우므로 그 목적과 용도를 채울 수 없을 때는 금방 자기 자리로 돌아간다는 것입니다. 그럼으로써 午가 기본적으로 얻어터지는 작용, 훼손되는 작용 이런 것이 발생하지만 개 戌자 속에 불씨를 숨겨놓은 작용이 발생하는 것입니다.

그래서 子가 戌의 작용을 隔角시켜서 활동이 약해지는 것은 맞지만, 극단적인 훼손 즉 子午相冲의 작용으로 불은 꺼졌지만 개 戌자에 불씨가 숨겨져 있는 것은 子가 쉽게 훼손하지 못한다는 측면에서 명내에서 자체로 원인 발생이 되어 있는 것과 외부에서 그 작용을 방해하는 것은 해석에 차이를 반드시 두어야 된다는 겁니다.

①번 명조는 '죽을 뻔했다.'이고 ②번 명조는 결국은 이미 팔베개를 하고 있는 것입니다. 노랫말 중에 이런 것이 있습니다.

"그대 품에서 잠들고 그대 품에서 잠들고…."

명 안에 껴안고 있는 모양이니까 결국은 巳의 작용이 소진되는 그런 작용이 일어날 수밖에 없다고 하는 것이고 그다음에 ①번 명조는 이 시기 歲運에만 결합이 해체되지만, 결과적으로는 子가 지나가고 나면 戌이 다시 午에게 불씨를 빌려주게 되는 그런 작용이 있음으로써 명내에 있는 것, 명 외에 있는 것 이런 것들을 구별해서 해석해줄 필요가 있는 것입니다.

[그림 11-1-3]

학생 질문 - 그러면 앞의 명조도 午가 결국에는 戌에 入庫가 됩니까?

선생님 답변 - 그런 작용이 당연히 발생합니다.

[그림 11-1-2]

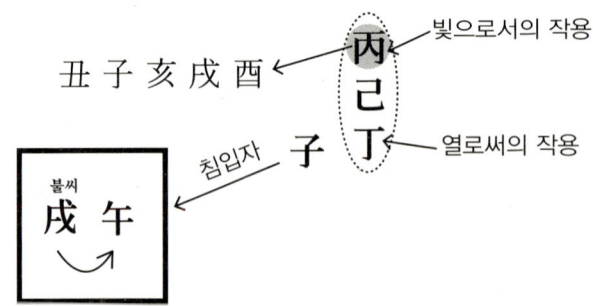

선생님 답변 - 午안에 地藏干 丙, 己, 丁이 있는데 歲運에서 運의 흐름이 酉, 戌, 亥, 子, 丑으로 나아가게 되면 戌에 丙火

의 작용이 入庫해주는 작용이 있어야 亥, 子, 丑에 손상되지 않고, 불씨만 그대로 유지해서 넘어가는 그런 작용이 유지가 되는 겁니다.

그리고 丙이 빛에 가깝다면 丁이 열에 가까운 거니까 숨겨진 상태에 있는 丙火를 거의 丁火의 작용과 준해서 해석합니다. 戌 중에는 丙火의 작용보다는 丁火의 작용으로 즉 내부에 들어와 있는 빛과 열로 이해하시면 됩니다.

그러니까 옛날식 아궁이에 불씨를 가두어 둔다고 했을 때 그 내부에 있는 것은 丁火의 작용과 같다는 것입니다. 그러니까 열로써 존재하는 것이긴 한데 빛으로써의 작용력은 굉장히 약하다는 겁니다.

학생 질문 - 그러면 乾命으로 치면 午 財星이 처가 財와의 입장에서 戌로 지나갔을 때 丁火의 입장으로 표현된다는 말은 어떻게 표현이 될 수 있습니까?

선생님 답변 - 그러니까 원래는 壬戌日柱 자체는 밖으로 드러나면 丙火의 작용 그다음에 외부여건이 좋지 못하면 丁火의 작용으로 이해하시면 되고 이 경우는 일종의 혼잡요소가 있는 것입니다.

그러니까 丙火와 丁火를 넘나드는 그런 작용이 戌이 에워싸느냐 아니면 戌이 에워싸지 않고 오히려 불기운을 돕는 쪽으로 열어주느냐에 따라서 왔다 갔다 한다고 보면 되는 겁니다.

그러니까 이 자체로써도 약간의 혼잡성이 발생하는 것입니다. 그래서 '戌의 작용이 고유의 土의 기능을 많이 하느냐? 안 하느냐? 그 주변의 歲運의 간섭자' 이런 것을 통해서 판단을 해주면 됩니다.

그래서 여기서는 질문의 요지가 내부에 있는 것과 運에서 온 것의 차이점을 별로 두지 않고 예제의 ①명조의 예와 ②번 명조의 예의 차이가 어떻게 다르냐는 것을 대조해 봤는데 실제 케이스에서는 '명내에 있는 것과 명 외에 있는 것의 차이' 이렇게 보시면 될 겁니다.

하여튼 그래서 ②번 명조의 巳가 酉를 쫓아가는 것이 좋아 죽는 건데 결국은 그것이 자기가 죽을 짓이라는 겁니다. 그래서 좋아하면 좋아해서 죽고 안 좋아하면 안 좋아해서 죽는 겁니다.

[그림 11-2]

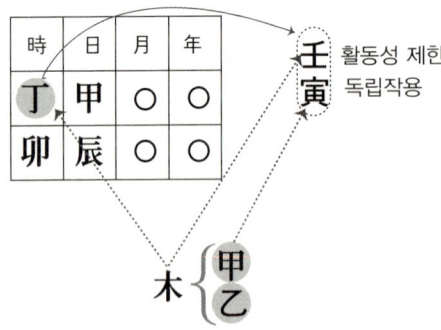

학생 질문 1 — 이때 丁壬 合을 했을 때 甲木을 만들어 내는지 궁금합니다. 그리고 甲이든 木이든 日干으로 볼 때 그 생산품

이 比肩이 되는데 比肩의 작용을 어떻게 해석합니까?

[그림 11-2-2]

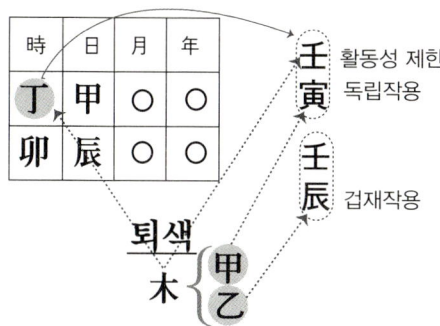

선생님 답변 – 壬寅이 運에서 오고 甲辰일주에 丁이 있다면 상기와 같은 모양이 됩니다. 사실은 전부 다 해석하면 됩니다. 合에 의해서 丁火의 작용이 뒤로 물러나거나 그다음에 丁壬에 의해서 木이 만들어지는 것인데 이 모양을 보면 이 木의 성분이 어느 쪽에 더 가깝다고 보면 됩니까?

답이 運에서 온 寅에 있지 않습니까? 寅월에 甲이 더 많이 형성되는 그런 작용이 옵니다. 壬辰運 같으면 어떻겠습니까? 壬辰運 같으면 이 丁壬이 이루어지면서 木이 만들어지기는 하는데 어떤 속성이겠습니까? 조건을 辰이 줘 놓았습니다. 그러면 辰에 들어와 있는 여기(餘氣)가 되는 乙木작용이 좀 더 활발해지는 것입니다.

그러니까 地支가 주고 있는 조건을 통해서 辰運에는 劫財작용이 더 활발해질 것이고 寅運에는 독립작용이 많이 발생해서 뭔가 새로운 일을 자꾸 추구하려다가 그로 인해서 比肩을 만난다는 것입니다. 그래서 동업을 한다든지 뭔가 새로운 것을 자기와 비슷한 조건에서 어우러지는 그런 관계를 만난다는 것입니다.

그다음에 辰의 餘氣 乙은 丁壬이 合을 이루면서 辰이 돕는 것은 오히려 乙을 더 돕습니다. 乙을 도움으로써 결국 劫財작용이 더 활발해지는데, 이때 해석을 꼭 하나로 제한하려고 하지 마시고 일단 활동성이 제한된다고 보시면 됩니다.

그다음에 合의 결과물로써 木이 형성되고 똑같은 무리를 짓는 木이 오면 움직임이 활발해지고 새로운 일을 벌이게 되는데, 壬寅 運이라면 甲의 작용 그다음에 壬辰 運이라면 乙의 작용이 더 활발한 것으로 해석을 다 해주는 것이 맞습니다.

학생 질문 - 그러면 다른 合도 그런 식으로 해석하면 됩니까?

선생님 답변 - 그렇습니다. 그러니까 合이 되는 대상도 해석해주면 됩니다.

[그림 11-3]

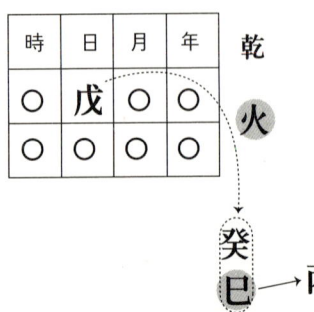

그다음 샘플도 보면 戊日柱에 癸巳 運이 왔을 때 戊癸 合의 이런 변화에 대해서 하나의 결론으로 몰고 가려고 질문 내용들이 정리되어 있는데 하나의 결론이 아니라는 것입니다. 戊가 남자라면 癸 여자를 통해서 무엇이 만들어집니까?

"문서"

그럼요. 여기서 戊癸 合이 만들어지는 것이 일종의 문서라든지 이런 것인데, 흘러가는 큰 흐름이 답답한 運으로 가면 괜히 그것을 통해서 무슨 일을 벌여서 금전적으로 묶이기만 했다는 것이 됩니다.

물론 그것이 문서화 되거나 서류화 될 수도 있겠지만 그런데 '묶였다.'라고 하는 작용이 財星의 작용, 合의 작용으로 드러난다는 것입니다.

合은 주로 '엮였다. 관계되었다.'라는 의미가 되고 그 결과치도 그대로 또 해석해 주면 됩니다. 그래서 여러 가지에 정체라든지 묶이는 작용, 긍정적이라 하더라도 주로 문서형태의 이권이든 일이든 '이런 것에 관여하였다.' 이렇게 그대로 해석하면 됩니다.

학생 질문 - 그럴 때 현금도 들어옵니까?

선생님 답변 - 이것을 여자로 본다면 일시적으로 여인이 잘 할 겁니다. 여인이 와서 예쁜 짓도 하고 해서 "오라버니 진짜 좋은 것 있는데 한번 해 보실래요?" 이런 과정이 생길 것입니다.

학생 질문 – 그러면 저기에서 밑에 地支가 巳니까 化하는 것이 丙으로 보면 됩니까?

선생님 답변 – 그렇습니다. 巳가 丙의 속성이 좀 더 두드러집니다.

학생 질문 – 자기와 짝이 잘 맞는 것은 아니네요?

선생님 답변 – 그 짝이 잘 맞는 것이 아니니까 巳 偏印의 속성으로 묶이고 엮이기 쉬운 것입니다. 그래서 癸 歲運을 만났을 때 正財 癸도 해석하고 偏印 巳도 해석하고 祿도 해석하고 그 결과물도 해석해 주라는 것입니다. 그리고 그 사람의 5년이나 10년 단위의 큰 運이 '긍정적으로 가느냐? 오히려 쇠퇴기로 가느냐?'에 따라서 이것이 하나의 중간에 어떤 계기가 될 수 있는 것입니다. 그렇게 일러주면 되는 겁니다.

학생 질문 – 앞의 명조에 甲辰日柱 丁卯시의 예 같은 경우에는 그렇게 合이 되어서 化했을 때 丁火의 작용과 壬水의 작용이 각각 일어납니까?

선생님 답변 – 그렇습니다. 일어납니다.

학생 질문 – 그러니까 壬寅運의 壬 偏印이 있어서 결론은 새로운 일을 통해서 문서를 자기가 당겨올 수 있다고 볼 수 있습니까?

선생님 답변 - 壬寅運의 壬 偏印작용이 그렇습니다. 그러니까 偏印의 운에는 꼭 偏印의 추구성이 생깁니다. 그래서 偏印만 일어나는 것이 아니라 그다음에 丁火를 묶는 작용 그다음에 比劫이 형성되는 작용 이 세 가지 작용이 다 있다고 보면 됩니다. 그것을 다 일러주면 됩니다.

 오늘 손님도 2000년도에 왔던 분이 한 번도 안 오다가 갑자기 와서 어쩌다가 이삿짐 챙기다가 그때의 감정지 자료를 보게 된 것입니다.
 감정지 내용을 보고 정말 잘 맞다고 해서 찾아온 겁니다. 벌써 세월이 16년째가 되었는데 왜 안 찾아 왔는지 물어보았습니다.
 그것이 干支해석을 해준 내용인데 물론 큰 大運도 좀 불리한 運으로 가고 있었는데 남자가 戊戌 運을 지나가고 있었습니다. 감정지에 아래와 같이 적어 놓았습니다.
 '戊戌 運에 아랫돌 빼서 윗돌 메우고 윗돌 빼서 아랫돌 메우는 식의 삶의 과정이 오고….' 하는 내용을 제가 메모를 해 준 겁니다. 그래서 그 기간 이 10년 중에 약 7년이 그런 식으로 억지로 살았던 겁니다.
 그것이 2001년부터 2011년 사이에 戊戌 大運에 걸려있었는데 2001년부터 2006년~2007년까지 정도가 하여튼 그런 모양새대로 살아온 것입니다. 2000년도에 보러온 분인데 이런 干支 속성에 의해서 그러한 작용이 올 것이라고 봐서 상기의 내용처럼 설명했는데 그때 적어준 것이 일어날 수 있는 사항을 전부 다 적어주는 것입니다.

  戊戌의 일반적인 특성과 干支 자체의 특성을 그냥 그대로 적어준 것이 본인에게 딱 맞다 느껴서 온 것인데, 복잡한 것을 해석할 때도 일어나는 작용은 다 읽어주라는 겁니다.

학생 질문 – 그러면 大運을 먼저 보고 時에 있는 傷官을 볼 때 앞으로 흘러가는 歲運이 卯, 辰, 巳로 가니까 지금은 힘들어도 食傷으로 쓴다면 저것이 比肩이 되었을 때 플러스가 되는 것인지? 마이너스가 되는 것인지?

선생님 답변 – 궁극적으로 大運의 큰 단위 運을 봐줘야 합니다. 5년이나 10년 단위의 큰 맥락을 읽어봐 주어야 되지만, 속성은 비슷합니다. 大運이 좋은 運에서나 불리한 運에서나 그 시기에 일어나는 이벤트나 속성은 닮은꼴이 반드시 오게 되어 있다는 겁니다.

  그래서 그 시기에 일어났던 변화라든지 일들이 다시 20년 뒤에 또 왔다고 했을 때 그것을 똑같이 좋다는 식으로 해석하면 안 되는 겁니다.

  그래서 그것은 歲運에서 온 변화작용이니까 그 경향을 죽 읽어주고 그다음에 궁극적으로는 이것이 큰 흐름이 나쁘다면 나쁜 쪽으로 갈 수 있는 계기가 된다고 보면 되는 겁니다. 그래서 일관되게 길흉을 다 부여해서는 안 되고 그다음에 이런 시기에 일어나는 속성은 그대로 다 해석을 해주면 됩니다.

[그림 11-4]

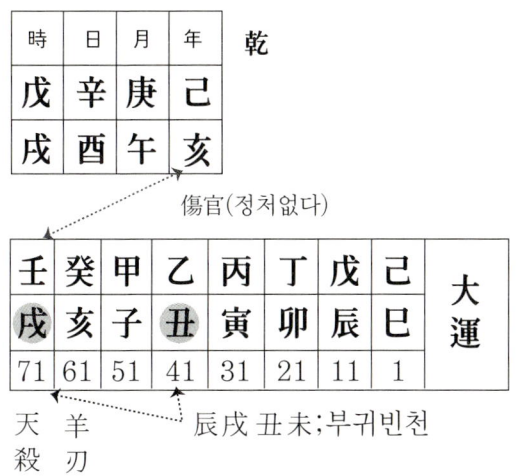

학생 질문 — 이 명조에서 大運이 壬戌 大運에 이르게 되면 여러 가지 배신사가 발생한다고 했는데 傷官 大運이라서 그런지 아니면 자식 자리에 天殺이 놓여있고 運이 天殺이라서 그런지? 그다음에 羊刃 大運이라서 그런지? 또 魁罡, 白虎의 압력 때문에 그런지? 또 모든 陽 大運 때문에 그런지?

선생님 답변 — 다 맞다고 보면 됩니다. 기본적으로 이런 것입니다. 여러분이 어떤 해석을 하는 것이 요리하는 것과 비유를 한다면 다 필요하다고 보면 됩니다. 그러니까 神殺, 五行기운, 陰陽 그다음에 또 전체 흐름에서 흘러온 방향 이런 것들이 다 필요하다고 보면 됩니다.

앞에서 설명한 이 명조는 丑과 寅의 편차를 설명하기 위해서 한 것입니다. 丑과 寅의 편차가 크게 발생했다는 것은 丑과 寅의 차이에서 뭔가 상승을 이뤘다는 것입니다. 그런데 그것이 계속 지속되는 것이 아닙니다. 그러면 이것이 반드시 또 쇠락의 어떤 인자를 만나게 되어 있는데 거기에 결정적으로 간섭하기 쉬운 인자가 壬戌 大運의 인자가 됩니다.

[그림 11-4-2]

오늘 뒷부분에 아마 다루게 될 겁니다만 癸亥運의 이 돼지 亥자가 陰陽 大運으로 보더라도 벌써 남자가 반타작 써먹는 것입니다. 그다음에 돼지 亥자의 속성 중에 뒤죽박죽이라는 것이 있습니다.

돼지 亥자 運에 들어가면 사업적으로 벌여놓은 것, 사놓은 부동산 이런 것들이 막 뒤죽박죽이 되는 식이 됩니다. 하나는 팔기는 팔았는데 또 기다려야 되고 이런 식이라는 겁니다. 이런 것들이 얽히고설키어 있다가 다시 壬戌에 天殺작용, 羊刃작용이 있고 傷官작용은 이 양반 팔자 내에 傷官이 있으니까 傷官작용은 제한적이라고 하더라도 어찌 됐건 傷官이라는 것이 정처가 없다는 뜻이 됩니다.

그러니까 한군데 딱 머물러 있질 못하고 이리저리 흔들린다는 것을 의미하는 것입니다. 그래서 뭔가 흔들림의 작용이 활발하게 발생할 수 있는 기운이 발생하고 그다음에 여기에 또 魁罡이나 白虎라고 하는 것도 마찬가지로 영향을 주는 인자가 되고 그다음에 辰, 戌, 丑, 未 고유의 작용도 생각해야 합니다. 辰, 戌, 丑, 未를 통로로 해서 부귀빈천이 바뀌는 겁니다. 부귀빈천이라는 것이 辰, 戌, 丑, 未가 항상 통로 역할을 한다는 것입니다.

그러니까 좋지 못한 것의 쇠락과 좋은 것의 열림 작용, 수렴과 다시 열림 작용 이런 것이 辰, 戌, 丑, 未를 통해 이루어집니다. 그래서 이 경우에는 오히려 丑運에 좋은 작용이 많이 왔습니다. 그러면 壬戌 大運에는 훼손되거나 반대작용이 올 수 있는 것인데 이 경우에는 놓인 글자만 봐도 魁罡 그다음에 天殺, 羊刃에 의한 작용을 알 수 있지 않습니까?

학생 질문 – 그러면 제가 적어 놓은 것 전부 다 관련되는 것입니까?

선생님 답변 – 다 관련되는 것인데 다 해석해 주라는 것입니다. 이것이 투망식 감정법이라는 겁니다. 어쨌든 맞습니다. 세월 흘러보면 분명히 맞게 되어 있습니다. 그러니까 그 당시에 자기 자신이 인지를 잘 못 해서 인정을 잘 못하더라도 시간이 흐르고 보면 상대적 神殺의 의미, 작용을 알게 됩니다.

그래서 그것이 세월이 지나면 적어도 자기가 인지하는 수준에서 10에 7~8은 그때 그것 때문에 그랬다는 것을 받아들이게 됩니다. 그래서 길흉을 자꾸 부여하려고 애쓰기보다 저런 글자들의 작용 자체를 있는 그대로 해석해 주라는 것입니다.
그렇게 하면 그 사람이 적어도 10개 중에 7~8개는 '그런 현상이 왔다. 그런 이벤트가 일어났다.' 이렇게 받아들이게 됩니다. 그런데 '자꾸 좋으냐, 안 좋으냐?' 하는 식으로 자꾸 몰고 가려고 하니까 해석에 어려움이 생기는 것입니다.

학생 질문 – 丁火와 壬水하고 작용력이 어떻게 됩니까?

선생님 답변 – 당연히 合이 될 수 있는 조건이 오니까 당연히 合이 됩니다. 合이 되고 合이 되어 丁이 묶였기 때문에 다른 선택이 없어서 오는 갑갑증이 발생한다는 것입니다. 그다음에 寅木이 깔고 앉았기 때문에 甲의 속성이 좀 더 두드러짐 이런 식으로 해석을 그대로 확장해 나가면 됩니다. 이해가 되셨는지 모르겠습니다. 그 정도면 충분히 연결하실 수 있을 것 같습니다.

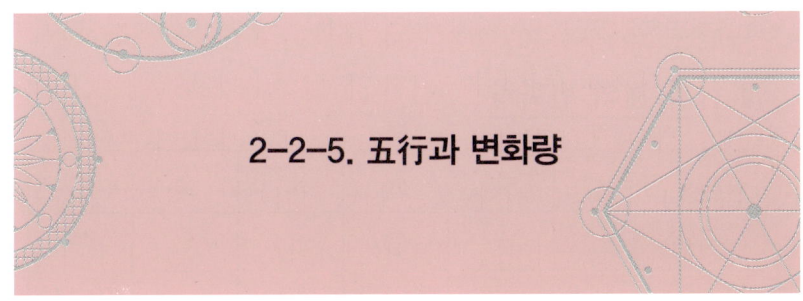

2-2-5. 五行과 변화량

🌸 五行의 기운별 편차

그다음에 '五行과 변화량'에서 변화량이라고 하는 것은 '五行의 기운적 편차' 부분입니다. 2-2-5입니다. 적용 및 범위 그 앞부분에 2-2-4의 적용 범위는 뒷날에 샘플을 다시 보강해서 또 다루어보면 자연적으로 이해가 될 겁니다. 지금은 해석의 다양한 기준, 수단, 방법, 측면 이런 것을 키워드 중심으로 정리를 해 나간다고 생각하시면 될 겁니다.

[그림 11-5]

五行과 運의 변화량

변화량 \ 五行	木	火	土	金	水
변화량이 큰 것		○			○
변화성많이발생인자		丙 丁 巳 午 未			壬 癸 亥 子 丑
양적측면 변화량　乾		힘들다			긍정적
坤		긍정적			힘들다
천체운동	원인	결과	변화적음 오르내림적음		
천체운동기후상태	조건	결과.성과		나쁨↗ 좋음↘	
결과치뚜렷몰리는경우		午未			子丑

그다음에 '五行과 변화량'에서 木, 火, 土, 金, 水가 있으면 변화량이 가장 많이 발생하는 부분이 주로 火와 水가 기본이 됩니다.

火와 水가 변화량이 만들어질 수 있는 인자가 丙, 丁, 巳, 午, 未 그다음에 壬, 癸, 亥, 子, 丑이라고 하는 것이 변화성을 많이 발생시키는 인자로 봐주는 것이고, 그다음에 남자의 경우에는 이 火運을 힘들게 사용한다는 뜻이 됩니다. 변화량 자체는 많은데 자기가 짝짓지 못하는 큰 기준에서 기본 陽陰관계가 형성되어 있으니까 木, 火는 힘들게 사용한다는 뜻이 되고 그다음에 金, 水를 대체로 긍정적으로 사용한다는 뜻이 됩니다.

거꾸로 여자는 木, 火를 주로 긍정적으로 金, 水를 대체로 힘들게 쓰는 것으로 양적(量的)인 면에서 五行의 변화를 챙겨줄 필요가 있다는 것입니다.

천체운동과 맞물리는데 대체로 土는 운동성이 펼쳐져서 오르내림이 없는 또는 오르내림이 적은 레인지(범위) 안에 들어 있다고 보고 그다음 木이 대체로 원인이 되고 또 火가 결과적인 면이 되는 것이죠. 그래서 봄이 옴으로써 만물이 펼쳐지고 꽃피우고 또 수정을 해 나가는 그런 과정이 생겨나는 것이니까, 木은 원인적인 요소가 되고 火는 결과적인 요소가 되는 것입니다.

그다음에 천체운동 상으로 또는 기후상으로 드러나는 것을 보더라도 木은 보통 조건을 만들게 되고 火는 조건에 따른 결과 또는 성과 이런 것들이 만들어지는 것으로 보는 것입니다.

그다음에 金, 水도 마찬가지 관계로 金運에서 이루어지는 것이 좋거나 나쁘다면 상승이나 하강 식으로 흘러가다가 그다음에 亥, 子, 丑에 들어가면 나쁜 흐름에서 그대로 더 쳐져 버리거나 확 올라가는 이런 식의 변화량적인 편차가 생깁니다. 그래서 예를 들어서 거기서도 유별나게 뒤에 干支 편에서 다시 또 다루겠지만, 또 그 결과치가 가장 몰리는 곳이 있었습니다.

子, 丑과 午, 未 이런 運에는 결과치가 뚜렷하게 경향이나 속성이 만들어져 있어서 그것 때문에 좋은 컨디션을 그대로 유지한다 하더라도 불편함이 많이 발생하는 그런 것으로 보는 것입니다. 그래서 '너무 더워서 어떻게 해 볼 도리가 없이 세월이 흘러간다.' 이런 식으로 흘러가는 것입니다.

이런 것을 그 사람의 활동 양상 또 직업 분야 이런 것에도 그대로 끼워 넣어서 해석을 확장해주면 됩니다. 그래서 午, 未,

子, 丑 이런 運을 양적(量的)인 측면에서도 여러분이 비교해줄 필요가 있는 것입니다.

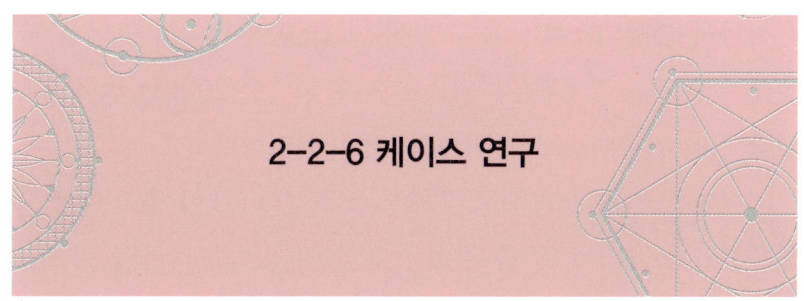

2-2-6 케이스 연구

그다음 케이스 연구도 마찬가지인데 케이스 이런 것을 한번 볼까요?

[그림 11-6]

己丑年 2009年 : 부인사망
丙戌年 2006年

끈덕지게 재판 길어짐
乙未年 2015年
73세
백호대살

丑시로 기억하고 있는데 명확하지 않아서 제가 일단 두었습니다. 大運이 癸丑 大運의 끝자락에 와 있습니다. 이럴 때 길흉을 모를 때는 癸丑대운 들어올 때 일어나는 징조들을 보면 됩니다. 보통 징조나 현상으로 펼쳐지는 것이 癸丑 大運의 3년~5년 차 정도에 보통 드러납니다.

이분이 지금 73세가 됩니다. 여기 歲運으로는 이 丑에서 丑 大運 마지막은 乙未년입니다. 丑 大運 시작이 2006년 丙戌년이 었습니다. 지금이 2015년입니다. 딱 10년입니다.

그러니까 格도 모르겠고 用神도 모르겠다. 運이 좋고 나쁘고 모르겠으면 앞의 大運 즉 甲寅 大運과 지금 癸丑 大運을 비교만 해도 됩니다. 운빨 도사로 가는 것은 이것을 비교할 수 있는 눈만 있어도 된다는 겁니다.

분명히 寅運과 丑運은 편차가 상당히 생깁니다. 한쪽이 吉하다면 한쪽이 凶이 되기 쉽고 한쪽이 또 凶이라면 한쪽이 吉이 되기 쉽습니다.

그래서 癸丑 大運 즈음에 왔을 때 運의 변화가 상당히 발생하는데 이미 이 시기 乙卯, 甲寅 大運에 나름대로 폼 잡고 살았습니다. 폼 잡고 살았다는 말은 丑運은 적어도 퇴색되거나 반감하거나 하는 그런 작용이 올 것인데 그 징조가 癸丑대운 3년 차 또는 5년 차 정도에 오는데 2009년도가 무슨 해였느냐면 己丑년입니다. 이것이 4년 차입니다. 4년 차에 丑未 相冲작용이 옵니다. 丑未 相冲작용이 오므로 喪門, 弔客殺이라는 별칭이 따로 있지만 이 年을 冲할 때는 그 자체로 바로 喪門, 弔客으로 처리해도 됩니다.

그러니까 그때가 2006년인가 07년도에 오셨을 때 2009년도에 군신대좌(君臣對坐)도 같이 들어갑니다. 그다음에 年에 있는 羊刃을 이렇게 冲하는 작용이 발생해 있으니 이때가 중요한 분기점이 될 것인데, 가깝거나 먼 곳의 곡사, 초상, 횡액 이런 것들이 발생할 것이라는 겁니다.

그런데 그때 하필 부인이 그냥 목욕하러 갔다가 아침에 그냥 세상을 떠나버립니다. 명의 강약을 따진다면 年에 羊刃이 있으면 원래 五行的 강약으로 본다면 약한 것은 아닙니다. 그다음에 酉의 형태상 기운상 長生의 바탕을 가지고 있으면 약한 것은 아닌데 五行의 강약으로 보면 金旺이 되어 버립니다. 金旺土不弱이 되는데 土가 약한 것은 아닙니다.

그런데 金旺이 대세가 되어 있는 경우인데 食傷이 여럿 있다는 것은 돌보고 챙겨야 할 것이 너무 많아서 하나에 집중해서 무엇을 이루는 것에는 방해가 있다는 뜻이 됩니다.

그래도 일단 食神이나 또는 傷官이 格을 이루고 있고 格 자체는 반듯하게 생겼습니다. 그래서 작지 않은 규모의 호텔업을 하고 있었는데 부인이 실제로는 살림을 다 살았던 것입니다. 2009년도에 飛刃이 발동하고 大運이 이미 변색의 運으로 들어와 있습니다. 변색의 運으로 들어와 있음으로써 결국은 丑 大運 초입에 무엇인가 퇴색되거나 변색되면 이것을 적어도 壬子 大運을 둘로 나눌 수 있는 것은 아니지만, 대체로 壬子 大運이 10년이라면 壬子 大運의 한 중반부 정도까지 그 퇴색성을 피하기 어렵다는 것입니다.

그래서 부인이 세상을 뜨면서 관리할 사람이 없는 겁니다. 믿고 관리를 시킬 사람도 없고 그래서 2009년도에 그런 어려움을 당하고 2010년에 이것을 팔아야겠다고 했는데 언제 팔립니까?

틀림없이 팔리는 데 좋은 가격이 아니고 손해의 가격으로 틀림없이 팔립니다. 팔린다면 언제 팔립니까?

辛卯년에 팔렸습니다. 그래서 辛卯년에 卯가 밥그릇으로써 오래오래 역할을 해 주었던 酉를 흔들어 주었고 그다음에 未가 卯를 쫓아감으로써 인생의 궤도수정 또 주거변동의 이벤트가 일어나는데 밥그릇이 크게 흔들리는 작용이 오니까 그래서 틀림없이 팔리는데 그것도 卯, 未가 무리 짓는 시기에 팔릴 것으로 예측해서 2011년 아마 未月이었을 겁니다. 금액이 크니까 未月, 亥月 중에 계약금 받고 나누어 받아서 정리했습니다.

다 정리를 못 하는 것이 이 癸丑 大運의 작용입니다. 그러니까 그것이 호텔이니까 법인형태로 되어 있을 겁니다. 그러면 그것을 개인이 가지고 있는 것처럼 파는 것이 아니고 지분을 파는데 사는 사람의 여력이 그 정도까지 안 되니까 몇 %정도는 그대로 남겨놓은 상태로 팔아서 이것저것 교통정리도 하고 했는데 아직도 지분이 남아있는 상태입니다. 그런데 새로 인수한 사람이 또 서로 거래 과정이나 여러 가지 과정에서 또 분쟁이 발생해 있는 것입니다.

분쟁이 발생하면 또 어떻게 됩니까? 빨리 끝납니까? 세월이 갑니까? 오래간다는 것입니다. 그래서 壬辰년 아니면 癸巳년인가부터 분쟁이 시작되었는데 아직도 재판 중입니다. 오히려 乙未년에 재판이 끝나버리면 밥그릇이 隔角으로 날아가 버린다는 겁니다. 그래서 최근에 연락이 왔을 때

"재판부에서 판결하면 불리하게 나올 것 같으니 이것을 연기를 좀 하면 어떻겠느냐?"

본인은 징그러울 것입니다. 벌써 4년 전에 팔았고 자기는 빨리 돈 받고 땡하고 빠이빠이 하고 싶은데 나머지 돈의 지불 조건 때문에 아직도 이러고 있으니까 답답한 것입니다.

올해 지불 조건이 나쁜 이유는 乙未 그대로입니다. 偏官 그다음에 이 운에서 온 乙과 팔자 내의 庚에서 庚이 어떻게 됩니까? 이 경우는 乙庚 合이 기본적으로 될 수 있는 조건은 됩니다. 그러니까 여름의 未가 늦여름 작용이니까 되기는 되는데 이 庚이 단단합니까? 아직 덜 여물었습니까? 그러니까 단단한 것에 비하면 무릅니다. 왜냐하면, 未가 작동하니까 무르다는 것입니다.

그러니까 庚이라는 것은 원래 단단한 것인데 食神이든 傷官이든 단단한 庚이 오히려 乙未運의 未에 의해서 얼레벌레하게 약해져서 있고, 물론 乙 偏官이 庚金과 合으로 에워쌈으로써 七殺의 해로움까지는 당하지 않지만, 乙 偏官 七殺의 기본적인 작용이 있습니다. 그다음에 比肩, 羊刃입니다. 그다음 食神 隔角입니다.

이럴 때 재판 결과가 좋게 나올 수 있습니까? 없습니까? 안 좋게 나오는 겁니다. 안 좋게 나오니까 이분이 또 여러 가지 루트를 통해서 아무래도 이번 재판결과는 2월 전에 판결하면 불리한 판결을 받을 것입니다.

본인은 그런데 징그러운 것입니다. '웬만하면 정리하고 싶다.' 이랬는데 계속 '가야되느냐? 말아야 되느냐?' 판단해달라고 하는데 이럴 때는 계속 가야되는 것입니다. 왜냐하면, 丑 大運의 속성상 끈덕지다는 겁니다. 살얼음 될 때까지 끝까지 얼음으로 간다는 뜻입니다.

학생 질문 - 한편으로는 月殺로서 해석할 수는 없습니까?

선생님 답변 – 그러니까 이분이 여인이 없는 팔자가 아닙니다. 부인을 상처했지만 月殺 여인과 함께, 남들에게 공식화하지 않은 우렁이 각시와 함께 살던 원래 지역을 버리고 부산에 가까운 도시로 떠나서 지내고 있다는 것입니다.

학생 질문 – 月殺이니까 재판 결과가 좀 좋게 나오지는 않을까 생각이 듭니다.

선생님 답변 – 아닙니다. 月殺은 기본적으로 달빛이 비친다는 뜻입니다. 달이 떴다는 말은 무슨 말입니까? 달이 떴다는 말은 기본적으로 어둡다는 것입니다. 달이 중요한 것이 아니라 어둡다는 것이 더 큰 주제입니다. 月殺 그다음에 災殺 그다음에 驛馬殺이 무리입니다. 그러니까 月殺에 교도소도 많이 갑니다.

학생 질문 – 안 좋은 大運으로 가니까 月殺이 좀 안 좋은 작용이 나오는 것입니까?

선생님 답변 – 그렇습니다. 부정적 작용을 많이 만나게 되는 것입니다. 그래서 甲寅 大運에 산 것만 보면 癸丑 대운의 모양이 바로 나옵니다. 명조 모르겠고 大運만 비교해도 대충 알 수 있다는 것입니다. 그래서 그것이 지난 시간에 말했듯이 寅과 丑의 편차작용 그다음에 丑의 고유작용 그래서 '끈덕지게 물고 늘어지는' 그래서 소가 그렇잖아요.

"이 소같은 놈아!"
이렇듯이 '황소처럼 우직하다.' 이것이 좋은 쪽으로 되면 결과가 굉장히 좋습니다.

학생 질문 - 그래서 재판 기간이 오래 걸린다는 것도 丑으로 해석한 것입니까?

선생님 답변 - 그렇습니다. '끈덕지다. 질질 끌어나간다.' 그 다음에 '씹고 토해서 또 씹는다.' 그래서 歲運이라도 그러면 조금 더 좋은 쪽으로 가야되니 이때 아마 변호사가 이야기했을 겁니다.

"지금 판결은 불리하게 날 것 같으니까 더 기다려보자."
그런데 벌써 丑 大運 끝까지 와버렸으니까 본인은 징글징글하다는 겁니다. 그뿐만이 아니라 丑運에 食神 이런 것들이 무리 지으면서 官星과의 관계도 굉장히 나빠지는 겁니다. 官星이 누구입니까? 자식하고도 사실은 또 복잡하게 서로 지분관계 때문에 소송 또 배우자 앞으로 되어 있었던 지분관계가 있을 것인데 거기에 대한 상속에 관한 문제 또 자식과 많이 다투게 됩니다.
그래서 부끄러워서 본인이 이 도시를 떠났습니다. 어디로 가 있는 줄 아십니까? 동북쪽으로 산(山)자 붙은 도시에 가 있습니다. 丑 여기에 동북쪽이라고 나와 있습니다. 부산에서 동북쪽으로 가면 큰 도시가 있습니다. 자동차회사가 있는 山자로 끝나는 도시에 가서 지금 은거 중입니다.

그릇이 있으니까 이럴 때 관재(官災)를 당하거나 극단적 불이익을 당하는 것은 아닌데 그 흐름을 피해 나가기는 어렵더라는 겁니다. 그래서 子나 丑의 이런 작용이 五行的으로 또 干支의 모양새 면에서 그만큼 끈덕지게 질질 끌어나가는 작용이 오게 되는 것입니다.

그래서 이 丙戌년 넘어가서 丁亥년 들어가면서부터 서서히 분위기가 좀 꼬이기 시작했습니다. 그러다가 己丑년에 결정적으로 배우자와 인연 애로가 발생하고 그나마 그사이에 여러 가지로 심신의 위로가 된 사람은 月殺 여인입니다. 그래도 얼어붙었어도 財星은 財星입니다.

그래서 평소에 부인도 알고 지내는 그런 여인이 오라버니 하면서 '제가 밥이라도 해드려야죠.' 이렇게 해서 그 자리를 채우게 되더라는 것입니다. 그런데 밖으로는 또 공식화를 하기는 어려우니까 공간적으로 이동해서 조용하게 지금 살고 계십니다.

학생 질문 - 己丑년 比肩이 와서 癸水와 未土를 건드리면 문제가 되지 않습니까? 癸水입장에서는 地支에 있는 官의 손상도 되는 것이니까 이것도 문제가 되지 않습니까?

선생님 답변 - 比肩의 財 분탈 작용도 있습니다. 그런데 말씀하신 官의 손상이 아니고 羊刃 발동입니다. 원래 이 未, 申, 酉도 1등을 만드는 별입니다. 그래서 이분이 그 동네에 한때 1등 호텔을 하던 분입니다. 그런데 무리 짓는 것 중에 未 羊刃을 발동하게 하는 것이 丑이 발동시킵니다.

'大運이 좋은 흐름으로 가고 있느냐 불리한 흐름이냐?'가 중요한데 大運이 불리한 쪽으로 가니까 羊刃이 羊刃의 부정적 작용을 해 버리는 것입니다. 그때가 양력으로 아마 3~4월쯤 될 겁니다. 부인이 실제로는 모든 살림을 다 돌보고 있었는데 여느 때와 똑같이 아침에 일어나서 목욕탕을 갔는데 거기서 그냥 쓰러졌으니 羊刃 발동입니다.

양력 3월이면 음력 2월 즉 卯월입니다. 그러니까 己丑년 丁卯월입니다. 이때 일어나는 일을 생각해 보라는 겁니다.

그리고 이것을 큰 형이상학적인 의미로 부여하게 되면 己가 己를 한번 만나면 또 계급장이 한번 바뀐다는 것입니다. 항상 군신대좌(君臣對坐)가 짧게 5년, 길게는 10년 영향을 준다고 했습니다. 그러니까 신하가 임금을 만났으니 결국은 아주 미천한 사람들은 임금을 보고 나서야 내가 미천한지 알았다고 하게 되는 것입니다.

"내가 가난한 줄 알았고 내가 헐벗은 줄 알았다."

그때부터 자기가 열심히 살아야 되겠다는 겁니다. 서울 가보고 나서 촌놈인 줄 알았다. 이런 식이 되는 겁니다. 그런데 이렇게 자기가 뭔가를 이루고 나서 임금을 보면 호주머니에 손 넣고 '아이고 임금 가네.' 이러는 겁니다. 그런데 임금이 곁눈으로 본 겁니다. 곁눈으로 본 것만 해도 이것을 벌써 알아서 '저 친구 저거는 아무래도 안 되겠다. 유배 보내라.' 이것이 되는 것입니다. 그래서 그런 형이상학적인 패턴의 에너지가 작동하는 것이 바로 군신대좌(君臣對坐)라는 겁니다. 그래서 운명의 분기점이 되는 것입니다.

학생 질문 - 일주에 상관없이 大運이 己丑이면 羊刃과 白虎가 되는데 일주와 상관없는 白虎 大運이 오면 어떻게 됩니까?

선생님 답변 - 그러니까 癸丑 大運이 白虎라는 것은 白虎 속성이 있는 것입니다. 깜짝 놀랄 일들이 생긴다는 것입니다. 결국, 아들과도 소송하고 부인이 세상을 뜨니 낯부끄러워서 도저히 못 있겠다는 식의 상황이 이 癸丑 大運에 발생하더라는 겁니다.

그래서 명조를 몰라도 대강 그 사람이 살았던 흐름만 보더라도 乙卯 大運 시기와 癸丑 大運 시기의 대조분이 됩니다. 그다음에 丑, 寅의 편차 이런 것을 보고서 그 사람과 대화를 해보니 '이런저런 흐름을 만들어왔다.'라고 한다면 팔자를 안 봐도 '이때 꺾이고 퇴색의 기운이 만들어지겠구나!' 하는 것을 알 수 있는 것입니다. 이해되시죠? 어렵습니까? 그러니까 해석을 다 하라는 겁니다. 白虎도 해석하고 偏財도 해석하고 子, 丑도 해석해주라는 겁니다.

학생 질문 - 개인적으로 제가 보면 寅, 卯 大運이 훨씬 어려웠을 것 같은데 맞습니까?

선생님 답변 - 안 그렇습니다. 그러니까 지금 태어난 시(時) 정보가 없는 상태라서 格用論的인 접근, 五行的인 접근 이런 것이 지금으로써는 한계는 있습니다.

학생 질문 – 그래서가 아니고 일단 寅, 卯 大運이 陽 大運이고 남자가 쓰기에 또 食傷을 전부다 冲하고 들어오는 大運이니까 힘들었을 것 같습니다.

선생님 답변 – 그런데 그때 1등 호텔을 하고 있었습니다. 未, 申, 酉 1등을 만드는 별 때문에 그렇습니다. 그 지역에서 어느 지역하면 다 압니다. 그 지역에서 1등 호텔을 하고 있었습니다. 그러니까 未, 申, 酉가 명내에 있고 그다음에 運에서는 이런 辰, 巳, 午, 未에 食傷이 갇혀 있었습니다.

丁巳, 丙辰 이럴 때 食傷이 갇혀 있다가 食傷이 드러나고 官印소통만 이루어지면 이것은 얼마든지 쓰는 것입니다. 그러니까 庚午시라든지 이런 것들이 있었다고 보는 겁니다. 본인도 기억이 정확하지 않기 때문에 본인이 대충 살았던 이야기를 한 겁니다.

그러면 명조 제쳐놓고 '이때, 이때 만들고 만들었다.', '오케이! 오케이! 이때는 반드시 변화' 이렇게 보는 겁니다.

그래서 五行的인 측면, 干支的인 측면, 運의 편차 이런 것을 전부 다 한눈에 읽어서 하시라는 겁니다. 그런데 소위 이 업을 오래 하신 분들은 경험으로 벌써 다 있습니다. 오래 한 분들은
"이때는 運이 바뀌는데…."
이 말만 합니다. '좋다, 나쁘다.'도 아니고
"이때는 運이 바뀌는데 그때 어떻게 살았노?"
딱 한마디만 하면,

"그때에 좋았지예."

"그러면 앞으로 이 運 중반부나 초반부부터 크게 하면 안 된다."

그런 큰 단위의 맥락을 그분들은 경험에 의해서 파악하고 있다는 겁니다. 그런데 지금은 반은 경험적으로 여러 가지 툴을 보셨기 때문에 덜하지만, 일주일에 한 번씩은 꼭 한두 명씩 옵니다.

"선생님, 이것은 正財 長生이라서 이런 것 아닙니까?"

"예. 그렇게 봐도 됩니다."

이렇게 이야기하고 맙니다.

왜냐하면, 하나의 측면과 도구만 가지고 자꾸 해석을 붙이려는 것이 무모하고 위험하다는 겁니다. 그것이 틀린 것은 아니지만, 그것이 어떤 현상을 일어나게 한 전체적인 것이 될 수 없다는 겁니다. 이해되시죠?

2-3. 干支의 해석

2-3-1. 명내(命內)의 干支와 運의 干支 차이
　　　명내(命內)의 干支, 運의 干支
　　　명내(命內)의 干支와 運의 干支 적용 및 해석
2-3-2. 運의 干支
　　　天干의 해석 적용
　　　地支의 해석 적용
2-3-3. 運의 干支 실제
　　　天干 地支의 해석적용 실제
　　　地藏干의 干支해석 적용 실제
　　　/ 運의 干支 적용 및 범위
2-3-4. 合과 冲에 의한 干支적용과 해석
　　　合의 해석 / 冲의 해석
　　　合化의 해석
　　　적용 및 범위
2-3-5. 干支의 특성 정리
　　　干支의 특성 적용 범위와 사례
2-3-6. 케이스 연구

2-3. 干支의 해석

2-3-1. 명내(命內)의 干支와 運의 干支 차이

그다음에 오늘 진도로 들어가겠습니다. '干支의 해석'입니다. 샘플을 해보면 결국은 五行도 다루게 되고 陰陽도 다루게 되고 또 干支의 속성도 다루게 되고 또 그다음에 상대적인 편차 이런 것도 동시에 보게 되는 겁니다. 이것이 오늘 주제와 그대로 맞물려 있어서 제가 그대로 그냥 아까 질문한 샘플을 제가 다 적어드린 것입니다.

🌸 명내(命內)의 干支, 運의 干支

앞에서 이미 샘플 설명하면서 설명이 되었습니다.

[그림 11-7]

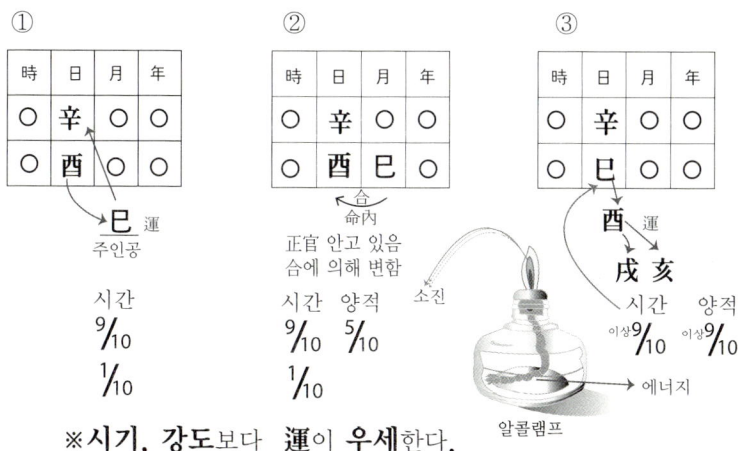

※ **시기, 강도**보다 **運**이 **우세**한다.

 예를 들어서 앞에서 辛酉日柱 샘플 있었죠? 辛酉日柱 ①샘플 하나와 그다음 명내에 있는 ②샘플 그다음에 運에서 변색 또 과분 이런 것들을 하는 ③의 모양이 있다고 한다면 이런 모양에서 運에서 巳를 만나는 경우를 생각해 봅시다.
 ①의 경우 運에서 巳가 왔을 때와 그다음에 ②의 경우 명내에 巳酉가 있는 경우 ③辛巳가 오히려 酉를 만난 경우 ①, ②, ③의 명조 편차를 다르게 해석을 해줘야 합니다.
 ①명조가 기본적으로 변화성이 명내에 이미 갖추어져 있는 것입니다. ①명조에 비해서는 ②명조가 기본적으로 正官을 옆에

껴안고 있음으로써 官星작용이 훨씬 더 매끄럽고 원활합니다. 그러나 결국 숨에 의해서 그 변화과정이 계속 진행되어 나가는 거니까 계속 에너지가 서서히 소진됩니다.

호롱불이든 알코올램프든 비유해 본다면 호롱불 알코올램프가 결국 계속 에너지가 서서히 소진됩니다. ②명조의 경우에는 '열흘 중에 9일 좋았노라.'가 되는데 열흘 중에 하루 다 꺼져 버리더라는 겁니다.

① 명조의 경우에는 '열흘 중에 9일 혼자 놀았노라. 혼자 놀았는데 하루 나한테 왔네.' 이렇게 되는 것입니다.

③번 명조의 경우에는 '열흘 중에 거의 9일 이상'입니다. 그 이상으로 자기가 그대로 활용하고 살았는데 닭 酉字나 개 戌字, 돼지 亥字가 오면 어떻게 됩니까? 그 작용이 어떤 運, 시기에 의해서 훼손되거나 약화된다는 것입니다. 그러니까 이것을 해석을 달리해 봐야 하는 것입니다.

해석을 전부 다 다르게 해주어야 됩니다. 근본적으로 ①팔자는 짝을 빨리 만나서 조화를 갖추기 어렵습니다.

②의 명조는 방해자가 있기는 하지만 경쟁을 통해서 어느 정도 그 과정을 해소하고 나면 짝으로 쓴다는 것입니다. 그런데 열흘 중에 9일이라는 시간적으로는 그렇지만 양적(量的)으로는 쉽게 잘 나누어지기 쉽습니다.

시간적으로는 10분의 9가 되고 그다음에 ③번 명조는 시간적으로는 酉, 戌, 亥를 만나는 변수가 남아 있지만, 이것은 양적(量的)인 측면에서 10분에 9 이상입니다. ②번 명조는 양적(量的)으로는 10분에 5입니다.

그래서 이런 면에서 배우자로서의 역할, 현실적인 혜택 이런 것이 사실은 다 다르게 작용하게 되어 있는 것입니다.

그 편차를 다 아시겠습니까? 그러니까 일단 '명내에 있는 것이냐? 運에서 온 것이냐?' 또 그다음에 '양적(量的)인 측면에서 절반이 채워지느냐? 또 많이 채워지느냐?' 이런 편차를 비슷비슷해도 사실은 염두에 두고 해석을 해야 하는 것입니다. 그래서 팔자 내에 있는 干支의 해석과 運에서 온 干支의 해석에서 차이를 두고 해석을 해야 되는 것입니다.

그런데 시기나 강한 정도 이것은 항상 뭐가 더 우세하느냐면, 運이 좀 더 우세합니다. 그래서 ①번 명조 같은 경우

"그러면 巳酉 합이 되어서 못쓴다는 말입니까? 쓴다는 말입니까?"

이때는 어떻게 합니까? 巳년을 만났다면 누구의 작용을 더 큰 것으로 봐야합니까? 巳년이 주인공이라는 겁니다. 그래서 正官으로써의 작용력은 어느 정도 삭감은 된다 하더라도 巳년에는 巳가 주인공이라는 겁니다. 그래서 巳가 주인공이므로 그 혜택은 제한적이라도 그 덕을 巳와 조화 속에서 이룬다고 봐줘야 되는 것입니다.

그래서 팔자 안에 있다는 것이 그래도 항상 프리미엄이 있는 거니까 팔자 내에 없는 것보다는 있는 것이 더 좋기는 하지만, 그래도 運이라고 하는 것이 늘 주인공으로 우세한 기운으로 작용함으로 運의 해석을 항상 비중을 더 두어서 해석을 해줘야 되는 겁니다.

그래서 '명내의 干支와 運의 干支' 이것도 조금씩 편차가 발생

하는데 이 부분에 대해서 비교적 언급이 잘되어 있는 책이 있습니다. 이 책 아십니까?

'일진래정법'으로 옛날에 원래 '박일우 선생님'께서 강의하던 노트들을 거의 다 취합을 해서 짜깁기를 해놓았는데 여기도 보면 강술(講述)이고 엮음은 따로입니다. 아마도 가족이 엮은 것 같습니다.

우리 사무실도 강의는 제가 하는데 책으로 만들어 내는 것은 또 엮어내는 식으로 되어 있는데, '일진래정법'에 보면 干支 자체가 '명내의 地支因子論', '地支에 관한 因子論' 이런 것을 보면 공통적인 상징, 운시 또는 大運 이렇게 편차를 줘서 명내에 있는 것과 편차를 두어서 해석하고 있습니다.

그래서 그런 것들을 해석 적용할 때 편차를 여러 가지 자료를 통해서 참조해서 보시면 되는데 제가 많이 참조하는 것 중심으로만 간단하게 정리를 한다면, 그 두 번째 타이틀과 같이 맞물려 있습니다. 두 번째 타이틀은 運의 干支라고 하는 소제목에서 있습니다.

◉ 명내(命內)의 干支와 運의 干支 적용 및 해석

'명내의 干支'는 여러분 다 아시는 것입니다. 명내의 干支는 甲, 乙, 丙, 丁, 戊, 己, 庚, 辛, 壬, 癸라고 하는 각자 고유의 속성이야 명리 공부하러 들어오면 첫날부터 甲은 어디에 속하고 어떤 성향이 강하고 이런 것들의 특성들을 기본적으로 정리하게 됩니다.

그다음에 子, 丑에서 戌, 亥까지 기본 특성이나 속성을 정리해서 공부하니까 여러분이 잘 아는 내용이 됩니다.

[그림 11-8]

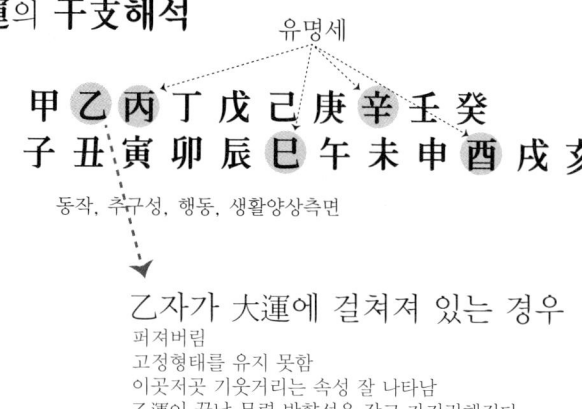

그것은 명내에 있는 것을 다시 다루어 보는 것은 공부를 정리해보는 차원에서는 의미가 있겠지만, 이 큰 타이틀 자체가 '運의 해석'이니까 運에 적용할 때 '어떤 측면을 좀 더 두드러지게 볼 것이냐?' 하는 것입니다.

그래서 명내에 있는 것이 아니라 주로 運입니다. '運의 干支해석'이라고 보면 됩니다. 이것이 주로 보통 범주가 어떤 것이냐면 어떤 '동작이 빈번하다.' 그다음에 '추구성이나 행동적 측면' 그다음에 '생활양상 측면' 이런 것들에 영향을 주는데 실제 실관을 할 때 이것이 사실은 많이는 안 쓰입니다.

'甲運이라서 이렇다. 乙運이라서 이렇다.' 이것을 많이 쓰지는 않지만 그런 내용이 이런 겁니다.

예를 들어서 주변에 사람들이 막 흩어지거나 죽거나 이런 것들이 많이 발생하는 그런 이야기 듣고 보면, 어떤 작용에 의하여 이런 작용이 일어나는지 고민하게 됩니다. 乙자 이런 것이 大運에 걸쳐져 있다는 것은 아랫글의 설명과 같은 것입니다.

　乙이라는 것은 주로 초봄을 넘어서서 이제 봄으로 넘어가니까 씨앗 상태를 유지하고 있던 것들이 싹이 막 터져 나와서 각자 가야 될 길로 퍼져버립니다. 퍼져버리는 이런 작용들이 발생함으로써 그 형태 즉 주변에 고정된 형태를 유지하지 못하는 일들이 빈번하게 발생합니다.

　그리고 본인도 동작이나 추구성에서 자꾸 이곳저곳을 기웃거리게 되는 그런 속성이 잘 발생합니다. 그러면 '그런 것이 언제 끝나겠느냐?' 이런 것을 묻는 경우가 있습니다. 그러면 그때

　"무엇을 기준으로 해야 되지? 六親을 봐야 되나? 五行을 봐야 되나? 뭘 봐야 되나?"

　할 때 乙이라는 干支 속성을 그대로 보고 乙의 작용이 끝날 때쯤이면 그런 것이 해소된다는 것을 알 수 있는 것입니다.

[그림 11-8-2]

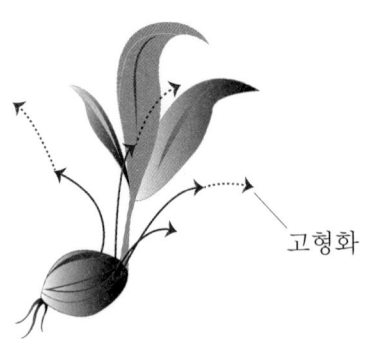

고형화

그러니까 다시 고형화됩니다. 이렇게 싹이 터져 나오다가 다시 방향성을 그림과 같이 잡게 됩니다. 그러면 乙運이 끝날 때즈음에 대체로 뭐가 다시 가지런해진다. 또 주변의 것이 막 순간 순간 바뀌는 작용이 적어진다. 이런 식으로 상담의 수단으로서 한 번씩 쓰이기는 쓰입니다. 그것이 좋다 나쁘다는 아니라도 좀 영향을 많이 주는 인자로써 작용을 이해하면 됩니다.

지난번에 甲, 乙, 寅, 卯 이것은 말씀드렸습니다. 그래서 甲, 乙이나 寅, 卯의 속성은 그것이 명내에 있어도 그것이 창신(創新)하는 작용력이 있다는 것입니다.

[그림 11-9]

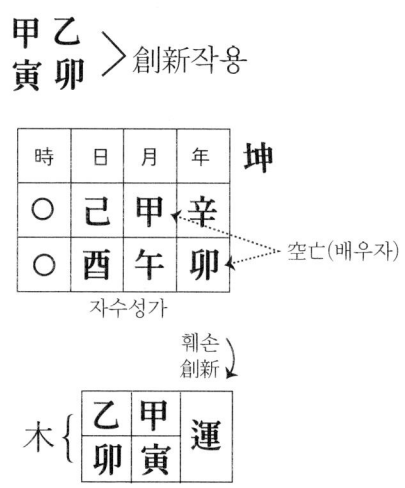

이런 경우 官星이 乙卯와 甲寅인데 년지 卯와 일지 酉가 冲의 작용이 발생하고 또 神殺 상으로 卯가 空亡에 들어갑니다.

甲木을 기본적으로 正官으로 취하고 卯에 五行的인 대세를 가지고 있는 이런 경우 '어떤 배우자를 만나야 좋은가?' 그런 것을 할 때 대표적으로 甲이나 卯가 가지는 속성이 창신(創新)하는 것이니까 보통 사회생활이나 여러 가지 경제활동에서 자수성가라 하듯이 자수성가가 아니면 어떻게 되느냐면 반드시 부모가 물려준 여러 가지를 다 깨고 다시 일어설 사람이다. 이것이 시기의 약간 빠르고 늦음은 있을지라도 그런 특성이 원래 팔자 내에 있는 것이므로 그렇게 해석을 해주는 겁니다.

그런데 運에서도 엇비슷한 해석이 가해집니다. 運에서 甲, 乙, 寅, 卯가 발생하면 이때 기존 것을 자꾸 훼손하고 바꾸고 하면서 좋게 표현하면 창신(創新)이 되는 것이고 다르게 보면 일단 먼저 틀이 훼손되고 난 뒤에 창신(創新)되어야 하니까 기존의 것이 훼손되는 것입니다. 그런 작용이 기본적으로 다발하는 것으로 본다는 것입니다.

그러니까 명내에 있는 것과 運에서 오는 것은 해석의 차이는 두지만, 干支나 五行이 가지는 속성은 그대로 적용을 해서 해석의 수단으로 삼는다는 것입니다.

팔자 내에 어느 정도 인자는 있어야 되지만 甲, 乙, 寅, 卯를 그냥 財星으로 잘 써먹는 사람도 볼 수 있는데 그런 경우에는 주로 생물 즉 양식업을 한다든지 그다음에 목축, 조림, 조경, 건축인데 건축은 생물속성은 아니지만 만들어서 막 지어 올리는 것입니다. 뭘 만들어서 움직이는 동작이 활발하게 있는 그런 경우에는 보통 그 글자를 그대로 財星으로 잘 써먹더라도 나머지는 대부분 다 이런 훼손 창신(創新) 과정을 거치면서 소란과 동요, 자꾸 바꿈을 거치면서 이루어져 가는 그런 속성이 그대로 따라

다니더라는 것입니다.

  그래서 甲, 乙, 寅, 卯는 대표적으로 木속성입니다. 그래서 상기의 명조 같은 경우가 참 사실은 머리 아픕니다. 명내의 地支에 있는 官星은 실제적인 세력이 있는 것인데 冲맞고 空亡하고 또 天干에 있는 甲木은 물론 五行的인 세력은 뿌리를 두고 있지만, 자체로는 12運星 상으로 死地에 와있으니 이런 명조가 머리가 아픕니다.

  그래서 '甲己 合이냐? 卯酉 冲이냐?' 또 어느 것을 고른다 하더라도 재산이 있는 집의 사람을 짝으로 맞이하면 그것이 깨져버리는 식의 작용이 생기니까, 官星이 세력이 있는 모양을 갖추었다 해도 결국은 운명적으로 작용되는 한계가 명내에서 이미 있는 것입니다.

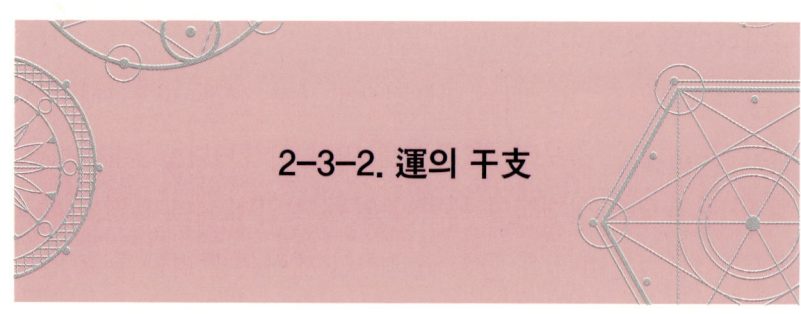

2-3-2. 運의 干支

天干의 해석 적용

[그림 11-10]

天干의 運의 속성

甲 창신작용	숫자 3:가만있지 못하고 터져나감. 창신, 우두머리, 쭉쭉 뻗어나감. 運:도로, 교통	己	실리추구 완충(부귀빈천)
乙	風 숫자 8 이리저리 옮겨다님. 추구성 여행을 떠남. 주변에 자기틀 두지 못하고 깨지고, 사망.파산	庚	주먹을 쥔다, 실력행사 丙의 속성 나타남. 법무와 인연깊다
丙	공증품, 확연성(자기일 활동분야 뚜렷함), 자타공인 최고의 유명세. 거짓을 만들기 어렵다.공공일 돌보는 일 발생	辛	시비유별, 자타공인 남자가 잘 쓴다 여자가 힘들게 쓴다 칼처럼 사용함, 끊어냄.
丁	모든것을 밝힌다 속이비침(x-레이처럼) 감추기어렵다.(보수,고착,추구성) 공공일 돌보는일 발생	壬	실리추구, 음흉(돈이되는경우많다) 감춘다.
戊	감추기 어렵다 모양을 갖춘다 양운동의 끝부분으로써 보수성, 고착성 발생(고지식)	癸	동작둔화, 뱃속에 감추는 작용, 씨앗으로 있으면서 역동적이지 못함.비밀사 햇볕을가림(유흥, 밀수, 어업등)

간단하게 한번 정리를 해 보겠습니다.

■ 甲

甲木은 원래 창신(創新), 우두머리를 의미하고 그다음에 運에서는 보통 도로나 교통 이런 것으로도 주로 많이 적용해서 해석합니다. 그러니까 죽죽 뻗어 나갈 수 있는 공간으로써도 많이 해석하는 겁니다.

그다음에 물론 팔자 내에 있어도 작용하지만, 運에서도 甲과 乙은 갈라져 버리는 것입니다. 가만히 있지 않고 터져 나와버리고, 이런 식의 속성으로써 甲運을 주로 많이 해석합니다. 運에서 와도 원래 속성상은 원국 내에 있는 것과 거의 그대로 연결하는 것도 많이 발생합니다.

■ 乙

乙이 소위 바람과 같은 것입니다. 풍(風)을 보통 바람으로 처리하는데 그래서 이리저리 싸돌아다닙니다. 그다음에 그것이 주로 정신적인 측면이라 하더라도 여러 가지를 추구하게 되는 추구성을 갖추게 되는 것이고, 그다음에 여행을 떠나는 사람, 주변에 자기 틀을 유지 못 하고 깨지는 사람을 의미합니다. 그러니까 주변에 파산, 사망 이런 것들이 다발하는 것으로써 乙자를 주로 해석을 많이 합니다.

그리고 케이스를 들어보면 '乙자의 무슨 작용' 이렇게 바로 연결이 됩니다. 乙자의 작용 때문에 이 사람이 지금 이런 행동이든 추구성이든 이런 것을 구하고 있다는 것을 알게 됩니다.

■ 丙

丙은 '일진래정법'에도 그런 내용이 강조되어 언급되어 있습니다만 '일진래정법'에서는 '공증품'이라는 표현이 되어있는데 제가 볼 때는 丙이 '확연성' 이런 것입니다. 확연하게 자기의 일이나 활동분야가 뚜렷하게 확연함이 만들어지는 운동성을 가지는 것입니다.

그래서 '일진래정법'에는 天干에 丙, 辛, 酉, 巳 運을 자타가 공인하는 최고의 모양새 또 유명세로 보는 것은 그것이 남들도 다 인정해주는 유명세하고도 맞물리는 것으로 쓰여 있는데, 실제로 크게 이름을 얻은 사람들 중에 맞는 사람도 있고 아닌 사람도 있는데, 대체로 이 丙이라는 것이 陽의 기운이 크게 펼쳐짐으로써 사물의 개성을 확실하게 보여주는 속성 그런 것들을 잘 가지더라는 겁니다.

그래서 보통의 경우 직업적 개성이 뚜렷해지거나 자기가 다루고 있는 물건이나 분야 또는 상품이 뚜렷해지거나 한다는 것입니다. 그래서 '거짓을 잘 만들기 어렵다.' 그런 정도로 속성을 이해할 수 있습니다.

■ 丁

거짓을 못 만드는 것은 丁이 더 심합니다. 丙은 표면에서 겉만 보고 '이것은 책이구나!, 이것은 물이구나!' 이렇게 한다면 丁은 그 내부까지도 불기운에 의해서 드러내는 것입니다.

엑스레이처럼 내부까지도 파악되니까 이것이 '모든 것을 밝힌다.' 그래서 다 드러나게 하는 그런 작용으로 가는 것입니다. 그러니까 '속이 비친다.', '감추기 어렵다.' 이런 속성으로 주로 많이 되는데 그것이 명조 내에 있어도 마찬가지입니다.

　명조 내에 있어도 보통 丁火가 세력이 있으면 하여튼 '한번 따져볼래?' 하는 것입니다. 그다음 運에서도 丙이나 丁에 자기의 여러 가지 요소들을 감추기 어려운 속성이 있음으로써 주로 공공의 일을 돌보는 일이 많이 발생합니다.

■ 戊

　戊도 '감추기 어렵다.'라고 하는 속성의 연결선에 있습니다. 그러니까 감추기 어려운 속성뿐만 아니라 모양을 갖춘다. 그다음에 陽운동의 끝 부분으로써 '♪아~ 옛날이여~♬' 이런 것들도 속성으로 잘 발생합니다. 그러니까 보통 수구성이나 보수성, 고착성 이런 것들이 발생합니다. 그래서 이 보수성, 고착성 이런 것들이 결국은 감추기 어렵게 하고 또 그 형태를 잘 갖추어 버린 것은 가변성이 떨어지는 것입니다.

학생 질문 - 그러면 戊日柱같은 경우에는 새로운 것을 배우려 한다거나 이런 것을 잘 안 하려고 합니까?

선생님 답변 - 학습의 속성과는 좀 다릅니다. 고유의 기질이 '뭐 어때서?' 이러면서 자기를 감추지 못하는 겁니다. 싫다, 좋다. 이런 것들을 숨기지는 못한다는 것이고 보수성이라는 것은 학습하지 않는다가 아니라 '아 옛날이여'이니까 옛날 것이 훨씬 더 가치 있다고 보는 그런 심리적인 속성, 경향이 있는 것입니다. 새것보다 옛날 것이 훌륭하다고 본다는 것입니다.

학생 질문 – 그러니까 새로운 신문물을 잘 안 받아들이고, 기존의 것을 잘 안 바꾼다는 것입니까?

선생님 답변 – 그런 면에서 빨리빨리 안 바뀌는 것입니다. 보통 심리적으로 고지식하다 이런 표현을 하는 이유가 한번 형태를 갖추어버리면 바꾸기가 어려운 것입니다.

그래서 運에서도 戊運을 지나갈 때 실제로 좋은 모양이든 나쁜 모양이든 모양을 대체로 갖추는 작용이 많이 발생합니다. 그 다음에 보수성이라는 것은 기왕의 것에 대해서 잘 안 바꾸려고 하는 그런 요소가 잘 발생하는 것이고 고착성 이런 것도 생기는 것입니다.

그러니까 甲하고 제일 거리가 멀어지기 시작했습니다. 甲, 乙이 창신(創新) 작용이라서 새로운 것을 자꾸 끌어내고 만들어내고 한다면 甲 반대편으로 들어가는 것이 戊, 己, 庚입니다. 庚까지가 이 甲, 乙과 가장 거리가 먼 상태로 가는 것입니다.

■ 己

운에서 오는 己土는 대체로 보통 실리추구라고 하는 속성으로 주로 많이 해석해서 합니다.

예를 들어서 壬日柱나 또 甲日柱가 己土 運을 좋아서 官土으로 또는 財星으로 쓰고 있을 때 이 양반들이 부르짖고 주장을 하는 것은 무엇을 추구하고 있는 것입니까? 실리를 추구하는 이런 식으로 해석을 연결해서 보는 것입니다.

己土 고유의 속성과 맞물리는 것이 완충이라고 하는 그런 것들이 있어서 부귀빈천이 휙휙 바뀌는 것은 아니고, 좋은 것도 완충되고 나쁜 것도 완충되는 그런 작용이 잘 발생하더라는 겁니다.

■ 庚

庚이 運으로 오면 '누구든지 주먹을 쥔다.' 이런 의미를 가집니다. 주먹을 쥐는 거니까 주로 현실 면에서는 실력행사가 됩니다. 실력행사의 경향성이 발생함으로써 '주먹을 쥔다.', '실력을 행사한다.' 그래서 보통 庚에 이르러서도 丙과 비슷한 작용이 잘 발생합니다. "한판 붙을래?" 이런 것입니다.

그래서 보통 이 두 글자의 속성을 명조 내에 적용해서 丙과 庚 두 개의 속성을 그대로 취해서 '법조인과 인연이 깊다.' 이런 식으로 표현합니다. 팔자 내에 丙, 庚이 드러나 있는 경우에 '법무와 인연이 통한다.' 그 내용이 사주첩경(四柱捷徑)에 보면 나옵니다.

■ 辛

辛 고유의 자체에서도 그렇지만 辛은 시비, 유별입니다. 그다음에 소위 '자타공인'으로 자타가 확실하게 인정한다는 뜻이 됩니다. 왜냐면 시비, 유별을 해 놓았기 때문에 '옳다, 그르다, 네

꺼다, 내꺼다' 가려 놓았기 때문에 자타 공인의 속성인데, 남자들이 좀 더 잘 쓰고 여자들은 이 辛運을 좀 힘들게 씁니다.

'바늘을 들고 다닌다.' 그러니까 자꾸 찌를 일이 생기거나 또는 칼처럼 예리하게 찢고 나누는 일이 생긴다는 뜻이니까 시비, 유별, 자타공인 이런 것들의 속성이 잘 발생한다고 보면 되는 겁니다.

■ 壬

그다음에 壬, 癸에서 壬이 좋게 말하면 실리추구이고 음흉 내지는 엉큼한 마음 이런 것들이 잘 발생하는데 壬運 지나갈 때 이럴 때도 돈이 많이 됩니다. 주먹을 쥔다는 의미가 더 꽉 쥐는 運으로 가니까 '감춘다.'까지 들어가는 겁니다. 그래서 음흉이라고 하는 것은 부정적으로 너무 생각할 것이 아니라 뭘 자꾸 감추려고 하는 동작이 많음으로써 실리성을 추구하게 되는 것입니다.

■ 癸

癸日柱는 '행동이 활발하지 못하다.' 하는 것을 앞의 명조에서 예로 봤었습니다.

아까 癸丑 大運에서 보면 동작 둔화입니다. 동작이 둔화된다는 겁니다. 그래서 뱃속에 감추는 작용이 활발합니다. 그래서 계절적으로 겨울과 같으니까 씨앗으로 있으면서 빨리빨리 역동적으로 못 바꾸는 상태를 의미하는 거니까, 癸丑 大運을 지나갈 때 癸의 동작이 자꾸 둔화되고 생각보다 속도가 느려지는 것입니다.

뱃속에 감추는 것은 꼭 재물만이 아니고 여러 가지 비밀이나 남들에게 드러내지 못하는 그런 속성을 많이 가지고 있는 겁니다. 그러면 壬과 癸運에 움직이고 있다는 것은 대부분 다 실리추구의 속성을 가진다는 뜻도 되고 그다음에 햇빛을 가리고 하는 업종을 의미하기도 합니다.

그러니까 丙, 丁, 戊와 반대편에 있는 거니까 햇빛을 가리고 있는 것 이런 것은 밤중에 돈이 들어오는 유흥업이라든지 밀수 그다음에 또 밤중에 나가서 고기를 잡는 것입니다. 유흥업이 원래 밤중에 나가서 고기를 잡는 것입니다. 정신 나간 놈들 꼬아서

"오빠! 한잔 해"

그렇게 하는 그런 속성이라든지 정신적 경향이 잘 만들어지는데 물론 저것이 '地支에 있는 五行대세가 밀어주느냐? 덜어내느냐?' 이것에 따라서 강약차이는 있습니다. 그렇게 보시면 되고 실제 상담에 많이 쓰이는 것은 몇 개 되지는 않습니다.

저런 키워드 외에도 책들마다 정리되어 있으니까 여러분이 한 번 유심히 봐두었다가 "저 양반이 왜 저 말을 하지?"

이런 표현을 할 때 이것은 돈벌이와도 상관없고 여러 가지 내용과 상관없는데 자꾸 그런 표현을 할 때는 저런 글자들의 간섭 때문에

"아~ 저런 것을 자꾸 생각을 하는구나!"

이렇게 보시면 됩니다. 그래서 그것이 좀 심할 때는 굉장히 상대방이 불쾌해 하는 말도 있습니다. 손님은 시비, 분별을 결정하는 것이 지금 중요한데

"아 지금 돈 잘 들어오고 있지 않느냐?"

"돈은 들어오고 있다."

"그런데 그것은 중요하지 않고 내 그놈이 마음에 안들어 미치겠다."

"우리가 볼 때는 그건 중요하지 않거든요."

그런 경우 불쾌한 경우도 있습니다.

전에 온 손님은 8형제였는데 8형제가 이런 겁니다. 아버님이 돌아가시면서 부동산을 물려주셨는데 이것을 제대로 좋게 하려면 다시 지어야 하는 겁니다. 다시 지어야 하는데 본인이 여기에 끼일까 말까? 엄마 외 7인, 7인이 남매간입니다. 그래서 개인적인 運을 주로 많이 읽어주니까

"돈 들어오지 않느냐?"

"돈은 들어오고 있고 이대로만 가도 나는 좋다. 그런데 꼴 보기 싫은 형제들이 있어서 이것들을 내가 어떻게 해야 되느냐? 그리고 엄마와도 내가 요즘 잘 안 맞다."

"그걸 무시하라."

무시하라 했는데 본인이 이런 시비, 분별의 기운에 걸려있으니까

"그러면 빠질까요?"

"빠지면 모양새가 보기 싫은데!"

"아니면 끼어들까요? 끼어도 모양새가 보기 싫은데"

이런 것이 시비, 유별 이런 글자들이 간섭하면 그렇게 되는 겁니다. 그래서 실제 상담에 자주 쓰이는 것은 아니라도 그럴 때는 할 수 없이 재물이 들고 나는 것을 봐주는 것이 아니라 그런 속성을 봐주는데, 어차피 辛의 작용이라면 끊어내는 것입니다. 그

러니까
"끝내라! 차라리 욕 한번 진탕 듣고 발 빼라."
그런 식의 결론을 상담을 해주게 되는 것입니다.

학생 질문 – 앞에서 乙의 속성이 그럴 때 분리 이탈이 되어서 사고가 날 수 있습니까?

선생님 답변 – 분리 이탈이라는 것이 이 辛도 분리 이탈인데 속성이 다릅니다. 辛은 끊어내는 작용이고 낙엽이 떨어지는 작용이고, 乙은 이곳저곳으로 유랑하면서 번져나가는 것으로 좀 다릅니다. 乙의 속성이 이런 것입니다. 이때까지도 남아있던 마지막 잎새들이 떨어진다. 그러니까 여행을 떠나는 모양입니다. 이곳저곳으로 흩어져서 여행을 떠나는 거니까 '여행을 가다가 뜻밖의 손상도 생긴다.' 이런 것입니다.

학생 질문 – 癸에는 그런 것이 없습니까?

선생님 답변 – 癸에도 있습니다. 癸에도 '감춘다.' 이런 것이고 멈추어 버리는 것 동작둔화는 아파 누워있는 겁니다. 그러면 본인도 행위적인 방향을 잡기 어려운데 주변에 아픈 사람이 있는 겁니다. 나의 동작을 둔화시킬 존재가 있는 것입니다. 그래서 어머니가 오랫동안 장병 중이라서 내가 어떻게 해볼 도리가 없다는 것입니다.
"언제까지 내가 이렇게 해야 되겠습니까?"

이러면 癸의 활발하다면 癸 작용 끝날 때가 됩니다. 그렇게 봐주는 겁니다. 조금 쉬었다가 하겠습니다.

地支의 해석 적용

오늘은 地支입니다.

[그림 12-1]

地支의 運의 속성

子	정체(변화성(量)부족). 吉凶편차 나눌때 반타작 초입運, 애정사, 비밀사, 미정	午	어느정도 압력이 채워진상태. 변화량 상당하다. 속성의 변화량은 많지 않음.
丑	압력 유지, 지탱 변화량 크다, 초입과 끝나는 運의작용 잘 살펴야 함, 부귀빈천의 변곡구간 살핀다.	未	未의 중반부부터 완만함. 속성변화도 많지 않음. 지연, 정체, 새로운 일을 하기에는 만만치 않음.
寅	압력, 변화량 높다, 변화성 높다. 부귀빈천의 변곡구간, 깜짝놀라는 이벤트 잘 발생.	申	변화량 한계성있음. 변화성 발달. 이벤트, 未定 상당함.
卯	온갖 것이 호들갑스럽다 미완성, 떠돌이, 미정(부귀 빈천의 정도)	酉	변화량 높다. 변화성 한계있음. (사회적성취 써먹는 경우 다수) 자타인정 수준 일, 직업, 개성 두드러짐. 여자는 내면 고달픔
辰	주변조건 영향받음. 변화성(量), 표리 부동, 변곡구간, 이중성	戌	변화량은 발생하나 이중성(밖은 陰의단계 안으로는 陽) 이벤트 수시발생.
巳	변화성(量)한계있음. 이벤트(신통력),	亥	금전 실익면은 유익하나 뒤죽박죽, 미완성 측면도 섞이게 됨.

▪ 子

[그림 12-1-3]

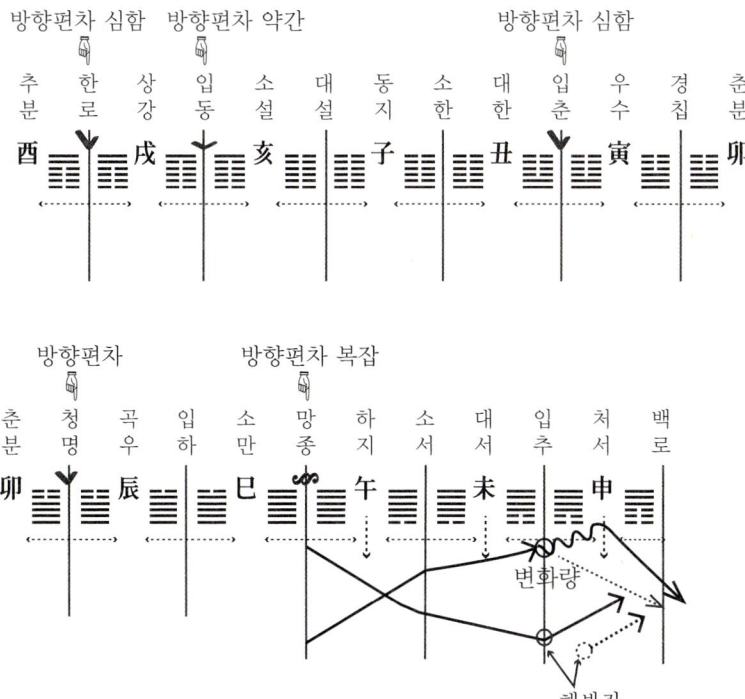

　陰陽의 양(量)으로 볼 때 子運이라고 하는 것이 陰陽의 양(量)이 조금 뒤섞입니다. 제일 큰 특성은 기본적으로 정체되어 있다고 보는 것입니다. 그러니까 정체라는 것이 '나쁘다 좋다.' 개념보다 변화성이 부족하다는 것입니다.

　길흉의 편차를 나눌 때도 丑, 寅이라는 것에 대비해서 볼 때는 이것이 반타작이라고 봅니다. 반타작이라는 것은 상대적으로 다른 干支들이 몰렸을 때 주로 변화성이 많이 발생하는 것이 寅

그다음에 丑이 되고 그다음에 午는 물론 午, 未가 무리 짓는 것으로써의 속성은 있지만, 그다음에 酉, 辰 이런 大運들이 대체로 변화성을 많이 만드는 것이고 戌은 무리 지어서 있기는 한데 戌은 좀 복잡성을 가지고 있습니다. 그래서 보통 辰, 酉, 丑, 寅, 午, 戌 이럴 때가 양적(量的)으로 상당히 많은 편차를 만드는 기운이 됩니다.

그러니까 변화성이라는 것은 변화성(變化性)도 되지만 변화량(變化量)도 됩니다. 변화량적인 측면에서 변화의 성향이라든지 양(量)이 子運은 좋게 쓰면 좋은 것 60, 부정적인 것 40 정도가 되고 또 힘들게 쓰면 힘든 것이 60, 좋은 것이 한 40 이런 식으로 비율상 섞이니까, 子運은 '丑에서 子로 넘어왔느냐? 아니면 亥에서 子로 넘어왔느냐?' 그것을 봐서 子의 초입 부분 보통 3년 차에서 최대 5년 차 정도에 일어나는 흐름을 보면 이런 맥락에서 나머지 運이 보통 한 7년 또 5년 그대로 지탱되는 그런 흐름이 유지된다고 보는 겁니다.

물론 子의 일반적인 속성은 있습니다. '비밀사가 많다.', '애정사가 다발한다.' 이런 것은 명내에 있는 것과 거의 공통적으로 해석을 해줄 수 있는 것이고 어두우니까 '주변에 속이 시커먼 놈들이 자주 대든다.' 이런 것들은 일반적인 속성에서 그대로 해석을 하는 것이고 運에서 주로 많이 쓰는 것이 반타작이 되기 쉽다는 것입니다.

그러니까 이런 것이 명조와 또 運의 속성이 어중간하게 엮여 있을 때 즉 丑에서 子로 빠져나오기 시작하는 運 같은 경우에는 미정(未定) 즉 오히려 압력이 丑월 섣달에 꽉 얼어붙었던 것이

子월에 이르면 풀렸다가 또 얼었다가 풀렸다가 얼었다가 막 섞입니다. 그런 식으로 변화성이 어중간해지는 것입니다. 그렇다고 나쁜지 물으면 子를 좋게 쓰는 경우에

"나쁘지는 않은데 왜 옛날 같은 재미가 없지요?"

이런 식의 반응이 運에서 올 때 느낀다는 겁니다.

■ 丑

[그림 12-1-5]

그다음에 앞에서도 봤지만, 丑이 정체보다도 어떤 방향을 가진 압력이 됩니다. 정체요소도 같이 약간 포함이 되어있지만, 어느 한쪽으로 압력을 유지하고 있는 상태가 됩니다.

그러니까 얼어붙어 있음으로써 그대로 그 압력을 지탱하는 또는 유지해가는 그런 것이 잘 발생하고 변화량이 좀 큽니다. 변화량이 많습니다. 그래서 丑運에 한번 비비 꼬이면 앞에서 샘플에서 봤듯이 그 丑運 끝날 때까지 계속 꼬인 외부적인 압력에 의해서 쪼여서 마음껏 변화를 줄 수 없는 경우가 있는데, 그런 것은 부정적으로 쓰는 경우가 됩니다.

그러니까 앞에서 본 경우에 물론 재물 중심에서 보면 팔아서 정리한 돈도 있고 받을 돈도 남아있으니까 완전 거덜이 난 것은 아니지만, 옛날에 좋은 모양을 유지했던 것에 비하면 훨씬 못한 즉 남들이 보면 어떤 면에서는 거덜이 난 그런 모양으로 볼 수 있다는 것입니다. 그런 것이 무엇이냐 하면 압력이나 변화량이 상당하다는 것입니다.

그래서 丑運의 초입이나 또 끝 부분 이런 부분에서 어떤 식의 변화가 오는지를 체크를 해 줄 필요가 있습니다.

이 辰, 戌, 丑, 未 작용이 그대로 다 같이 포함되어 있으니까 그렇기는 한데 丑의 부귀빈천의 변곡 구간이 됩니다. 그래서 힘들었다가 확 풀려지거나 아니면 잘 나가다가 힘들어지거나 하는 그런 속성을 가짐으로써 丑運을 어떻게 지나가는지를 地支에서 잘 볼 필요가 있는 것입니다.

■ 寅

寅도 마찬가지로 여러 가지 干支속성상 丑이 상대적으로 陰이 많이 몰리는 구조라면 寅은 그것과는 대별이 많이 되는 것입니다. 양적(量的)으로는 陰陽의 양(量)에서 양(陽)이 좀 더 많은 형태이지만 바로 옆에 있는 丑에 비해서는 편차가 크게 나는 것입니다. '되게 춥다가 조금 따뜻하다.' 이런 정도인데도 편차는 크다는 겁니다. 그래서 寅에도 압력이나 변화량이 상당히 많다는 뜻이고 마찬가지로 변화성도 있습니다. 이때까지 이렇게 저렇게 해오다가 하는 일이 속성이 많이 바뀌어버리는 변화성도 발생한다는 것입니다.

그래서 동일한 직종이나 직업의 경우에 일정 기간까지는 괜찮다가 寅運에 소란스러워지고 혼란스러워지고 고달파지고 영양이 없어지는 식으로 변화가 잘 발생한다는 것입니다. 그래서 변화량적인 면도 상당하지만, 변화의 어떤 성향적인 부분에서도 관찰할 필요가 있는 것입니다.

마찬가지로 부귀빈천의 변곡 구간 효과가 있는데 丑보다는 좀 덜하지만, 여전히 변곡 구간이고 그다음에 寅運에는 범의 출몰이 이루어진다는 것은 깜짝 놀라는 여러 가지 이벤트들이 잘 발생한다는 겁니다.

학생 질문 – 丑, 寅을 동시에 잘 쓰는 사람은 없습니까?

선생님 답변 – 그런 사람은 극히 드뭅니다. 丑, 寅을 동시에 잘 쓰는 사람은 제가 이때까지 거의 못 봤습니다. 그러니까 최대 丑運에서 寅 大運으로 똑바로 간다고 하면 丑運으로부터 寅運의 중반부까지 정도를 잘 쓰는 그런 경우는 있지만, 반드시 잘 쓰다가도 어떻게 됩니까? 이 범 寅자를 陰陽의 소장관계로 陰陽을 매기면 陽氣가 세 단계를 거칩니다. 寅에서 三陽의 단계가 되고 외부에서 陰氣가 세 개가 그대로 남아있는 것이 되는 데 여기 있는 陽氣가 괘상(卦象)으로는 지천태(地天泰) 괘라고 해서 굉장히 좋은 의미로 씁니다. 천지 만물이 드디어 陰陽의 균형을 통해서 장래에 큰 변화를 일으킬 그런 모양을 갖추고 있는 것입니다. 陽의 기운이 수시로 뚫고 올라옵니다. 寅運의 초입과 寅運의 끝 부분을 나눈다면 이 寅運의

중반부에는 본격적으로 陽氣가 채워진 상태라는 겁니다.

[그림 12-1-4]

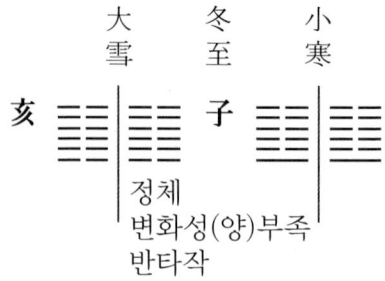

그러니까 子라고 하는 것을 보면 子월이 冬至에서 小寒까지입니다. 그러니까 이 冬至를 정확하게 절기상으로 끊으면 冬至가 정확하게 子가 되고 子 冬至 앞에는 大雪입니다. 冬至 다음은 小寒 이렇게 흘러옵니다. 그러면 천체운동으로 볼 때 冬至까지는 陰의 기운이 그대로 남아있는 상태입니다. 그다음에 子가 지나야 一陽이 됩니다.

우리가 채택하고 있는 것은 節대 節을 중심으로 써나가기는 하지만 子는 大雪과 小寒 이 두 가지를 다 포함하고 있는 것입니다. 그러면 이런 원리로 나가면 丑도 小寒에서 大寒까지 그다음에 大寒에서 立春이 됩니다. 立春 다음에 雨水가 됩니다.

그러면 이것을 괘상으로 더 나누어서 본다면 小寒 丑월의 초입 부분은 一陽상태에서 大寒을 지나면서 二陽상태로 바뀌는 것입니다.

그다음에 寅은 二陽상태로 남아 있다가 雨水를 지나면서 三陽으로 바뀌는 것입니다. 그다음이 驚蟄에 들어갑니다.

그래서 지금 편의상 사용하고 있는 干支체계는 子, 丑, 寅,,, 이렇게 나가고 있지만, 陰陽의 소장(消長)으로 보면 한 박자가 엇박자가 나 있는 것입니다.

[그림 12-1-6]

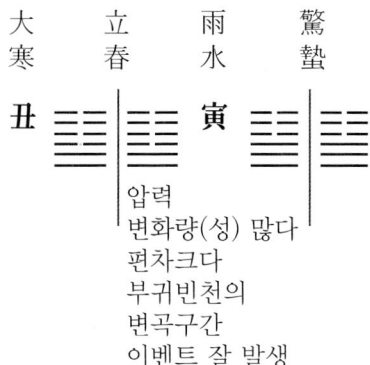

알고 보면 丑에서 寅 넘어갈 때까지 一陽이고 또 大寒에서 雨水까지 二陽의 상태가 됩니다. 雨水가 지나면 三陽이 확실하게 됩니다. 그러면 雨水를 지나고 二陽에서 陰을 대적할만한 三陽의 상태로 들어간다는 겁니다.

그래서 이벤트가 터지는 것입니다. 그러니까 陰을 물의 열량이라고 합시다. 陽을 불의 열량이라 치고 불이 물을 살살 덥혀도 변화가 없다가 이 雨水를 기준으로 해서 끓어오릅니다.

그러니까 이것이 이벤트입니다. 그래서 물이 끓어 버렸다는 것이 陰이 충분히 누적되어있는 구간을 陽이 대적할 만큼으로 바꾸어 버리는 이벤트가 일어나는 것이 寅이고 그것이 일 년 같으면 단위가 작겠지만 10년 같으면 10년 중에 결국은 陽이 陰을 대적하는 이벤트가 발생한다는 것입니다.

그러니까 이만큼 잘 써먹다가도 결국은 이벤트 때문에 변색이 된다는 뜻이고 이것 때문에 힘들었던 사람도 거꾸로 간다고 본다면, 寅運의 중반부 이것 때문에 힘들었던 사람도 寅運 중반부터는 서서히 陽의 기운이 줄어들고 그다음 丑運으로 들어가면서 '앗싸!' 하면서 변하는 것입니다. 펄펄 끓던 놈이 끓지 않게 되고 식어가는 거니까 일어나는 이벤트중심으로 볼 때 편차가 큰 것입니다.

길흉은 그 사람이 가진 명조 따라서 '陽의 기운을 더 긍정적으로 쓰느냐? 陰의 기운을 긍정적으로 쓰느냐?' 따라서 편차가 생깁니다. 그래서 천체운동을 정확하게 나누면 이런 식으로 표현될 수 있다는 겁니다.

그리고 卯에 이르면 확실하게 三陽의 기운이 陰의 기운을 끓이기 시작하는 데에서 四陽의 단계로 가버립니다.

卯에서 春分이 들어옵니다. 그다음에 淸明까지 넘어가 버립니다. 春分에서 淸明구간은 확실하게 陽의 기운이 陰의 기운을 이기고 있는 그런 상태니까 갖가지 것이 다 호들갑스러워진다는 겁니다.

■ 卯

[그림 12-1-7]

大雪	冬至	小寒	大寒	立春	雨水	驚蟄	春分	清明
䷋	子 ䷋	䷋	丑 ䷋	䷋	寅 ䷋	䷋	卯 ䷋	䷋

卯: 미완성
호들갑
떠돌이
미정(부귀빈천)

그래서 호들갑스러워지는 이것이 三陽에서 四陽으로 바뀌어 나가는 거니까 이 卯運은 보통 미완성입니다. 그러니까 '호들갑' 그다음에 앞에서 했던 乙자가 땅에 그대로 내려앉은 모양이 되니까 어떻게 됩니까? '떠돌이' 또는 '미정(未定)'입니다. 미정은 부귀빈천의 정도가 성공했다 하기에도 그렇고 안 했다고 하기에도 그렇고 아주 좋은 것도 아니고 그렇다고 해서 최악도 아닌 그런 三陽 三陰의 균형 상태와 그다음에 陽이 더 유여한 상태가 혼재되어 있으니까, 방향성 따라서 조금 속성은 다르더라도 이렇게 미완성이 됩니다. 大運이 그렇게 되면 이것이 재미있다 하기에도 그렇고 재미없다고 하기에도 그런 어정쩡한 상태가 됩니다. 그러니까 잘 망하지도 않고 크게 성공도 되지 않는 특성을 가지고 있습니다.

그렇지만 예를 들어서 직업적으로 떠돌아다니는 것과 관련된 비즈니스나 건설업이라면, 즉 여기서 짓고 팔아치우고 저기서 짓고 팔아치우고 이런 경우에는 비즈니스 자체는 잘되는 경우가 많은데, 그래도 호주머니에 쌓이는 것을 보면 생각했던 것보다는 덜 남고 또 일은 큰 것을 했는데 빚도 깔려있고 이런 식의 속성이 섞이는 것이 卯 大運이라는 겁니다. 그래서 부귀빈천이 어느 한쪽으로 편중성이 잘 만들어지지 않는 것이 卯의 속성입니다.

그림을 그려서 해보니까 조금 陰陽의 변화성이라고 하는 것이 눈에 잡혀지죠? 그렇죠? 뒷부분에 다룰 것이지만 丑, 寅처럼 무서운 것이 酉와 戌의 사이입니다. 酉, 戌변화도 마찬가지입니다. 酉, 戌변화도 뒷부분에 가면 괘상이 뒤집어진 모양으로 갑니다. 뒤에 한번 해 보겠습니다.

자 그러면 하여튼 卯는 미완성, 호들갑, 떠돌이, 미정(未定)입니다. 그래서 이럴 때 팔자는 모르겠고 그냥 卯運에 딱 걸쳐있으면

"재미있습니까?"

그냥 물어보면 됩니다. 그러면 '아리송하다. 글쎄 이것이 좋은 건지 나쁜 건지 자기도 판단을 잘 못하겠다. 업은 잘되는데 이상하게 돈은 많이 안 모이고…"

이런 식이라는 겁니다. 그렇게 속성이 이쪽저쪽이 막 섞여서 가는 그런 운이 되니까 미정(未定)상태로 흘러가는 것이 됩니다. 그러니까 세운을 잘 쓰더라도 전체를 이렇게 토탈로 정리해보면 이런 속성을 그대로 유지하고 있다는 것입니다.

▪ 辰

[그림 12-1-8]

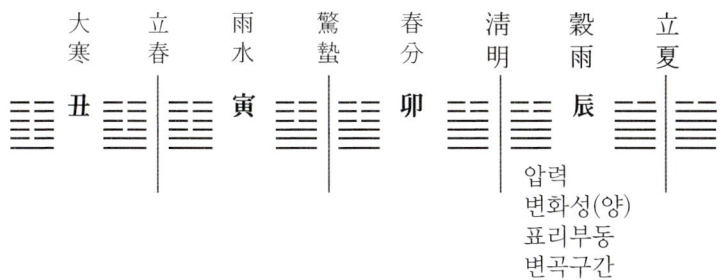

辰에 이르면 말 그대로 이것이 외부에는 五陽입니다. 五陽의 위치에 이르러 있으면서 이것이 수시로 주변조건 따라서 자기모양을 가장 많이 변화시킨다는 뜻도 되고 변화 속에는 변성도 있습니다.

그러니까 세운에 의한 것이든 명조에 의한 것이든 申이 오면 辰의 작용력이 土로써의 작용력이 크게 꺾여버리고 특히 子가 오면 자신이 언제 土라고 했느냐는 식이 되는 것입니다.

이런 식으로 완전히 五行的 속성이 반대로 가버리는 것입니다. 그다음에 巳, 午, 未가 오면 또 土인 척하고 있는 것입니다. 그런데 이것이 보통 辰도 상당한 압력, 변화성 또는 변화량도 포함이 됩니다.

그다음에 표리의 부동으로 겉모양과 속이 다른 이런 작용이 발생하고, 辰, 戌, 丑, 未라고 하는 것이 결국 항상 운명의 변곡구간 즉 변곡점 효과가 있다고 했습니다.

辰운에 일어나는 일 이런 것들을 잘 살펴볼 필요가 있는 겁니다. 잘 살펴보면 표리의 내용상 편차가 상당히 많이 생기는 경우가 되는데, 밖으로는 별로 돈 안 되는 것 같은데 안으로 막 챙기고 있는 경우 또 밖으로는 돈이 되는 것 같은데 알맹이로는 별로 영양가 없는 그런 이중성이 잘 발생한다는 것입니다.

그러니까 이중성이라고 하는 것이 보통 辰과 戌에서 잘 발생하는데 辰도 이중성의 인자를 어느 정도 가지고 있는 것입니다.

그다음에 辰과 戌사이에는 魁罡, 白虎 이런 것이 잘 떨어집니다. 그래서 魁罡이나 白虎작용 이런 것에 의해서 중간에 편차를 좀 크게 겪는 구간이 발생합니다. 그래서 보통 이런 운에 어름하게 활동을 하는데 돈이 되는 것 이런 식입니다. 그래서 그것이 내용상으로 상당히 많은 운명적인 양을 바꾸게 되는 것입니다.

■ 巳

[그림 12-1-9]

물론 명조마다 편차는 생기지만 巳에서 완전히 陽이 여섯 개가 되는데 의외로 陽의 편중성이 많이 만들어지기는 하지만 앞에서 했던 寅, 午 또는 丑, 酉, 辰 이런 것 보다는 양적(量的)인 변화가 크지는 않더라는 겁니다. 卯보다는 떠돌이나 호들갑은

아니지만 변화성 또는 변화량에는 한계가 있습니다.

그다음에 寅처럼 이벤트요소가 이 뱀 巳자 자체가 신통력을 가지고 있는 동물로 분류를 했었습니다. 신통력이 있는 동물 寅, 巳, 申, 戌에 대해 공부 했었습니다. 寅과 戌이 기본적으로 양적(量的)인 요소도 같이 포함하고 있는 반면에 巳와 申은 이벤트라든지 중간에 일어나는 여러 가지 일들의 폭이 조금 있는 것은 사실이지만 변화성이나 변화량에는 한계성이 있더라는 겁니다.

그래서 天乙貴人 이런 것으로 잘 쓰는 사람들을 보면 이때도 陽의 기운을 지속적으로 연결합니다. 그러니까 성장하는 것을 보면 좋게 쓰는 경우에는 계단식으로 연결되어서 잘 쓰고, 그다음 힘들게 쓰는 경우에는 또 계단 내려가듯이 힘들게 쓰게 됩니다. 巳를 힘든 운으로 써먹게 되면 서서히 말아 먹는 모양이 됩니다. 망할 때 팍 떨어지면 손을 텁니다.

그러니까 앞의 그분은 丑 운의 중반 한 4~5년 차쯤에 손 털었습니다. '앗 뜨거!' 하면서 손을 털어버렸는데 寅, 丑은 변화량이 크니까, 그렇고 巳 이런 운은 서서히 꼬드겨 야금야금 뱀이 먹이 먹듯이 변화를 일으키고 물어뜯는 이벤트가 있을 것이고, 또 문다음에 뱀이 먹이를 먹듯이 야금야금 변화를 일으키더라는 겁니다.

학생 질문 - 반대일 수도 있습니까?

선생님 답변 - 반대일 수도 있습니다. 그러니까 야금야금 좋아지는 것도 있습니다.

■ 午

[그림 12-1-10]

그다음에 午에 이르면 六陽이 넘어온 상태에서 一陰으로 전환되니까 외부에는 陽의 기운이 많고, 그다음에 내부에서 陰의 기운이 하나 일어나는 정도인데 이제 어느 정도 압력이 채워진 상태입니다. 즉 陽 운동의 끝자락으로써 압력이 채워진 상태를 의미합니다.

일 년 농사를 짓는다 치면 음력 오뉴월이 됩니다. 그래서 음력 오뉴월 하루 뙤약 볕이 다릅니다. 그래서 변화량이 상당하다는 겁니다. 그런데 속성은 좌우로 끼어있는 것과 차별화를 많이 못하는 그런 것들이 속성변화는 또 상대적으로 많지 않은 것이 됩니다.

실제로 戊의 의미는 辰이나 巳에서부터 벌써 계승되고 있습니다. 그러니까 벼가 서있는 자리에서 이미 앞으로 커나가야 될 방향이 정해졌다고 보는 것입니다. 그러니까 속성의 변화는 제한적이고 그다음에 양적(量的)인 요소는 오뉴월 하루 뙤약볕이 다르듯이 차이가 난다는 것입니다.

그러니까 상당히 많은 어떠한 압력 속에서 기운이 작동하게 되니까 午에는 꾸준하게 흐르든지 아니면 답답하게 세월을 보내는 이런 식의 속성을 가지게 되는 것입니다.

 그다음에 일반적인 의미로써야 이 午라는 것이 대체로 남들에게 다 공개된 어떤 기운 이런 것을 의미하니까, 개인적인 실리를 많이 가져오는 데에는 한계성이 생기는 그런 작용이 많이 발생하고, 대체로 여자보다 남자가 좀 더 陽의 기운에 소모가 많이 발생하니까 금전 활동을 통해서 무엇인가를 이루더라도 자꾸 소모적으로 써야 되는 그런 요소가 많이 발생하고, 여자들은 보통 명조 따라 차이는 있지만 꾸준하게 무엇을 이루어나가는 그런 통로 역할을 많이 하는 것입니다.

■ 未

[그림 12-1-11]

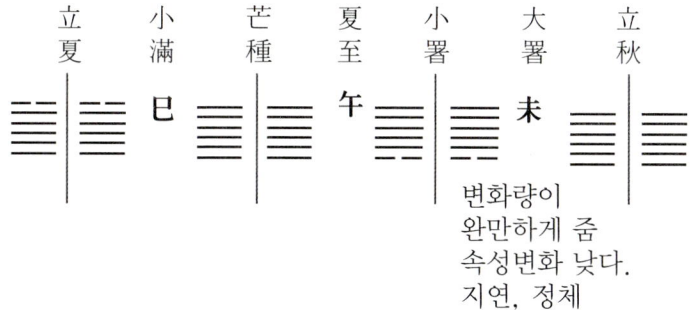

 그다음에 未는 卯와 무리 짓는 것입니다. 그래서 木氣가 보통 남아서 활발하게 있다가 다시 木氣가 거두어지는 그런 작용이

발생함으로써, 보통 午에 변화량이 많이 발생하고 그다음 未의 중반부 정도부터는 변화량이 상대적으로 줄어듭니다. 변화량이 없는 것은 아니고 변화량이 완만하게 줄어드는 그런 속성이 발생한다는 겁니다.

전체적으로 午, 未를 다 묶어서 지연 또 변화성을 중심으로 볼 때는 약간 정체되어 있는 것입니다. 그래서 기왕에 하던 일을 그대로 주욱 움직여서 성과를 내는 것들은 유리하지만 이럴 때 새로운 일을 다시 만들어내기에는 만만치가 않은 흐름이라는 겁니다.

그래서 이럴 때 제일 무난하게 잘 쓰는 사람들을 보면 보통 변화가 별로 없는 공직 그다음에 자기 사업이라 해도 하는 일이 똑같은 일을 하는 사람들은 그냥 별탈없이 지내기는 하는데, 내용은 未를 잘 쓰느냐 못쓰느냐? 하는 것이죠.

그러니까 하는 일 똑같은 일해서 열심히 일하고 벌었는데 결국은 자기가 채울 수 있는 흐름이 안 되는 사람들은 그것가지고 애들 키우고 뭐를 하면서 주변 도와주고 형제 도와주고 세월을 보내게 된다는 것입니다.

그러니까 午에서 未로 나아갈 때 未의 중반부 또는 未에서 午운으로 들어갈 때 午의 중반부 정도 갔을 때라야 주변을 감당하던 것에서 서서히 빠져나오는 변화가 만들어 지더라는 것입니다.

그래서 중반부에 편차가 생기는 것이 巳의 기운이 그대로 다 넘어와 있다가 다시 一陰이 생겨나는 것이니까 午의 중반부에 편차가 생기는 것을 아시겠습니까?

[그림 12-1-3]

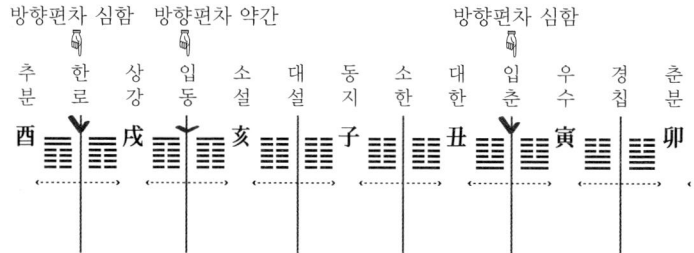

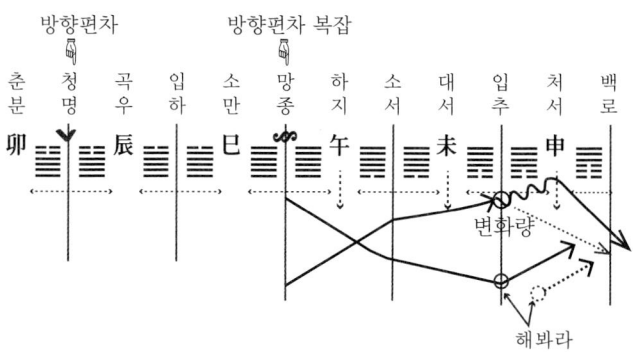

그래서 그림 Ⓐ처럼 15년을 쓰든 그림 Ⓑ처럼 15년을 쓰든 쓰게 되고 보통 그다음 대운의 중반부 정도에서 변화성이 발생해서 그동안 발생했던 압력이 완화되거나 또 좋은 쪽으로 서서히 턴이 되는 흐름이 발생하는 것입니다.

■ 申

[그림 12-1-12]

申에 이르면 陰이 세 개나 일어나고 陽이 세 개가 됩니다. 결국은 申중에서 陰陽의 양(量)이 바뀌어 집니다. 그래서 寅과 비슷한데 다른 여러 가지 陰陽요소에서 부여된 것을 보면 변화량에는 한계성이 좀 있다는 것입니다. 그다음 변화성은 상당히 발생하게 되는 것이죠.

그래서 지상에서 결국은 未와 申 사이를 옛날 텍스트에는 접목 운이라고 표현하지만 지상에서 두 계절의 같은 방향으로 가던 계절이 끝나고 다른 계절로 넘어가지 않습니까? 그러니까 陰이 이제 陽을 대적할 수 있는 단계까지 들어오는 거니까 이벤트는 이때 많이 발생하는 겁니다.

그래서 일단 가을에는 일반적인 五行속성상 굳어지고 확정되고 하는 기운이 되는데 떠난다는 것입니다. 그러니까 陽의 기운은 들려버리고 陰의 기운은 오히려 다시 지상으로 내려옴으로써 결국은 기왕의 운동과는 반대의 운동이 본격적으로 만들어지는 것이기 때문에, 이벤트는 잘 발생하고 그다음에 그 정도가 작지 않다는 것입니다.

  주역에서도 그런 표현이 있지만 '陰이 陽을 대적할만하면 반드시 대적한다.' 했습니다. 그러니까 오히려 陰이 陽을 포섭하는 힘이 陽이 뚫고나오는 것보다 훨씬 더 강하게 작용한다는 것을 보여주는 것입니다.

  그래서 원숭이 申자의 일반적인 속성은 대체로 '먹거리가 곳곳에 있다.', '거지도 밥은 먹고 산다.' 이런 것들이 있습니다. 그 다음에 陰의 기운이 많은 상태에서 먹거리가 있다는 것은 '여자들은 손발이 바빠야 돈이 들어온다.' 이런 일반적인 속성은 그대로 다 적용을 하되 이런 것들이 전제될 필요가 있습니다.

  그래서 午의 말에서 未로 들어올 때 未의 연장선에서 미정(未定)부분이 상당히 있다고 봅니다.

  왜냐하면 특히 수확을 하기에는 아직 덜 여문 상태 그런 것을 그대로 기운을 담고 있기 때문에, 申운에도 부귀빈천이 보통 일이라든지 활동분야의 속성변화는 많이 생기더라도 양적(量的)으로는 한계가 있다고 보시면 됩니다.

■ 酉

[그림 12-1-13]

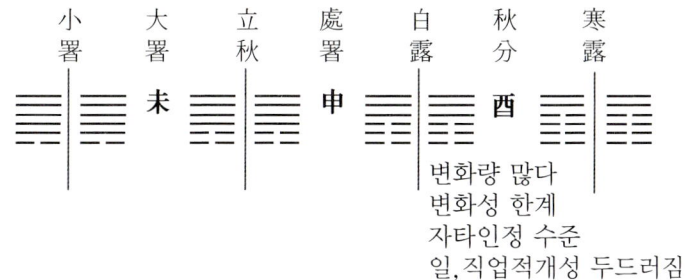

酉라고 하는 것이 확실하게 陰의 균형 상태에서 陰으로 확 들어와 있는 상태니까 주로 변화량적인 측면이 좀 더 많습니다. 양적(量的)인 측면에서 변화량이 많이 드러납니다. 그 편차가 戌과 서로 맞물려서 陰의 기운이 두드러지는 것입니다.

戌은 陰陽이 막 혼재되어있는 모양으로써 상대적으로 陽의 기운이 내재되어 있는 것으로 보는 겁니다. 그래서 변화성은 한계가 있는 반면에 변화량은 상당히 많이 있는데 酉운을 잘 써먹는 사람들은 저런 시기 재물이라든지 사회적인 성취를 한껏 이룩한다고 보면 됩니다.

그다음에 앞 시간에서 했듯이 '丙, 辛, 酉, 巳'에서 누구나가 다 인정할 수 있는 수준 즉 눈금으로써 측정해 본 수준의 모양새, 성과, 자타가 인정할 수 있는 수준 이런 것을 만듦으로써, 하여튼 일이나 또 직업적 개성 이런 것들이 두드러지는 그런 흐름이 酉에 잘 발생합니다.

그다음에 여자들은 三合의 陰陽요소로 인해서 酉운에 직업적으로, 대외적으로 뭔가 모양을 갖추고 성취를 했다 하더라도 내면적으로는 고달픔을 감당하든지 어쨌든 손발이 귀찮아야 되든지, 안 그러면 하여튼 남편이 건달세월을 보내고 있든지 그래서 陰이 농후하기 때문에 생기는 그런 고충이 반드시 동반하게 되더라는 겁니다.

▪ 戌

[그림 12-1-14]

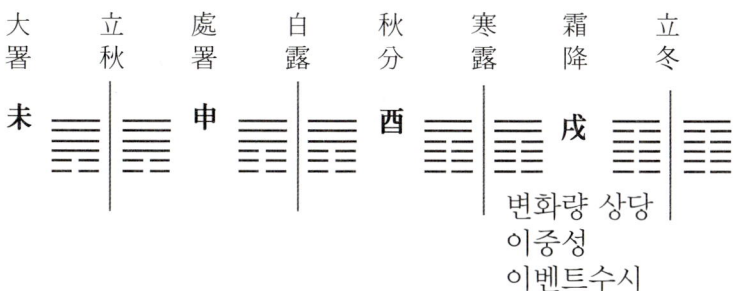

戌은 변화량 면에서는 아주 강력한 것은 아니고 상대적으로 주변에 陰이 농후한 놈들이 있습니다. 酉는 운동측면에서 陰이 농후해지는 것이고 돼지 亥자는 이미 만들어진 陰입니다.

그러니까 陰의 기운이 다섯 개 있는 상태에서 완전히 陰으로 바뀌어 나가는 상태가 되는 것입니다. 이 陰이 농후한 상태에 대비해서 상대적으로 변화량은 발생하는데 폭은 酉나 또 다른 丑 이런 것에 비해서는 덜하다는 것입니다.

보통 상대적으로 陰의 농후함을 대비시켜서 陽으로 쓰기 때문에 제일 큰 속성이라는 것이 보통 이중성입니다. 앞의 辰에서도 이중성이 많이 있었습니다. 이중성이라고 하는 것이 밖으로는 五陰의 단계이고 속으로는 陽의 기운이 꽉 숨겨져 있으니까 陽이라고 하는 것은 항상 자기를 감추지 못하고 삐져 나가려고 하는 거니까 보통 사업적으로도 보통 이쪽에서 벌고 저쪽에는 영양가가 없고 이쪽에서 벌어서 여기 매우고 이런 식의 속성, 낮에는 신사, 밤에는 치한 이런 식으로 이중생활, 이중성 이런 것들이 많이 발생하는 것이 개 戌자운이고 또 여기에 魁罡이나 白虎가 잘 떨어집니다. 그러니까 이벤트도 수시 발생합니다.

그래서 대문 앞에 보면 개조심이라고 써 놨습니다. '언제 물지 모릅니다.' 그런 속성이 개 戌자에 있으니까 戌운을 관찰할 때 그런 측면을 전제해 놓고 그 사람에게 그런 시기에 일어난 이벤트를 체크해보면 이중성 때문에 하나 좋고 하나 빠지고 그다음에 억지로 뭘 이루고 있고 이런 것들을 干支 자체에서 염두에 두고 해석을 하면 그대로 그 사람의 현실에 부합되더라는 것입니다.

■ 亥

[그림 12-1-15]

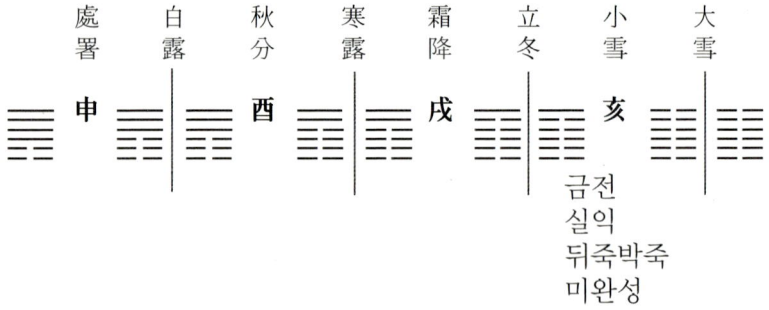

그러면 돼지 亥자는 원래 무리가 어떻게 됩니까? 운동성이 활발하게 펼쳐지는 공간이 亥卯未니까 대체로 陰의 기운이 많다는 것은 금전이나 실익 면에서는 대체로 유익하지만, 이것이 소위 뒤죽박죽이 됩니다.

그다음에 寅, 申, 巳, 亥의 속성상 미완성 측면도 같이 섞이게 되는 것입니다. 그래서 금전, 실익 등이 뒤죽박죽, 미완성이 됩니다. 주로 亥卯未에서 卯와 未가 더 미정(未定)속성이 많지만 亥도 보면 막 가지런하지 못한 상태, 막 이것저것 다 끌어 모은 것이니까 범벅이 되어있는 상태 이런 속성이 발생하고 그런 속성 때문에 질문을 했을 때 예를 들어서 '부동산이 이곳저곳에 널려있는데 언제 쯤 되어야 정리가 되겠느냐?'라고 하면 최소 亥운의 중반을 넘어서면서부터 하나하나 정리가 되고 亥운에서 빠져나와야 대체로 전체적으로 가지런해진다. 교통정리가 제대로 된다고 해석을 해 줍니다.

그래서 웬만하면 '일진래정법'을 좀 구하셔서 보십시오. 실제 실관을 할 때 다 써먹는 내용은 아니지만 의외로 상담 중에 활용되는 것이 많습니다.

그러니까 실제로 이런 겁니다. 寅에서 卯로 간다고 했을 때 질문이 이때에 寅운에 나름대로 좀 잘 벌었다.

"지난 세월보다 앞으로 좀 더 좋습니까? 안 좋습니까?"

이런 질문을 하면 어떻게 합니까?

지난 寅 대운이 변화량이 크게 올라왔다면, 변화량이 크니까 卯운에는 완만하게 가는 것입니다. 이것으로 벌써 상담이 되어 버립니다. 그다음에 卯운에 자기가 느끼기에 들쑥날쑥했다면

"이 辰운은 어떻겠느냐?"

이렇게 물으면 卯운과 대체로 반대의 방향성을 가지고 상당한 변화량을 만들게 됩니다. 그것을 동시에 干支가 흘러가는 모양만 가지고도 그 답을 줄 수가 있는 것입니다.

그다음에 이런 午운에도 이것을 긍정적으로 잘 써먹으면서 크

게 발전하는 운으로 갔다면 未운에는 그것 보다는 약간 완만한 흐름으로 갑니다. 그다음에 申운이 되면 초입이 되었든 중반부가 되었든 변화량은 적으니까 서서히 완만하게 꺼지게 됩니다. 未에서 申으로 넘어와서 조금 더 밀고 나가다가 申운 중반부터 서서히 완만하게 꺼지게 된다고 보시면 됩니다.

그래서 申운 초반부에서 선택들을 최고로 큰 일을 벌이려고 할 때 무조건 세운에 六親이 正財든 偏財든 뭐든 아무 상관없이 무리하면 안 된다는 겁니다.

반대로 午운에 완전 얻어터지다가 未운에 지금 덜 얻어터지는 경우도 있습니다. 변화량적인 측면에서. 申운 들어올 때는 조그마하게 하나 해보려고 하는데 힘도 없고 여력도 없다고 합시다.

"조그마하게 해보려고 하는데 어떠냐?"

"해라!"

하는 겁니다. 그러면 申운 초입부터 완만하게 좋아지거나 申운 중반부부터 완만하게 올라가게 되어 있으므로 그래서 地支의 구성이나 방향만 보고도 충분히 상담에서 큰 경향, 방향 이런 것을 읽어줄 수 있다는 것입니다.

제가 옛날에 춘하추동 신사주학 강의할 때 '사주 적을 필요 없다. 사주 덮어놓고…' 그렇게 설명한 것을 기억나십니까? 그러니까 대운 다 지워놓고 팔자만 가지고도 떠들 수 있고 해석할 수 있다고 했습니다.

그다음에 팔자 자체를 아예 제쳐놓고 대운만 보고도 干支속성 읽어주고 이때 '좋았나, 나빴나?' 이것만 체크가 되면 그다음 대운은 어느 수준 정도의 운이 되는 식으로 변화량적인 측면 또 속성변화의 측면 그것을 그대로 길흉적인 측면에서도 바로 이 양(量)으로써 커버를 할 수 있는 것입니다.

학생 질문 – 방향이 바뀌는 구간이 어디어디입니까?

선생님 답변 – 방향이 편차가 생기는 구간을 보면 앞에서 丑과 寅, 卯와 辰이 있습니다. 그다음에 巳와 午사이에는 방향이 있기는 있는데 조금 복잡합니다. 그다음에 酉와 戌의 대비가 좀 많고 戌과 亥는 조금 대비됩니다. 그러니까 酉와 戌, 丑, 寅과 卯, 辰입니다.

그래서 여기서 가장 그 정도가 심한 것은 방향성의 정도가 전환이 심한 것은 丑, 寅과 酉, 戌입니다. 이것이 바뀔 때 가장 편차가 큽니다.

최근에 오신 분 중에 고생을 많이 한 분이 있는데 96년부터 지금까지 힘들었으면 얼마입니까? 근 20년입니다. '춘하추동 신사주학' 강의에도 제가 일부를 다루고 있을 건데 亥대운 들어갈 때가 95년도였습니다.

그래서 남자가 亥대운, 戌대운을 힘들게 쓰면 계속 껍데기로 씁니다. 그래서 이 亥운에 그동안 까먹을 것이라도 있어서 나름대로 체면유지를 하면서 버텨오다가 戌대운에 껍데기로 들어온 겁니다. 여기서 껍데기로 들어왔으니까 酉운은 분명히 좋은 변화가 있다는 것을 알 수 있습니다. 戌운에 이중생활을 많이 했습니다. 아마 이 강의 보고 있는지도 모르겠습니다. 모텔도사라고 있습니다.

　모텔업을 하시는 분인데 하여튼 강원도 산골짜기에서 모텔이 싸다고 사서 들어갔는데, 손님은 여름 한철만 있고 1년에 한 달 보름 장사해서 1년을 버티는 겁니다. 이것이 환장할 노릇입니다. 그렇다고 그것을 팔려고 하니 사는 사람도 없고 그것도 이사이에 싸게 팔고 나오기도 어려웠던 것이, 이 亥대운을 지나가면서 원래 땅주인과 또 송사, 시비가 붙은 겁니다.

　거기다가 또 하필이면 그 앞에 도로확장을 하면서 모텔용 주차장이 짤려 나갔습니다. 그래서 청와대까지 국민권익위원회에 '이거 영업에 지장을 엄청나게 줬다.' 해서 그것 싸우느라고 亥대운 중반부부터 戌대운 중반부까지 십 몇 년 동안 싸움을 한 겁니다. 결국 戌대운 빠져나가고 酉대운 2년차쯤 됩니다.

　2년차에 결국은 원래 가지고 있던 부동산 이런 것에 관해서 금융적으로 방법을 동원해서 해소가 되고 또 그다음에 기존에 가지고 있던 것도 일종의 가족, 그러니까 펜션처럼 펜션의 그런 구조로 이렇게 바뀌는데 그전에는 아무리 하려고 해도 안 되다가 1년차가 되었습니다.

　분명히 酉대운 바뀌면 될 거라고 막 기대하고 있었지만 酉대운 1년차가 되었는데도 변화가 없으니까 수시로 모텔도사님 전화 받고 인생이야기를 많이 했습니다.

　"매도가 분명히 된다."

　객실이 거의 한 80개가 되니까 덩치가 큽니다. 산골짜기에 80개 객실에 손님이 평일날 들어옵니까? 그러니 운이 와도 일종의 시간왜곡이 생기는 것입니다.

그러니까 냄비에 물을 끓일 때는 일정한 열량만 가해도 끓지만 가마솥에 물을 끓일 때는 한참 뒤에 끓습니다. 그래서 그분도 공부를 해놓으니까 분명히 酉대운 들어오면 좋을 거라고 생각하고 거기에 스케줄 맞춰서 했는데 1년이 지나도 안 바뀌니까
"야 이건 완전히 학문이 아니다."
라고 하는 겁니다. 그런데도 제가 여유롭게
"걱정하지 마시라. 반드시 변화가 온다."
제가 이렇게 이야기 하면 본인 스스로 표현하기를
"그러면 선생님한테 뽕 맞은 겁니다."
개 戌자 운에 이중생활입니다. 그러니까 이쪽 것 빼서 저쪽으로 메우고 또 저쪽 것 빼서 이것 메우는 식으로 어쩔 수 없는 이중성이라고 하는 과정을 부딪치고 견디고 했는데, 바로 어떤 키워드가 있기 때문입니까? 酉운과 戌운의 편차가 반드시 陰陽的으로 발생한다는 것입니다.

본인 생일이 2월생인데 원래 절기상으로 운이 바뀌는 것이 음력으로 아마 2~3월 달에 바뀌었는데, 바뀌고 나서도 거의 한 10개월이 지난 겁니다. 10개월 지나고 나서야 작년 12월 달부터 금융적으로 방법이 나오고 또 기존에 가지고 있던 부동산도 다시 활용방법이 나오고 해서 풀려가고 있습니다. 戌대운에서 酉대운으로 가면 보통 酉대운 3년차나 5년차가 되면
"아~ 이제 이래서 풀리는구나! 이래서 돈이 되는구나!"
이런 쪽으로 터닝이 됩니다.

그러니까 팔자 몰라도 대운이 구성되어가는 모양새 그다음에 편차 그다음에 속성변화 이런 경우에도 이중성에서 벗어나는 것

입니다. 그래서 속성변화가 발생합니다. 그래서 팔자를 안보고 대운의 생긴 모양만 가지고도 운을 해석하고 그 사람에게 상담의 수단으로 쓸 수 있다는 것을 알 수 있습니다.

옛날에 '춘하추동 신사주학' 강의에 보면 팔자 다 지우고 봐도 된다. 그리고 더 심한 표현도 했을 겁니다. 애프터 강의 끝나고 나서

"팔자의 대운 명조 다 지우고도 볼 수 있다."

그렇게 표현했는데 그날의 일진에 의해서 주인공 조연 이런 것들을 분류해서 몇 살인지만 물어봐서 그것만 가지고도 꿰뚫어서 해설할 거리가 많다는 것입니다. 그러니까 상대방이 주는 기본 정보만 있으면 여기에 도구가 정밀하고 좋으면 상대방이 주는 기본 정보만 가지고도 해석의 수단으로 쓸 수 있다는 겁니다.

그러니까 巳대운에서 辰대운 들어가려고 하는 이런 경우에는 '반타작, 변화성의 한계', '조금 괜찮았던 것이 나름대로 괜찮아진다. 이런 정도로 나아진다.' 이런 식으로 그 대운의 흐름 자체로써 이미 규정된다고 보시면 되니까 이것을 가지고 여러분이 명조를 안보고 자꾸 해석을 붙이는 훈련을 좀 해 보십시오. 해보시면 어느 날 '운빨 도사'가 됩니다.

실제 여러분도 보면 지금은 PC상 출력을 하지만 옛날에 수기(手記)로 적다보면 음력 양력 뒤집어서 뽑아놓기도 합니다. 실컷 감명해서 '너무 잘맞다.' 했는데 보니까 년도를 잘못 쓴 경우도 있습니다. 그럼에도 불구하고 달만 맞아도 또는 방향이 거꾸로 가도' 이렇게 좋았다가 이렇게 고달프고 또 이렇게 좋았다가 이렇게 고달프고' 이것이 그대로 연결되어 있습니다.

학생 질문 — 逆 대운으로 갔을 때 남자가 쓰기에 지금 戌에서 酉로 넘어갔을 때 초입부분은 잘못 쓰고 또 몇 년차 이렇게 된다고 하셨는데 申대운으로 가게 되면 상승이 아니고 내리막 길로 가는 것입니까?

선생님 답변 — 아닙니다. 申과 酉가 무리 짓는 거니까 내리막이 아닙니다. 酉가 있다고 칩시다. 그러면 戌운에 힘들었다고 합시다. 酉운에 썩 많은 것을 회복하고 申운에 완만하게 좋아집니다.

그래서 酉운, 申운이 어차피 五行으로 金으로 무리 짓고 큰 계절의 陰陽에서 陰으로 들어와 있고 그다음에 남자로써 申子辰, 巳酉丑을 긍정적으로 쓰고 이런 여러 가지 작용이 복합적으로 작용되는 것입니다.

그래서 戌운 이것은 정확하게 그리면 이 戌자가 좋았다 나빴다를 반복하면서 갑니다. 戌운에서 酉운으로 넘어갈 때 갑자기 풀리는 식으로 酉운에서 풀려버립니다. 이해되십니까?

그것은 세운작용 또 그 사람 명조에 있는 여러 가지 요소를 참조할 필요가 있는데 일단 방향성은 戌에서 酉로 가는 모양으로 잡혀진다는 것입니다. 그래서 이것만해도 여러분이 길흉적인 측면 또는 양적(量的)인 변화측면 이런 것들이 상당히 많이 참조가 되실 겁니다.

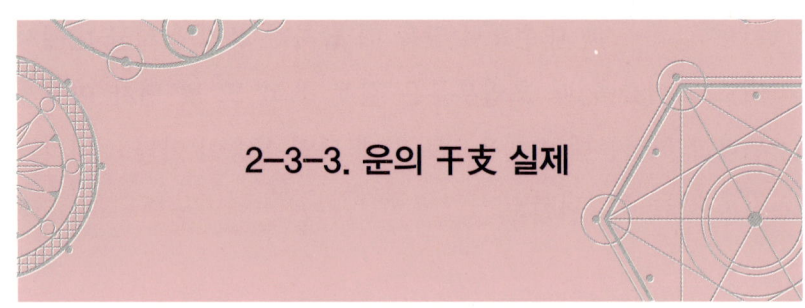

2-3-3. 운의 干支 실제

목차 2-3-3 할 차례입니다. 地支의 해석 적용하다가 옆구리가 많이 터져나가서 그래서 여러 가지 앞뒤가 넘나들어 버렸는데 한번 보겠습니다.

운의 干支 실제에서 甲, 乙, 丙, 丁, 戊, 己, 庚, 辛, 壬, 癸를 한 번씩 다 기본적으로 언급했었습니다. 그다음에 일반론적인 것은 두고 조금 언급이 덜 된 키워드 중심으로 정리를 한번 했었습니다. 地支의 해석적용에서 陰陽의 소장성쇠(消長盛衰)를 표현하고 그다음에 적용의 샘플을 했었습니다.

변화량이 많이 발생하는 것은 丑과 寅 그다음에 酉, 戌에서 주로 변화가 많이 발생하는 기준점으로 해석을 삼을 수 있다 하는 것은 기억나십니까?

2-1에서 '운의 三合작용' 기억나십니까? 그러니까 2-1-4에 '三合의 陰陽'으로 해놓고 '운의 三合작용' 제목 보이십니까? 거기서 괄호 열고 '(인간)'이라고 해놨습니다.

사람한테 누구나 보편적으로 적용해서 보는 陰陽 측면에서 子나 丑이 三合의 결과물로써 申子辰 巳酉丑이니까 결국 陰의 기운이 농후한 것으로 처리하고 그다음에 寅午戌 亥卯未가 陽의 기운이 농후한데 이 중에서도 丑과 寅 사이에 陰陽의 편차가 심하게 크다고 했습니다.

그다음에 辰, 巳가 위치는 陽인데 수시로 陰의 기운을 유도해 낸다는 겁니다. 그다음에 酉와 戌 사이에는 陰陽 편차가 상당히 크게 발생하는 것으로 일단 정리를 하면 됩니다.

天干 地支의 해석적용 실제

[그림 13-1]

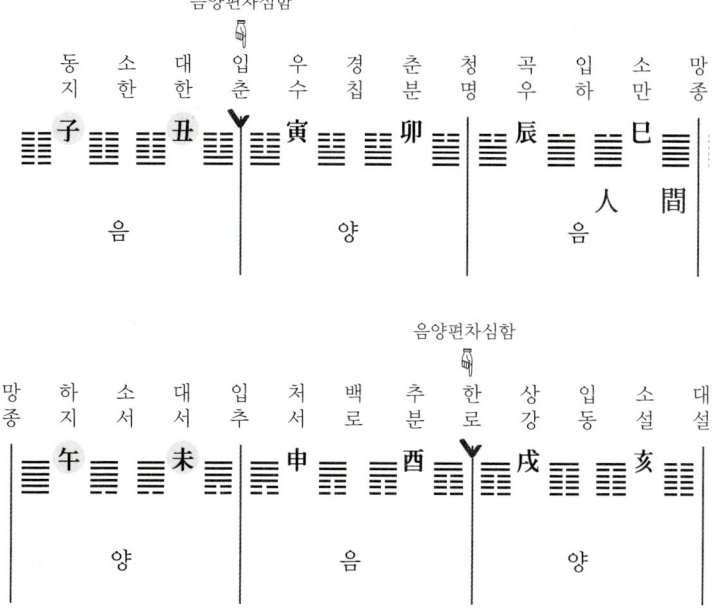

글자 자체의 의미에서 寅, 巳, 申, 戌은 기본적으로 언급한 것

이고 이것이 계절의 묶음으로 볼 때 寅卯辰, 巳午未, 申酉戌 이 렇게 계절의 묶음으로 볼 때 일종의 접목운 효과를 만듦으로써 이때에 변화라든지 속성이라든지 이벤트가 주로 많이 발생한다 는 겁니다.

子, 午, 卯, 酉 같은 경우에는 그냥 양적(量的)인 면에 주로 많이 관여하는 그런 작용이 발생한다는 것과 그다음에 子, 丑과 午, 未가 또 하나의 地支 특성으로서 정체나 지연 그리고 아주 역동적인 변화를 일으키는 데 방해를 주는 작용을 많이 합니다.

子, 丑은 동짓달 섣달입니다. 冬至 섣달에 옮기고 바꾸고 하는 것이 만만치가 않습니다. 또 직업적으로 이런 시기에 하나의 분야나 큰 환경을 쫓아서 움직이게 되면 그 모양 그대로 연결해 가는 그런 속성이 잘 발생한다는 겁니다. 그다음에 午, 未도 마찬가지입니다. 그래서 그렇게 큰 단위로써 일단 속성을 나누어 보는 것입니다.

그러니까 예를 들어서 午 대운 초입 부분에 이민을 갔다면 언제까지 주로 이민 상태나 해외를 왕래하는 상태가 未대운 정도까지 그 상태가 그대로 이어져가는 그런 속성이 잘 발생한다는 것입니다.

◉ 地藏干의 干支해석 적용 실제 /運의 干支 적용 및 범위

地藏干은 주로 운에서 만나는 地藏干이 되겠죠? 물론 대운 10년 전체에 金의 기운이 작동하지 않음으로써 木의 작용이 더 활성화되는 것은 그대로 해석을 하죠.

地藏干 분류표를 통해서 분야별 비율 기억나십니까? 보통 30일 단위로 해서 寅을 보면 30일 중에서 戊가 며칠입니까? 7일 정도입니까? 그다음에 丙이 약 7일입니다. 그다음에 甲이 나머지가 약 16일을 차지하는 그런 형태로 되어 있습니다.

[그림 13-1-2]

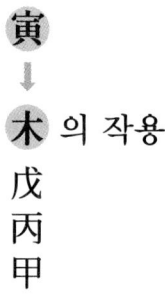

그러니까 대운도 寅대운에 들어왔을 때 戊와 丙이 1, 甲이 2 비율을 두면 약 3.3년 / 6.6년이 됩니다. 그래서 寅의 고유 성질이나 기질이 그대로 강하게 작용하는 시기가 원래는 대운의 교차시기에서 약간씩 시점적으로 편차가 생길 수 있다고 봐야 합니다.

그러니까 戊와 丙운도 결국은 金의 기운은 아니므로 木의 기운이 살아있기는 하지만 木의 기운이 강하게 펼쳐져 있는 것은 이 6.6년입니다. 그리고 卯대운으로 넘어갔을 때 卯대운의 초입 부분까지도 그대로 연결되어 있다는 것입니다.

사람이 그어놓은 경계점은 천체운동에 의해서 위치를 나눈 것이기는 하지만 실제로 그런 기운의 작용이 되는 시점은 좀 더 시간이 걸리고 남은 기운이 또 넘어가는 일종의 '타임래그(Time lag)' 현상이 그대로 干支 모양으로도 사실 존재한다는 것입니다. 연속성을 가진 것을 구분 지어 놓은 것이죠.

[그림 13-1-3]

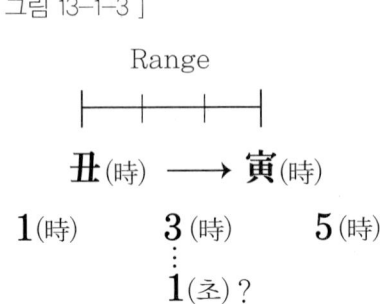

丑시에서 寅시로 넘어갈 때 시차를 감안하지 않았다고 합시다. 그러면 '3시 1초'는 어느 기운입니까? '3시 1초'는 과연 寅으로 처리할 수 있느냐? 하는 것입니다.

丑의 기운이 그대로 餘氣로 그대로 넘어와 있습니다. 丑중에 있는 己土의 작용이 寅에 와서 陽운동으로 바뀌기는 하지만 五行으로써 土의 성질은 그대로 남아있는 것입니다. 그래서 시(時)의 초중 말에 의해서 그 강약차이가 丑이든 寅이든 '金이 약하다.' 하는 것은 맞지 않습니까? 金의 기운이 크게 쇠퇴하여 있으므로 木의 기운이 펼쳐져 있는 것은 맞지만, 성질이나 기질이 뒤섞인 흐름 속에 있다는 것입니다. 그런 것을 전제해줄 필요가 있는 겁니다.

그러니까 논리를 확장해서 대운을 본다면 丑대운에서 寅대운으로 바뀐다 하더라도 丑대운에서 서서히 연속성을 가지고 寅

대운으로 넘어가는 것입니다. 역법적인 계산에 의해서 대운이 숫자로써 5라고 한다면 딱 정확하게 5에 끊어져서 '5' 그다음에 '생일 달' 그 정도로 편차를 해서 정확하게 바뀌어 가는 것이 아니라 서서히 연속성을 가지고 넘어가는 것입니다.

그런데 거기서 분명한 것은 앞에서 丑, 寅에서 金의 성질이 가장 위축되어 있다는 것이고 그런 것이 결국 그 사람에게 운명적으로 가장 영향을 많이 줄 수 있는 것이 되는 것이고 丑 자체에 대한 해석이나 寅 자체의 해석 이것에만 매달릴 것은 아니라는 것입니다.

이것을 순수하게 五行論的으로만 나눈다면 土와 木 사이니까 변화가 크지 않느냐? 생각할 수 있지만 실제로는 그렇지 않다는 겁니다. 그러니까 1년 동안 계절이 연결되어서 바뀌어 나가는 변화의 양상을 계절로 또 날씨나 기온이 변해가는 이런 것으로 그대로 연결해서 해석하면 됩니다.

그러니까 이 정도로 나누는 것은 결국은 어떤 범주 안에 있다는 겁니다. 범주 안에 있음으로써 충분히 다른 것과 구별할 수 있다는 것입니다. 또는 반대편에 있는 것이라면 대별 즉 크게 그 의미를 따로따로 해석해도 된다는 겁니다. 왜냐하면, 범주 안에 있기 때문입니다.

'춘하추동 신사주학' 앞부분에 그 이야기를 다루고 있습니다. 그러니까 사람들이 나누어서 구획 지은 것은 그런 사람들의 관측 또는 관찰자 입장에 의해서 나눈 것이지만, 실제 현상적으로 기운은 서로 맞물려서 변화해 나가는 것입니다. 그럼에도 불구하고 그런 해석을 부여해서 무리가 없는 것은 앞에서 설명했던 반대 기운과 크게 대별되기 때문입니다.

저의 표현 중에 "寅 대운 몇 년 차" 이런 표현을 했을 겁니다. '寅 대운 몇 년 차' 이런 것이 기운을 나눌 때 대운 같은 경우에는 10년 세월이 되지 않습니까?

寅 대운에 이것을 가지고 나눈다면 寅 대운에 3년 차까지는 木의 기운과 다른 기운이 혼재되어서 木의 기운이 작동합니다. 그러니까 그런 어떤 연차가 3년 차, 4년 차, 5년 차, 6년 차, 적어도 어떤 地藏干式의 배분을 하더라도 보통 5년 차가 넘어오면 확실하게 자기 기운을 드러내고 쓰게 된다는 것입니다.

학생 질문 – 地藏干에 순서대로 그 기운이 들어가는 것입니까? 아니면 寅대운의 地藏干에 들어있는 세운이 간섭해서 甲이 亥子丑 寅卯辰에서 득세해서 甲기운이 많아지는지 아니면 地藏干 순서대로 戊, 丙, 甲으로 이렇게 기운이 펼쳐지는지요?

선생님 답변 – 그것은 세운의 간섭은 세운의 간섭대로 해석하시고 그러니까 이것을 대운 단위로 쓸 때는 이렇게 생각하시면 됩니다.

[그림 13-1-4]

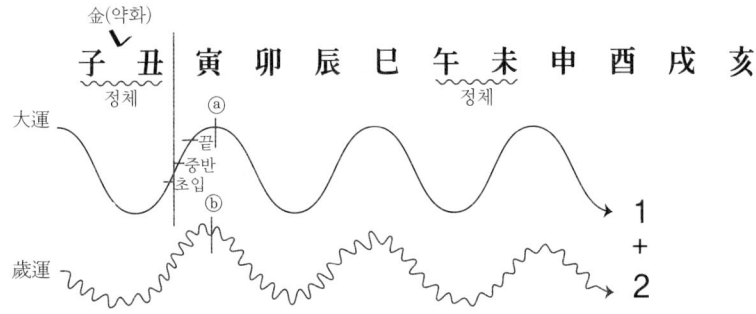

그러니까 실제로 그 사람의 운명해석을 할 때 예를 들어서 이 대운의 흐름이 그림처럼 굴곡을 그리고 흘러간다고 합시다. 지금 제가 강조해드리는 것은 바로 이런 것입니다. 대운의 흐름에도 편차가 있다는 겁니다. 대운 자체도 寅운의 초입 부분 그다음에 寅운의 중반 부분, 寅운의 끝 부분에 차이가 있다는 뜻이고 그다음에 실제 감명을 할 때는 세운이 또 있습니다.

세운이 그림처럼 흘러가면 대운 a 곡선 값과 세운 b 곡선 값을 서로 믹스를 해서 해석해 주어야 한다는 것입니다. 그러니까 바다를 멀리서 보면 파도가 잔잔하게 보이지만 파도 안에 자세히 보면 잔파도가 또 있습니다. 이것을 세운이라고 생각하시면 됩니다.

잔파도 속의 더 작은 물결에는 또 뭐가 있습니까? 이것도 보면 조그마한 것도 다 물결이 있다는 겁니다. 그런데 사람들이 흔들림을 느끼는 것은 이 큰 너울과 같은 이 파도에서 느끼기보다는 가까이에서 출렁거리는 파도를 더 많이 느낀다는 것입니다.

큰 너울이 있다는 것을 떠나서 자기가 멀미를 하게 되는 것은 바로 잔잔한 이 주기에 있는 것들에 의해서 영향을 받으니까 실제로 살아가면서 많이 현상적으로 피부에 느끼는 것은 세운적인 변화입니다.

세운적인 변화는 이것을 실제 파도처럼 그려놓아서 그렇지 대비시켜서 본다면 완만한 곡선 같은 모양이라는 겁니다. 실제로 편차가 크다는 것입니다. 편차가 큰데 우리가 느끼는 것은 높은 파도의 위에서 멀미하느냐? 아니면 낮은 파도 위에서 멀미하느냐? 멀미의 위치 이것이 세운과 대운의 믹스 값이 됩니다.

[그림 13-2]

학생 질문 – 寅의 초기에 寅卯辰 세운이 들어오면 寅의 성격이 더 강화된다든지 이렇게 보이지는 않습니까? 寅의 초기에 寅卯辰이라는 세운이 들어오면?

선생님 답변 – 그것은 당연합니다. 그러니까 잔파도에서 뭐가 좀 강해지려고 할 때 세운이 더 믹스가 되면 순간적으로 조금 더 강한 모양의 파도가 나올 수 있습니다. 세운까지도 몰려 있다면 이렇게 될 수 있는 것입니다.

학생 질문 – 餘氣 戊의 성격이 아니라 寅 木의 어떤 성격이 더 두드러진다고 이렇게 볼 수 있습니까?

선생님 답변 – 그렇습니다. 그러니까 기본적으로 이런 것을 파악할 때 기운들을 제일 쉽게 파악하려면 반대에 있는 것이 金의 기운이 가장 약화되었다고 보면 됩니다.

그래서 어떤 기운이 서로 균형을 잡으려고 계속 움직인다면 金의 기운이 약화되면 저절로 어떻게 됩니까? 木의 기운이 가장 강화되지 않습니까? 그렇게 생각하시면 됩니다. 木의 기운이 기본적으로 강하다고 보고 그 내부에서도 하나로 디지털하게 陰으로 있다가 갑자기 陽으로 변신하는 것이 아니고, 기운이라는 것이 아날로그하게 연결되어 있다는 겁니다. 그리고 초입부분과 중반 부분, 끝 부분에 농후, 정도 차이를 어느 정도 염두에 두고 해석할 필요가 있다는 겁니다. 그래서 사업 같은 경우도 그렇습니다만 볼륨이 좀 작은 것은 작은 변화에도 변화가 생깁니다.

예를 들어서 寅 대운이 들어와서 굉장히 좋은 쪽으로 쓴다면 힘들었다가 좋은 쪽으로 전환되고 있는 중인데, 사업의 볼륨이 크면 이 寅대운의 중반부 넘어서 후반부까지 가야 그 효과가 나타난다는 것입니다.

　바다로 치면 바다에 조그마한 스티로폼 사이즈의 일을 벌여놓은 것과 그다음에 큰 배를 띄워놓은 것은 큰 배에 주어지는 실제 기운이 가해져서 결과라든지 현상이라든지 이런 것을 이끌어내는 것에는 한참 있다가 변화가 생긴다는 것입니다.

　그래서 그런 것들을 소위 '운이 무르익었다.', '이제 서광이 비친다.' 서광이 비치는 단계와 본격적으로 운이 왔다는 것과 운이 무르익었다는 것의 편차를 어느 정도 염두에 두고 해석을 해야 된다는 겁니다. 그래서 그것을 표현적으로 그냥 寅대운 3년 차면 어떻게 됩니까? 木이 서서히 제대로 발동하기 시작한다는 겁니다. 그다음 寅대운 8년 차라면 이것은 寅운 아니고 다른 것으로 해석하기 어렵다는 것입니다. 寅의 작용이 분명히 팔자 안에 작용하고 있다고 보는 것입니다.

　실제로 내리막이 와서 넘어질 때도 마찬가지입니다. 사업이 힘들어져서 자빠지는 것도 큰 것은 천천히 자빠집니다. 그런데 자빠지면 어떻게 됩니까? 큰 것이 자빠지면 일어섭니까? 못 일어섭니까? 못 일어섭니다. 그래서 제국이 망하면 다시 부활을 안 합니다. 자그마한 나라는 넘어져도 다시 또 일어섭니다. 제국이 넘어지면 그것이 다 썩고 새 제국이 지어져야 하는 겁니다.

　그런 식으로 어떤 사안이라든지 일의 규모라든지 이런 것이 결국은 농도 차이에 의해서 바뀌는 시점에 편차가 있다는 겁니다.

　그러니까 실제 운에서는 그림의 곡선처럼 보면 되는 겁니다. 사람들이 멀미를 느끼는 것은 지금 바닥이고 통장에 잔고가 별로 없다고 하면 이대로 받아들인다는 겁니다. 그런데 중요한 것은 지금 당장 자기 눈앞에 펼쳐진 이 세운이라고 하는 六親변화, 神殺변화, 기운변화 등 여러 가지가 있겠죠? 거기에 더 허우적거리고 있는 것입니다. 그래서 크게 봐서 잘나가고 있을 때도 눈앞에 있는 작은 파도에 사람들은 훨씬 더 데미지를 많이 느낍니다.

[그림 13-3]

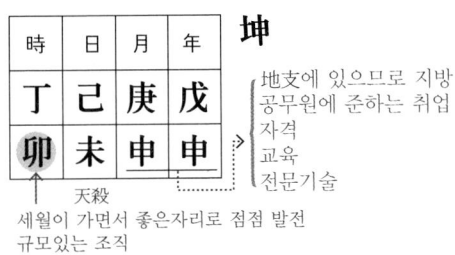

丙 辛 酉 巳 : 여자는 이 大運에 갑자기 변화가 생김.

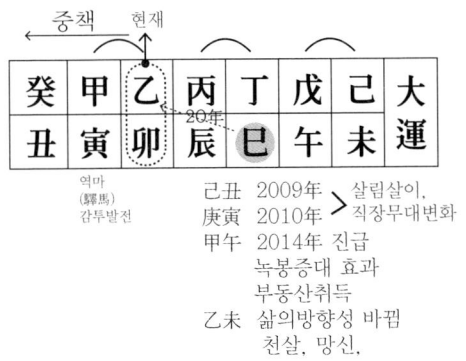

이 명조에서 대운이 흘러가는 것을 봐보세요. 지금 乙卯 대운의 중반부 정도에 와 있습니다. 물론 미세하게 시점을 나누는 것은 세운까지 나누어야 되겠지만 크게 묶어서 陽대운 陰대운으로 묶어나가서 이 乙卯, 甲寅대운에 기본적으로 긍정적으로 쓴다면 어떻겠습니까?

제가 뭐라고 해설을 하느냐면 '옛날에는 벼슬밖에 출세할 길이 없었던 시절에는 만년에 벼슬에 올랐다.'고 나온다. 현대사회에서는 기본적으로 변화가 많지 않은 조직사회 중심으로 스타트가 가능한데 처음부터 무엇이 있으면 더 좋습니까? 자격, 교육, 전문기술 이런 것들이 팔자에 인연하면 좀 더 수월할 것으로 봅니다.

여자들도 전문기술을 여러 가지로 써먹습니다. 상업예술로도 쓰기도 하고 여러 가지로 쓰기도 하는데 이런 특성을 살려서 조직사회 위주의 활동을 하면, 처음에는 발전 속도가 더디다가 뒤로 갈수록 官의 모양새가 또는 기운과 작용이 더 두드러지므로, 세월이 가면서 좋은 자리로 점점 발전하게 될 것이라고 봤습니다.

그런데 좌표나 물상론적으로 관찰을 하면 어떻게 됩니까? 卯시가 어디에 있습니까? 地支에 있으므로 서울 중앙이 아니라 지방입니다. 그다음에 地支에 무리 지어 있다는 것도 되고 또 손상하는 자가 없다는 것으로 봐서 상당히 규모가 있는 조직 그러니까 연월에 官星이 드러나서 세력을 가진 것 보다는 떨어지는 모양입니다.

실제로 이 양반이 학교를 졸업하고 특채 비슷하게 대학의 교직원으로 공무원과 준하여 취직된 것입니다. 그 대운이 아마 丁巳대운 중간쯤이 됩니다. 그때부터 한 20년이 흐른 것입니다. 그냥 그런대로 꾸준히 발전을 해왔는데 이 乙卯대운 초입 부분에 己丑년이나 庚寅년에 걸립니다.

지금이 乙卯대운 중반부니까 己丑, 庚寅년이 2009년~2010년이 되는데 이때에 살림살이라든지 그다음에 사회활동의 무대에서 긍정적인 변화, 이동 이런 것이 발생할 것이라고 했는데, 집을 옮긴 것은 아니고 직장에서 좀 더 진급된 겁니다. 정확하게 2010년 양력 1월에 진급이 되어서 2009년도에 이루어진 것입니다.

왜냐면 이때 傷官 旺者가 入庫를 하고 군신대좌(君臣對坐)가 떨어지고 丑과 未가 冲이 되면서 시의 卯와 隔角이 됩니다.

"2009년도에 그런 변화가 올 것인데…"

"아닌데요. 2010년인데요."

"몇 월 달?"

"1월 달"

결국은 2009년도 년 말에 된 셈입니다. 이렇게 해서 이 乙卯대운이 시작된 겁니다. 庚 傷官이 傷官의 작용이 약해지기 시작합니다. 자기가 사회적으로 감투라든지 甲寅이 官星이니까 감투가 좋아지기 시작하는 흐름이 들어왔잖아요? 그런데 초입에 바로 己丑년, 庚寅년이 들어옴으로써 이때 진급을 한번 하였습니다.

2014년에도 甲午년이 들어옵니다. 甲午년이 들어오면서 申이 隔角됩니다. 주거나 활동무대 이런 것에 관한 隔角이 발생하고 그다음에 天干에 甲木이 일어섬으로써 그러니까 甲, 戊, 庚 三奇를 이루게 됩니다. 三奇를 채우고 그다음에 자기한테는 正官이 됨으로써 진급이 되거나 자리가 발전하거나 녹봉 증대의 효과가 발생합니다.

그러니까 긍정적인 글자가 올 때 녹봉이 증대된다는 말은 무슨 말이냐 하면 자기가 세금을 받을 수 있는 땅이 조금 더 넓어지는 그런 식의 작용들이 생기므로 본인이 부동산이나 살림살이가 좋아지거나 그다음에 사회적으로 입지가 좋아지거나 이런 변화가 오게 됩니다.

甲午년에 부동산을 산 겁니다. 부동산 취득을 해서 경제적으로 더 확장국면을 맞이하게 되고 그다음에 乙未년에 이르러서 未가 소위 天殺자리에 걸립니다. 天殺 자리에 걸림으로써 자기의 삶에 방향성이 크게 바뀔 수 있는 환경 그다음에 未의 한 글자 앞이 되니까 亡身이 됩니다.

未 亡身 작용이 발생하니 내 주도가 아니라 주변 상황의 주도에 의해서, 이때까지 자신이 해오던 일이 도서관 파트에 중간관리자로서 계급장을 가지고 있었는데, 올해 중앙의 본부에 관리자로 올라오라고 발령이 난 것입니다.

일반적인 기준에서 보면 직급이 있고 직책이 있는데 직책이 좀 더 좋아진 것입니다. 그런데 본인은 그것이 싫다는 겁니다. 싫다는 이유가 뭐겠습니까? 이제 甲寅대운에 최고의 계급장을 이룰 수 있는 흐름으로 들어갑니다. 물론 이것이 驛馬작용에 의해서 甲寅대운에 이룰 것을 이루고 또 바꾸고 하게 되는 과정이 오더라도 그것을 위한 과정으로 접어들었습니다.

그런데 싫은 이유는 자기는 傷官이 아직 더 좋다는 겁니다. 그래서 자기가 라이센스가 되었든 전문성이 되었든 이런 것을 하던 것이 그동안의 타성으로 볼 때 하던 것이 더 좋다는 겁니다.

그것이 한 달 전에 발령이 나자 未 天殺에 두 달 동안 병가를 낸 겁니다. 天殺에 왕궁에서 명령이 내려왔는데 왕궁의 명령에 반항해서 병가를 낸 것입니다. 역시 傷官의 기질이 나옵니다. 傷官의 기질이 나와서

"이제 나는 못 하겠다." 하는 것인데 공식적으로는 대들 수가 없으니까 병가를 두 달 내고 있는 중에 "나는 왜 이렇게 힘들까?" 하고 우리 집에 찾아왔습니다.

그 이유가 빤히 보입니다. 格이라고 하는 것도 사실은 진짜 불치병입니다. 이 불치병이 그냥 좋은 겁니다. 그런데 미안하지만, 대운은 官을 강화하는 쪽으로 간다는 겁니다.

"당신은 앞으로 적어도 두 번 정도의 감투 발전은 할 것이다."

두 번 정도의 감투 발전은 뭡니까? 시의 卯에 이미 싸인이 깔려있습니다. 보통 이런 모양은 남자들도 보통 기업에 들어가서 처음에는 낮은 직급에 있다가 뒤에 중반부부터 임원까지 올라가 버리는 모양이 되는데 예를 들어서 사원에서 대리 되고 과장될 때까지 아주 힘들게 가다가 과장이 되고 나서 차장, 부장 빨리 되고 뒤에 가서 임원까지 올라가 버리는 이런 패턴입니다.

태어난 시에 官이 있음으로써 팔자 내에 기운으로 이미 예시되어 있습니다. 자기는 이 상황이 마음에 안 들어 죽겠다는 겁니다. 그래서 자기가 가서 이런 걸 하든 어떻게 해서든 자기는 이렇게 이야기하는 것입니다.

"안 가고 싶은데 안 갈 수 있겠느냐?"

"미안하지만 안갈 수 없고, 가야 된다. 왜냐면 天殺의 명령이기 때문이다. 그리고 대운의 흐름이 그러기 때문이다."

자기는 진급도 목표 속에 있는 것이 아니라는 겁니다. 이대로 좀 대충 편하게 살고 싶다. 그래서 결국은 제가 '나쁜 사람이다.' 까지 이야기를 해주고 '운명의 각본은 이러하다.' 라고까지 설명을 해 주었습니다.

이렇게까지 설명을 했는데 자기는 이런 天殺의 상황이 싫은 겁니다. 더욱이 자기 팔자에서도 팔자 원국 내에서도 봐보면 未가 태어난 날에 있습니다. 그러니까 天殺을 깔고 앉은 사람들은 임금을 방석으로 깔고 앉은 거라는 겁니다. 여차하면 자기가 임금을 능가하는 그런 행위를 하려고 하는 기운이 있습니다.

오늘 상당히 힘들었습니다. 제가 무슨 이야기를 하려고 하느냐면 자기 스스로가 지금 매몰되어 있는 것은 뭡니까? 이 세운입니다. 이 세운의 길흉에 매달려서 자기는 힘들다고 하는데 물론 힘든 것은 맞습니다. 未라는 것이 일반적으로 뭡니까? 羊刃, 偏官 그다음에 亡身, 天殺 이런 작용을 다 함축하고 있으므로 힘든 건 당연하다는 것입니다.

당연한데 남들이 보면 뭡니까? 일반적인 기준에서 보면 소위 꽃방석에 앉아서 온갖 역정을 다 부리고 짜증을 내고 있는 모양이 되는 겁니다. 甲寅대운의 좋은 모양새로 가기 위한 과정이라는 것이죠.

물론 乙卯대운의 偏官이라는 일반적인 속성이 귀찮고 번거롭고 과로에 노출될 수 있는 그런 기운이 오는데 卯대운의 중반부까지는 이 乙이 庚에 의해서 그래도 활발하지 못한 모양이 됩니다. 물론 乙이 대세니까 결국 庚이 약해지는 것으로 봐야 됩니다. 누적 양을 생각하셔도 좋다는 겁니다. 대운의 누적 양을 생각하면 이 卯의 작용이 누적되기 시작하는 시점부터는 어쩔 수 없이 피곤한 일을 감당하게 되고, 그다음에 앞장서서 일을 감당해야 되는 상황이 생긴 것입니다.

그러니까 굉장히 중요한 중책을 준 처분이 乙未년에 만들어진 것입니다. 그래서 너무 책임도 많이 져야 되고 일도 힘들고 이런 것이 싫어서 자기는 불만이라고 하는 데, 사람의 불만이 그렇게 가지가지입니다.

옛날에 비슷한 패턴이 있었습니다. 물론 이 팔자와는 내용은 다릅니다. 그 양반은 금융기관에 있을 때가 2001년쯤 됩니다. 약 14~15년 전 이야기인데 이 양반이 정말로 은행에서 열심히 일한 겁니다. 차장에서 부장되고 조금 있으면 점장으로 나갈 수 있는 것까지도 단계를 밟고 있는 중인데 갑자기 본부에 있다가 촌으로 보내버리는 겁니다. 그래서 자기가 분을 삭히지 못해서 몇 번이고 어필하고 했었습니다.

"이제 지역으로 가서 얼마까지 있어야 되느냐?"

만 3년을 채우고 4년째 다시 본부로 복귀했습니다. 복귀해서 그때부터 잘 풀리기 시작했습니다. 한 2~3년 전에 부행장까지 되었는데 연락을 안 하더라고요. 그때는 얼마나 피곤하게 했느냐면 전화로 괴롭히고 하여튼 지역에서 짜증 나는 일만 있으면 전화 오는 겁니다.

"진짜로 제가 참으면 됩니까?" 잊어먹을 만하면 3달 만에 한

번씩 와서 "내가 언제까지 이 짓 해야 되느냐?" 그것을 일 년 반을 했습니다. 일 년 반 넘으니까 반쯤 수긍을 하고 4년 만에 돌아왔을 때 밥 먹자 해서 밥 한 그릇 먹고 했는데, 그 뒤로 본부에서 잘 올라가서 부행장까지 올라간 소식을 들었는데 중요한 건 밥을 안 산다는 겁니다.

  이 과정을 통해서 결국은 최고의 보상을 만들어내는 그런 것들이 결국 큰 단위에서는 어쩔 수 없는 것인데 사람들은 작은 굴곡에서 행불행을 느낀다는 겁니다.

[그림 13-3]

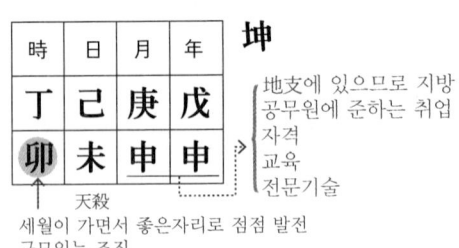

丙 辛 酉 巳 : 여자는 이 大運에 갑자기 변화가 생김.

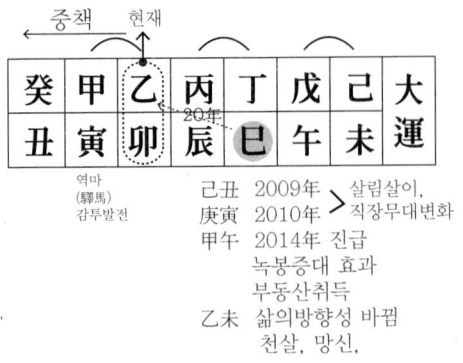

戊申생 이 양반에게 제가 먼저 언급한 것은 뭡니까?

"己丑, 庚寅년 좋아졌지 않느냐? 그다음에 2014년에 좋아졌지 않느냐?" 그리고 다음 설명을 패스하려고 하던 중에 "아~ 정말 저는 그것이 하여튼 그렇다."고 하는 것입니다.

[그림 13-4-5]

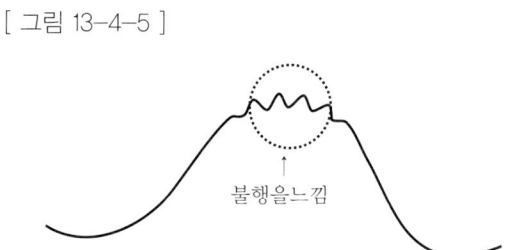

그러니까 본인은 그림 상의 위치에서 이야기를 보고 있는 겁니다. 이런 것이 실관하다 보면 많이 발생합니다. 그래서 이야기 나오자마자 바로 노타임으로 그냥 天殺과 亡身殺 작용, 이런 작용, 저런 작용 설명을 다했습니다. 그래서 결론은 까불면 죽는다는 것이죠.

그래서 그런 사람들의 만족감이나 행불행이나 이런 것을 느끼는 배경이 이렇게 좀 복잡다단하다는 겁니다. 그러면서 거기에 대한 설명이 끝나고 나니까 그러니까 "애인은 요즘 어떻게 해야 하겠느냐?" 이런 것으로 이야기가 넘어갔습니다. 쥐띠 배필을 만났는데 자식을 두고 결국 인연이 끊어져 버렸고 그다음에 용띠 애인을 두고 있습니다. 용띠 애인은 어디서부터 있습니까? 이 丙辰대운 뒷부분에서부터 왔을 겁니다. 이 운에 丙辰대운에 뭐가 됩니까? 여자들은 이 丙, 巳 이런 운에 갑자기 뭐가 바뀌는 그런 것이 잘 만들어집니다.

　丙, 辛, 酉, 巳가 그 사람에게 확실한 위치를 부여함과 동시에 그것들이 丙은 天干의 辛과 合을 함으로써 水로 化해버리고 巳는 申으로써 陰의 기운으로 갑자기 일순간에 싹 바뀌어 버립니다. 그러니까 丙, 辛, 酉, 巳 이것이 사회적으로 자기의 위치나 사는 모양새 이런 것들을 뚜렷하게 부각시키는 데에는 도움을 주지만, 여자들은 잘 가다가 陰의 작용으로 확 바뀌어 버림으로써 갑작스러운 변화가 잘 발생합니다.

　그런데 丙이나 巳 이시기에 결국 배우자와의 인연이 멀어져 버렸는데 2002년~03년 즈음에 사고로 배우자가 인연이 멀어졌는데 안 그랬어도 떨어져 사는 식의 과정이 무조건 필요하다고 봤습니다. 여자가 陰대운을 쓰는 거니까 이것은 분명히 살면서 배우자의 덕에 여러 가지 굴곡이 생기는 것입니다. 그리고 辰 대운에서 卯 대운으로 넘어오면서 용띠 애인을 찾았습니다.

　"용띠 애인과는 어떻게 하면 되겠습니까?"

　어떻게 되겠습니까? 甲寅, 乙卯대운이 陽대운이니까 계속 관계가 계속 만들어집니다. 만들어져 가는데 공식화는 옵션입니다. 애들이 아직 다 안 컸으니까 현실적인 부분도 있지만 일지에 羊刃에 天殺 그다음에 偏官의 득세입니다. 그러니까 안방으로 딱 끌고 들어오면 이것이 왔다리 갔다리 하게 됩니다. 그다음에 아직 뭐가 남았습니까? 正官 속성의 흐름이 남아있습니다. 그래서 알아서 하시라고 했습니다. 저렇게 현재 해석을 부여하는데 필요한 여러 가지 논리나 기준들을 샘플이나 사례에서 많이 볼 수가 있습니다.

地藏干은 透干의 요소를 많이 따지기보다는 아날로그하게 바뀌어 가는데 1대 2 이런 비율 그다음에는 기운의 농후다. 그러니까 어떤 기운이 농후하다, 농후하지 않다는 것을 따져볼 때 그대로 참조를 하시고 이벤트 발생은 그것을 가지고 설명을 해보려고 했는데, 이벤트는 세운의 六親에 의해서 또는 세운의 干支에 의해서 워낙 많이 영향을 받는 것을 봐왔기 때문에 사실은 그것을 별도로 떼어 내어서 미세한 편차에 대해서 연구를 깊이는 못 해봤습니다. 그것을 안 해도 앞에서 설명했듯이 이런 세운의 흔들림이나 작용에 의해서도 그해 이벤트에 70~80%를 그것으로 느낀다는 겁니다. '운의 干支와 적용 및 범위' 하는 것에서 같이 아울러서 좀 설명이 된 셈입니다.

2-3-4. 合과 冲에 의한 干支적용과 해석

그다음에 '合과 冲에 의한 干支 적용과 해석'에서 이것도 해석할 때 지난 시간에도 간단간단하게 언급했었습니다.

◎ 合의 해석 / 冲의 해석

운에서 合이 오는 것도 방해자가 없으면 일단 작동한다는 겁니다. 이것을 기준으로 하면 됩니다. 그다음에 방해자가 있으면 한시적으로 작용합니다. 작용 안 하는 것이 아니라 한시적으로 하더라는 겁니다.

자석이 서로 견인력을 가지고 있으면 방해물이 있어도 자꾸 그쪽을 바라보고 하다가 운의 변화에 의해서 조건만 주어지면 서로 合이 작동해 버리는 겁니다. 한시적이라는 말은 지속적이지 않다는 겁니다. 지속성이 떨어집니다. 그런데 한시적인 작용의 결과물이 어떤 형태로든 있더라는 겁니다.

예를 들어서 아이를 가진다고 할 때, 그 해에 자식의 기운을 상징하는 것과 合을 하거나 또는 그것과 별도로 무리 짓는 것만 있어도 보통 식구가 만들어지고 하는데, 다른 것의 방해가 있어도 작동하게 되고 그다음에 실제로 낳고 안 낳고는 취사의 영역에 들어가지만 어쨌든 결과물이 있다는 겁니다.

"된다는 말입니까? 안 된다는 말입니까?"

이러면 '된다 해도 맞고 안 된다 해도 맞고' 그다음에 '되다가 안 된다.'고 해도 전체를 표현하는 것이 된다는 겁니다. 그래서 습의 인자가 발생하면 습의 양상을 전부 다 읽어주라는 겁니다.

원래는 잘되어야 되는데 되어도 일부만 될 것이다. 그래서 '잘 안 될걸' 이렇게 표현해주는 것도 그대로 표현해준 것입니다. 질문하는 사람의 틀에 들어가서 답을 해 주어서는 안 된다는 것입니다. "그것이 아니고 된다는 말이냐? 안 된다는 말이냐?"

"그것이 아니고 되기는 되는데 제한적으로 한시적으로…."

최종적으로 결과물이 있을 수도 있고 온전하지 못할 수도 있습니다. 그래서 듣는 사람은

"야, 나도 그렇게 봐주겠다. 뭐 된다는 말이냐? 안 된다는 말이냐?"

"하여튼 모르겠고 우리가 보는 해석의 기준은 이것이다."

그대로 설명을 해주면 됩니다.

예를 들면 실제로 애가 생겼는데 안 낳았다. 이런 식으로 갑니다. 물론 그것이 자식에게만 국한되는 것이 아니라 여러 가지 六親작용이 있습니다.

[그림 13-4]

合 ① 방해자가 없으면 일단 작동
② 방해자가 있으면 한시적 작동
　　　　　　　　　지속성 떨어짐
결과물이 있다.
合의 양상을 읽어준다

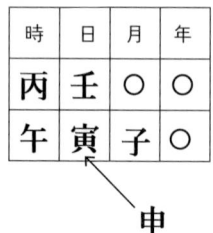

六親작용에서 운에서 申이 들어와서 申子가 무리를 지으려고 하는데 寅이라는 방해자가 있고 또 午라는 방해자가 떨어진 상태에서 子를 자극을 항상 주고 있는 상태입니다.

그래서 이럴 때에 申이 오면 원래 자극받고 있는 곳에 合이 이르면 合이 강하게 작용하려고 합니다. 그러니까 子 입장에서 보면 꼴 보기 싫은 것이 있는데 또 꼴 보기 싫은 寅과 午가 무리까지 지어져 있습니다. 그래서 합동으로 꼴 보기 싫은 것입니다. 꼴 보기 싫은데 나도 뭔가 무리를 짓기만 하면 이 꼴 보기 싫은 것들과 대적을 할 수 있겠다는 그런 기운이나 컨디션에 놓이게 되므로 合을 강력하게 하려고 합니다. 그런데 또 寅申 冲 때문에 合이 방해를 받기도 합니다.

그래서 이런 운에 壬일주 입장에서 보면 申이 偏印이면서 劫財를 제대로 작동하게 해주는 작용을 함으로 형태는 申이 문서입니다. 그래서 부동산이나 문서를 잡으려고 또는 투자를 해보려고 강하게 마음을 먹었었는데 '다 되어서 치워버렸다.', '사인까지 했는데 결렬되었다.' 그 바람에 결국은 財星과 무리 짓고 있는 食傷이 지켜졌다 하는데 일시적으로는 寅도 결국은 흔들리고 손상이 된다는 것입니다. 그다음에 이 申子가 무리 지어서 劫財의 작용이 아주 강하게 이루어지는 과정도 있었다. 그것을 전부 설명을 다 하면 됩니다.

"그러면 뭐 어떻게 된다는 말입니까?"

"이때 하면 결국 잘 안 될 것인데! 하고 싶지?" 이렇게 물어봅니다.

그런데 이 순간의 운에는 결국 운에서 오는 것이 주인입니다. 그러니까 申 偏印의 작용과 偏印과 劫財의 합작용이 강력하게 유도되고 있을 때는 본인이 강력하게 뭔가 그쪽의 일을 진행하려고 한다는 겁니다. 결국은 계약만 해놓고 이 기운이 끝날 때는 申운의 중반이나 하반부로 넘어가면 다시 그것이 해체됩니다. 申의 작용이 약화되므로 결국 계약금만 떼이고 말았다는 뜻이 됩니다.

[그림 13-4-2]

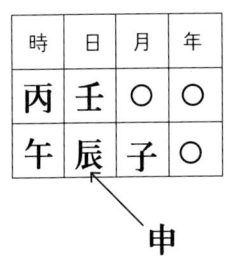

이것은 태어난 시가 空亡에 들어가지만 空亡이 아니라고 칩시다. 이것이 空亡이 아니라고 하고 이런 경우에는 子와 辰이 申을 강력하게 끌고 오려고 합니다. 강력하게 끌고 와서 괜히 申운에 계약서 쓰고 투자하고 그것 사는 바람에 결국은 財星의 隔角 작용이 크게 일어남으로써 재물에 관한 손상이 크게 발생한다는 것입니다. 그래서 명조 내에 그래도 기물들이 대체로 재물이나 여러 가지 六親상 좋은 글자들이 노출된 것이 좋은 작용을 일으키는 이유는 冲, 合이 발생하더라도 대체로 어울리지 않는 글자들의 작용, 활동을 결국은 제한한다는 것입니다. 그래서 계약금만 주고 떼였다. 이것은 그 바람에 한 5~6년 죽을 고생을 했다.

[그림 13-4-3]

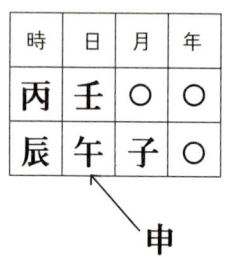

학생 질문 – 선생님 辰과 午가 자리가 바뀌면 어떻게 됩니까?

선생님 답변 – 子와 午 둘이서 서로 긴장상태가 심하게 있는 것입니다. 이런 경우에도 申子辰이 결국 合을 하는데 보통 合 중에서 서로 相冲을 하는 자가 있으면 合 자체가 잘 안됩다. 그래도 申에서 운이 오면 申의 작용이 활발하게 움직이려고 합니다. 그런데 이 경우는 午가 合의 핵심적인 것을 계속 동요하게 합니다. 이 경우에도 일이 거의 다 되었다가 결국은 무산되는 식으로 갑니다.

[그림 13-4-4]

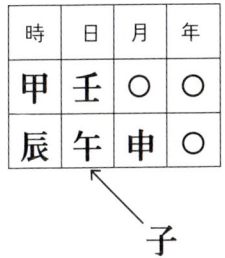

학생 질문 – 子가 운에서 오고 申이 일지에 있으면 어떻게 됩니까?

선생님 답변 – 이것은 친구가 드디어 칼을 들고 왔습니다.

학생 질문 – 午가 일지에 있고 申월이 되면 三合작용을 항상 방해하지 않습니까?

선생님 답변 – 그렇습니다. 이것은 직접적으로 작용은 안하고 隔角 작용을 합니다. 이것은 일단 三合을 진행합니다. 왜냐면 子운이라고 하는 것이 운에서 들어왔을 때 그 자체로써 이것이 午도 冲을 합니다. 그래서 이때 상당히 데미지를 많이 입게 되는 겁니다.

　결국 이 劫財에 전부 호응하는 것들이 일순간에 午를 두드려 패는 것이니까 이때에 合작용도 중요하지만 冲작용이 더 크게 오는 거니까 '거의 다 까먹었다.' 하는 상태가 되는 것입니다. 다 날아가 버리는 것입니다.

　여자라면 서방도 날아가 버리고 다 날아 간다는 겁니다. 아니면 서방이 다른 여자 따라가 버리는 것입니다. 그리고 주변에 있는 것들이 전부 다 같이 동업하자는 것들이 전부 도둑놈 비슷한 놈들입니다. 그중에 소개한 놈들은 아는 놈들입니다. 申과 辰이 소개자들입니다. 소개한 놈들이 결국은 劫財를 끌고 들어오는 거니까 그래서 의미가 '좋다 나쁘다, 된다 안 된다.' 이런 두가지 형태로 분류하지 않더라도 그 合이나 合에 따른 변화양상을 그대로 다 해석해 주라는 것입니다.

　학생 질문 — 선생님 만약에 地支의 年에 戌이 있으면 최악까지는 안 간다는 뜻입니까?

　선생님 답변 — 그렇습니다. 戌이 만약 있다면 결국은 財星을 마지막으로 보험 처리해 놓는 것입니다. 거의 다 까먹었는데 그래도 안 팔려서 안 팔아먹은 땅이 있다. 그것을 다시 불을 지펴주는 것이 뭡니까? 다시 午나 巳나 寅이나 이런 글자들이 오면 戌중에 숨겨져 있는 불기운들이 통로를 통해서 밖으로 나옵니다. 그래서 쫄딱 다 망하고 안 팔리는 산에 땅이 조금 있었는데 그것이 戌의 생긴 모양이 어디입니까? 申酉戌이 석문(釋門)이니까 산골짜기 절 옆입니다.

그 절 옆에 땅 하나를 못 팔아먹었는데 午, 巳, 寅이 오면서 스님이 팔라고 해서 팔았다는 겁니다. 아니면 도로가 나면서 팔았다는 식으로 결국 다시 되살릴 수 있는 불씨가 戌에 놓여있는 것이 되는 겁니다. 그래서 이것이 평상시에는 오히려 돈을 묶어버리는 작용을 하지만 아주 나쁜 운에는 또 그것을 그래도 지키게 작용을 하는 그런 기물이니까, 이것이 좋다고 할 수도 없고 나쁘다고 할 수도 없습니다.

그래서 合과 冲에 의한 干支的인 해석은 결국 그 양상을 전부 다 설명하라는 것입니다. 설명하면 어떤 때는 순서가 약간 뒤바뀌는 경우가 생기긴 하는데 순서가 약간 뒤바뀌더라도 그 작용은 그대로 그냥 가지 않고 다 작용하고 간다는 것입니다.

[그림 13-5]

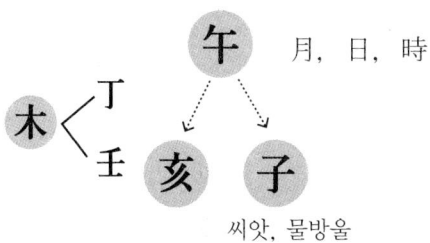

예를 들어서 12운성적으로 강약을 따지지만, 午의 더운 기운이 왔을 때, 지상에 子라고 하는 기물이 드러나 있으면 子를 마르게 할 겁니다. 子라고 하는 것이 엉겨 붙어서 씨앗 상태로 있

는 것이라면 또는 물방울이 응결해 있는 것이라면 그것이 午월에 이르면 또는 午일 또는 午시에 이르면 결국 子의 작용을 못하게 하고, 그다음에 지상에 亥가 있다면 이 둘이서 丁壬 합 작용을 일으킴으로써 결국 木을 생성시키는 즉 午월 달에 亥 그러니까 모든 기운을 다 장축해서 담고 있는 놈을 꾀어내어서 木을 만들고 그다음에 子 고유의 물성을 유지 못 하도록 자꾸 깨어버립니다.

그러니까 운에서 오는 것은 그것을 다 합니다. 冲할 것이 있으면 冲하고 合할 것이 있으면 合하고, 또 여러 가지 元嗔이라든지 破라든지 이런 것에 의해서 제어할 것은 다 제어한다는 것입니다.

학생 질문 – 저번에 壬水와 丁火는 합이 안 된다고 하셨던 것 같습니다.

선생님 답변 – 그것이 어디에 있는지 위치가 다른 것입니다. 팔자 내에 있는 것이냐? 대운에 있는 것이냐? 또 세운에 있는 것이냐?

학생 질문 – 세운에서 子가 왔을 때 子중에 壬水가 저 팔자 원국에 午火가 暗合을 할 수 있는지?

선생님 답변 – 그러니까 세운에 있을 때?

학생 질문 – 원명에 午가 있고 운에서 子가 왔을 때입니다.

선생님 답변 – 원국에 午가 있고? 그렇죠! 子午相冲을 하면 子에 남아있는 餘氣로써의 壬과 짝짓는 작용 그다음에 순수하게 癸水로서 合의 작용을 못 하는 것들은 결국은 그 모양을 반대 기운이 왔으니까 다 감출 수밖에 없습니다. 그러니까 여름에 물이 다 마르듯이 그런 작용이 두 개 다 있다고 보시면 됩니다.

◉ 合化의 해석

그다음에 合에서 化한 것에 대한 것도 그대로 해석해 줍니다. 그러니까 午월이 와서 亥水 즉 씨앗을 태동시킬 수 있는 에너지가 남아있는 상태의 것과 合이 되어서 木이 형성되고 이 木이 財星이라면 財星의 의미, 官星이라면 官星의 의미 그것을 그대로 해석을 해주면 됩니다.

다만 合에 의해서 만들어진 것은 시간이 많이 가야 合 작용의 결과물이 나옵니다. 예를 들어서 午대운이라면 午대운 한참을 가야 合 작용의 결과물이 나옵니다. 그래서 그것을 그대로 다 해석을 해준다는 것입니다.

◉ 적용 및 범위

'적용과 범위'에서 말하는 적용 범위는 대운에서 오는 合, 冲

아니면 合化 또는 각종 神殺들도 있을 겁니다. 각종 神殺들에서 중요한 키포인트가 세운에서 오는 神殺과 이 둘 사이에 어떤 차이점을 크게 전제할 필요가 있느냐면 실제 우리가 고전에서는 운을 해석하는 것이 대부분 대운을 적어 놓고 해설을 합니다.

[그림 13-6]

大運, 歲運 비중표

구 분		고전명리 格用設	현대명리
大運	合, 沖, 合化, 각종신살 예) 時 日 月 年 ○ ○ ○ ○ 午 大運 ○ ○ ○ 子	吉 凶 ∨	吉 凶 < 속성, 양상, 특성, 특징 海外에서 돈번다 속성
歲運	合, 沖, 合化, 각종신살 예) 時 日 月 年 己 戊 ○ ○ 午 大運 未 申 巳 子	吉 凶	吉 凶 > 세운 신살작용 고통, 압박 받는다

고전 명리, 물론 이것은 格用중심입니다. 格用設 중심이지만 대운에서 대체로 뭘 처리해 버리느냐 하면 길흉을 다 처리해 버린다는 것입니다.

고전의 대비 개념으로써 현대 명리라 한다면 실제로 대운의 입장에서는 길흉의 비중 말고 어떤 속성, 양상, 특성 이런 것들을 더 많이 해석해주는 것이 맞더라는 겁니다. 길흉을 안 본다는 것은 아닙니다. 길흉을 어느 정도 보지만 고전 명리는 전부 다 대운에서 길흉 끝입니다.

'用神을 合去하여 卒하였다.'

좋고 나쁨을 해석하는 것이 대운으로 끝납니다. 그런데 이것이 格用的으로 잘 짜여 졌을 때 그런 해석을 가하면 상당히 많이 부합하기는 하지만 현대에 이르러서 보니까 예를 들어서 이런 것입니다.

[그림 13-6-2]

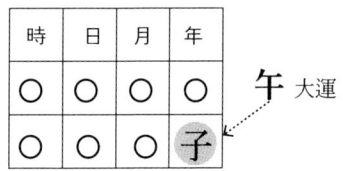

子생이 午대운을 흘러가고 있을 때 고전 명리에서는 '午가 子를 冲하여 어쩌고저쩌고하여 大發하였다.' 이렇게 써놓았습니다. 결론은 길흉론적인 결론에서 대운에서 귀결시키는 식으로 책이 되어 있다는 겁니다.

그런데 고전 명리를 보면서도 늘 회의론에 다시 들어가게 되는 여러 가지 이유 중에 하나가 이 대운에 비슷한 모양인데, 어떤 사람은 정말로 우리가 길하다 하니 길하고 흉하다 하니 흉했다는 말입니다. 그런데 이 사람이 분명히 거의 비슷한 케이스로 이것이 흉으로 와야 되는데 이 양반은 외국에서 돈 벌고 있더라는 겁니다.

결국, 뭐가 드러난 것입니까? 물론 길흉적으로 우리나라에서 일을 못 하고 해외에 가서 돈 벌었으니까 흉이라고 볼 수는 있을 겁니다. 그런데 자기는 오히려 해외에서 돈을 벌고 있었습니다.

그러면 '돈을 번다. 蓄財를 한다.' 이런 기준으로 보면 오히려 내용은 吉입니다. 내용은 吉이고 속성은 해외에서입니다. 그래서 현대적인 의미로 대운의 合, 沖, 合化 그다음에 각종 神殺 이런 것을 볼 때 길흉에다가 무게중심을 두지 마시고 속성, 양상, 특성, 특징 등에 더 무게중심을 두시라는 겁니다.

세운은 고전 명리식으로 보면 어차피 길흉인데 이 길흉의 비중을 대운이 더 크다고 보는 겁니다. 대운의 큰 陰陽이나 五行이나 六親작용이 결국은 길흉의 거의 태반을 만든다고 이렇게 보는 것이고 세운에 대한 해석은 실제로 자료도 많지 않습니다.

'무슨 대운 무슨 년' 간혹 이렇게 표현되어 있긴 하지만 그 비중을 보면 대운에서 거의 이미 '게임 끝' 이럽니다. 대운에서 이미 끝났다. 이런 식의 어떤 구도를 가지고 있다면 현대적인 개념에서 보면 세운에서는 오히려 길흉론이 좀 더 두드러지고, 물론 속성, 양상 이런 것도 또 세운의 여러 가지 작용이 있을 겁니다. 세운의 神殺 작용이 당연히 있지만 그래서 대운에서는 오히려 속성, 양상, 특성, 특징을 더 많이 보고 세운에서는 오히려 길흉적인 것을 더 많이 봅니다.

[그림 13-6-3]

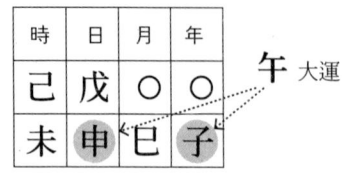

이런 패턴을 가지고 있다고 한다면 이때 子가 매우 중요한 어

떤 성과물이 됩니다. 활동의 성과물인데 子를 대운에서 볼 때는 이 午대운이 왔을 때 '힘들다, 고달프다.'라고 하는 길흉적으로 설명이 되기는 되는데 오히려 현대사회에 오니까 午 대운에 오히려 외국에 가서 열심히 활동해서 축재(蓄財)를 그대로 만들더라는 것입니다.

그래서 고전 명리와 현대 명리 차이, 길흉과 속성, 양상, 특성, 특징 차이가 있더라는 것입니다. 그다음에 세운에서 오니까 이것이 午가 子午相沖 그다음에 午운에 의한 申 隔角 이런 것에 의해서 일순간에라도 재물에 관한 희생, 신상에 칼을 대는 羊刃 작용 그다음에 食神이 隔角하는 문제가 발생하더라는 것입니다.

食神이 隔角하면 직원이나 또 뭘 생산하는 설비에 문제가 크게 터져 나와서 그로 인해서 고통이나 압박을 받는 그런 작용이 세운에서는 발생하고 이때는 '좋다, 나쁘다.'의 해석이 많이 들어간다는 겁니다. 정리되십니까?

길흉이라는 개념은 어차피 고전적 개념이나 현대적 개념이나 다 당연히 어느 정도 해석의 기준이 되어야 되지만, 오히려 대운은 속성, 양상, 특성, 특징이 조금 더 해석의 틀을 만들게 되고 길흉은 큰 단위의 개념이 되는 것이죠.

인간이 느끼는 것은 이런 것입니다. 봄, 여름, 가을, 겨울에 일기장을 써보라는 것이죠. 예를 들어서 여름의 첫날, 두 째날, 세 째날, 네 째날, 다섯 째… 이렇게 간다면 일기장을 어떻게 씁니까?

"立夏 후 1일 와 덥다. 立夏 후 2일 와 덥다."

이것이 아니잖아요?

'오늘은 매미가 시끄러웠다.', '오늘은 옆집 개구리가 죽었다.'
그러니까 실제 일어나는 이벤트나 길흉에 관한 판단이 세운에 즉 계절로 치면 그 하루하루에 일어난 이벤트에 훨씬 더 많이 메여있더라는 겁니다.

[그림 13-7]

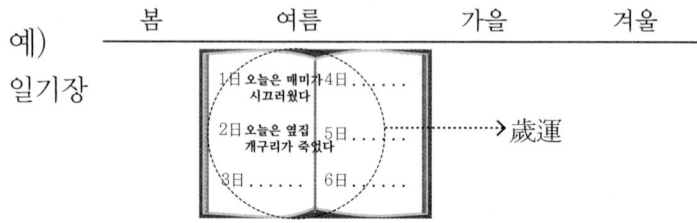

앞의 그림과 똑같은 것입니다. 운이 그림처럼 주기를 가지고 흘러갈 때 이 시기에 "나도 안다. 통장에 잔고 얼마 없는 것, 그러나 올해는 괜찮겠나? 내년에는 나쁘겠나, 좋겠나?" 여기에 훨씬 더 사람들이 심리적으로 길흉을 느낀다는 것입니다.
앞에서 이야기했던 것처럼 좋은 운속에서 작은 출렁임에 멀미를 느끼고 있는 사람도 있었습니다. 껍데기는 좋아졌는데 자기가 원하는 것이 아니라고 해서 입이 이만큼 튀어나와 있는 이런 것도 있다는 것입니다.
정리되십니까? 적용 및 범위 이것이 상당히 중요한 기준이니까 이것은 여러분이 해석하실 때나 실제 감명하실 때 꼭 참조하셔야 될 중요한 사안입니다.

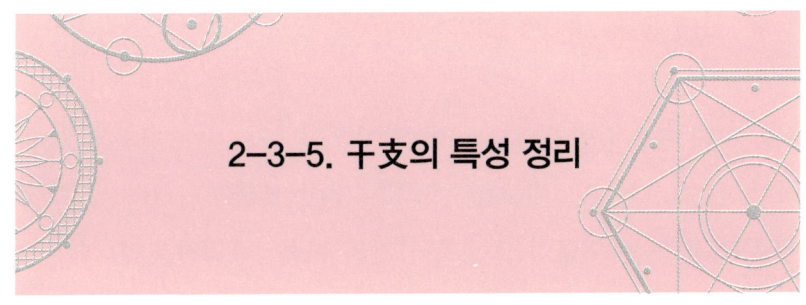

2-3-5. 干支의 특성 정리

干支의 특성 적용 범위와 사례

그다음에 '干支의 특성 정리' 또 '干支의 특성 적용 범위와 사례' 해놨는데 干支의 특징은 앞에서 언급한 것들의 반복이 될 수도 있기는 한데 특별한 干支작용에서 干과 支를 따로 다루었지만, 변화성을 유심히 많이 참조할 것이 변화성보다는 복잡성입니다.

[그림 13-8]

辰 戌 丑 未 : 복잡성, (누군가/무언가)의 무덤작용

子 午 卯 酉 : 순일성 ⇒ 양적변화(방향성 조성)

寅 申 巳 亥 : 변화성 ⇒ 무→유, 유→무

■ 辰戌丑未

辰, 戌, 丑, 未인자에서는 어떤 기운이 반드시 소진하는 작용력이 있습니다. 辰, 戌, 丑, 未라는 것이 복잡성입니다. 그다음에 무언가 또는 누군가 또는 무언가의 쇠몰, 무덤작용입니다.

■ 子午卯酉

子, 午, 卯, 酉는 상대적으로 순일성입니다. 순일성 인자로써 주로 어떤 것에 많이 관여를 하느냐 하면 양적(量的) 변화입니다. 왜냐하면 방향성이 강하게 조성되는 것입니다. 그러니까 아이들 노래에도 있습니다. '♪앞으로, 앞으로, 앞으로만 나가면 결국 온 세상 어린이를 다 만나고 오겠네.♪' 그런 순일성을 가지고 있는 인자로써 子, 午, 卯, 酉 대운의 속성을 관찰해 보면, 예를 들어서 子 대운에 들어오면서 입사했다면 계속 자기가 맡은 비즈니스를 그냥 가져가는 일종의 순일성을 줌으로써 뭘 조장하게 됩니까? 양적(量的) 변화 그리고 그것이 보통 행동적 방향성을 그대로 이어나가는 그런 속성을 만드는 것입니다.

■ 寅申巳亥

그다음에 寅, 申, 巳, 亥운에 들어왔을 때 변화성입니다. 접목(椄木)운으로써 당연히 寅, 申, 巳, 亥를 변화가 많은 곳으로 처리하고 있지만, 변화성이라는 것은 무에서 유로 또 유에서 무로 즉 달려오다가 꺾이는 것, 꺾였다가 돌아서는 것 이런 것이 대운 속에서 구현되는 통로 역할을 하는 것이 寅, 申, 巳, 亥의 변화성입니다.

명조 중심의 연구를 할 때 '춘하추동 신사주학'에서도 써놓은 것인데 씨앗입니다. 씨앗이라는 것은 잎 떨어지고 가지 떨어지고 다 떨어졌다는 겁니다. 무엇인가의 무덤으로 하나의 어떤 기운이 집적되어 있는 것입니다.

그다음에 寅, 申, 巳, 亥가 싹이 텄다니까 이것이 무에서 유로 그다음에 子, 午, 卯, 酉는 싹터서 죽죽 자란다는 겁니다. 죽죽 밀고 나간다. 이런 속성을 만듭니다. 그래서 변화량적인 요소 그런 측면에서 큰 대운을 辰, 戌, 丑, 未와 寅, 申, 巳, 亥의 속성차이를 둘 수 있는 것입니다.

[그림 13-9]

魁罡
白虎
⟩ 天干 地支 결합
특징, 특성

→ 순식간의 변화
불측의 재난
압력발생의 문제

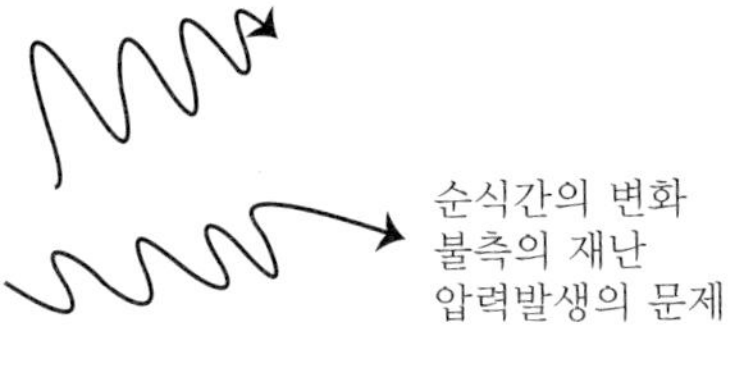

뒤에 神殺파트에서 다시 다루게 될 것이지만 魁罡이라든지 白虎는 결국 天干과 地支 결합에 의해서 만들어진 특징 또는 특성

이 부여되는 干支조합이 되는 것입니다.

    이럴 때는 뭡니까? 순식간에 변화를 일으키는 작용이 생기는데 땅이 '지진에 의해 흔들린다. 지진이 난다.' 이런 것들이 순식간에 어떤 변화를 일으키는 것인데, 순식간의 변화 또는 불측의 재난 그다음에 압력발생에 따른 여러 가지 문제입니다. 그래서 魁罡이나 白虎가 들어와 있는 대운에 예측하지 못하는 변화성이 크게 생겨나는 이런 것들도 干支의 어떤 특성 속에서 봐둘 필요가 있는 것입니다.

2-3-6. 케이스 연구

[그림 13-9-2]

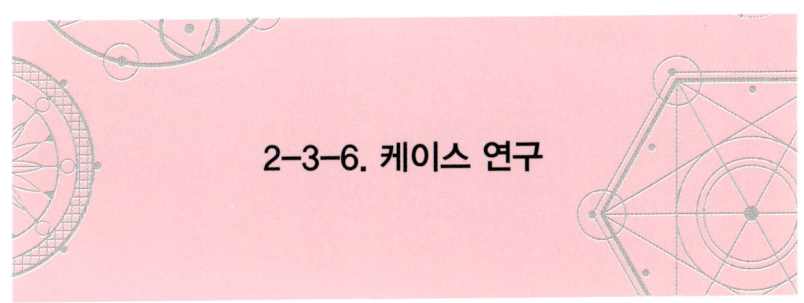

　대운이 중간에 보면 丙辰대운이었습니다. 丙辰대운에 남편을 상실한단 말입니다. 당연히 상속이 넘어옵니다. 상속에 의한 혜택의 발생 그러나 본인이 辰대운을 껴안고 살아야 되니까 그 상속에 의한 혜택이 있다 하더라도 그것을 이것저것 자기가 열심히 살림을 살아야 되는 고충이 따릅니다.
　그다음에 뒤에 神殺편도 다시 다루겠지만 華蓋입니다. 그러니까 어제 같은 오늘, 오늘 같은 내일 계속 반복성 속에 살아야 하다가 乙卯대운이 들어오니까 변화가 생깁니다. 결국, 좋게 쓰는데 좋게 쓰게 되는 흐름으로 바뀌어지는데 본인이 피곤하다는 겁니다.
　이것이 또 六害대운이 되니까 '피곤하다. 버겁다. 귀찮다. 싫다.' 그런데 귀찮은 운으로 가고 있고 계급장은 좋아지고 껍데기는 좋아지고 그래서 辰대운의 작용 그런 것들을 항상 대운의 작용에 의해서 큰 속성의 차이 이런 것이 동반한다고 보시면 됩니다.

학생 질문 - 전 시간에 辰의 변화량이 巳보다는 많다고 이야기를 하셨는데…

선생님 답변 - 그것은 地支끼리 비교할 때입니다. 이 양반이 丁巳운을 지나왔습니다. 그 앞에는 戊午, 己未대운 이였습니다. 丁巳대운이 변화가 많은지 丙辰대운이 변화가 많은지 이 두 개를 대비했을 때 丙辰대운에서 배우자를 잃고 상속받고 하는 이런 일들이 생겨나는 것입니다. 그래서 변화량 양적(量的)으로 다른 地支끼리 대비했을 때 그렇다는 개념입니다. 辰, 戌, 丑, 未는 속성입니다. 辰, 戌, 丑, 未라고 하는 것은 무언가의 무덤작용입니다.

학생 질문 - 만약 辰, 戌, 丑, 未 운이 왔을 때 자기 사주 원명에 辰이 食傷을 入庫하는 대운이었을 때 예를 들어서 辰이든 辰, 戌, 丑, 未 자체에서 무언가의 入庫 작용이 일어나는데 사주원명에 그것을 開庫시킬 수 있는 인자가 있다면 그래도 入墓 後 開庫가 되는 건지 아니면 開庫가 안 생기는 것인지?

선생님 답변 - 그것이 '왔다리 갔다리'라고 보면 됩니다.

학생 질문 – 그래도 열쇠가 있으면 좀 덜하고 없으면 완전 入墓되는 겁니까?

선생님 답변 – 그렇습니다. 그것은 12운성 神殺에서 따질 문제지만 뭔가 그 작용을 멈추게 하려고 하는데, 그것을 이렇게 결정적으로 가두려고 하면 다시 또 꺼내고 다시 꺼내고 하는 그런 작용이 발생합니다.

학생 질문 – 완전 入墓까지는 안가네요?

선생님 답변 – 그렇습니다. 거기서 그만큼 원국에 열쇠가 있다는 것, 원국에 조건이 있다는 것은 결국은 다른 사람들이 바닥까지 만들고 갈 때 자기는 바닥에 가까이 와서 다시 푸는 열쇠가 있는 그런 작용이 있다고 보면 됩니다.

2-4. 神殺의 적용 및 해석

2-4-1. 神殺의 종류-운의 해석에 필요한 神殺 중심
2-4-2. 天干끼리의 神殺
      天干끼리의 적용과 해석
      三奇의 성립과 해석 / 해석의 실례
2-4-3. 天干과 地支의 관계 神殺
      空亡의 적용 및 해석
      수강생 질문과 답변
      12운성의 적용 및 해석
      貴人의 적용과 해석
      각종 天干 지지의 적용
2-4-4. 地支와 地支의 관계 神殺
      合과 冲의 적용 및 해석
      12神殺의 적용 및 해석

2-4. 神殺의 적용 및 해석

2-4-1. 神殺의 종류
- 運의 해석에 필요한 神殺 중심

오늘 진도 한번 보겠습니다. '神殺의 적용 및 해석'입니다.

타이틀 중심의 정리가 '2-4-1. 神殺의 종류-운의 해석에 필요한 神殺 중심'에 정리되어 있고 거기에 대해서 각각의 살붙임을 해서 나머지가 '2-4-2. 天干끼리의 神殺', '2-4-3. 天干과 地支의 관계 神殺',' 2-4-4. 地支와 地支의 관계 神殺' 이렇게 제목이 붙어 있습니다.

그다음 '神殺의 종류'에서 '神殺의 적용 및 해석'이 실제로는 운명감정을 할 때 굉장히 많이 쓰입니다. 많이 쓰이는 것이기 때문에 神殺의 각각 작용 이런 것은 여러분이 기존에 있는 텍스트라든지 이런 것을 통해서 정리해 두실 필요가 있고, 여기서는 키워드나 기준 중심 이런 것으로 정리를 한번 해 보겠습니다. 神殺의 종류에서 주로 운의 해석에 쓰이는 것 중심으로 정리를 해보면 키워드나 기준을 전체적으로 챙길 수가 있을 겁니다.

2. 運의 요소 • 179

[그림 14-1]

■ 운의 해석에 많이 적용 { 天干 → 生剋 (五行生剋)
　　　　　　　　　　　　天干 → 地支
　　　　　　　　　　　　地支 → 地支

　그림에 있는 제목이 밑에 작은 제목으로 다 따로 또 붙어 있습니다. 天干끼리 그다음에 天干과 地支 그다음에 地支대 地支 그 다음에 '명내의 神殺과 운의 神殺에 관한 기준과 적용 해석' 이것이 조금씩은 편차가 생긴다는 것입니다.

　天干끼리의 神殺은 두 번째 제목에 들어가 있습니다. 天干끼리의 神殺에서 五行 生剋도 神殺로 처리하느냐? 마느냐? 하는 것은 표현하기에는 그렇습니다만 그것도 일종의 神殺이라면 生剋관계 또 天干끼리의 작용이라고 일단 볼 수 있습니다. 그중에서 五行 生剋에서 해석의 중점이나 비중을 많이 두는 것이 결국은 天干의 財官입니다.

[그림 14-1-2]

天干 ⇒ 生克(五行生剋)
　　　　　⇓
　　　　財 , 官
　　　　戊 己 庚 辛

甲
↓
甲
재탄생
君臣對坐 → 신화가 임금앞에 섬
60年中 6번 (4/6)

天干끼리도 예를 들어서 甲이 있으면 戊, 己, 庚, 辛이 되는 것이고 그다음에 그 출발점이 되는 甲입니다. 그래서 甲이 甲을 만나면 자기를 다시 재탄생시키는 작용을 합니다.

재탄생시키는 작용이 옴으로써 소위 군신대좌(君臣對坐)작용이 발생하고 君臣對坐의 작용을 한번 일목(一目)으로 정리해본다면 소위 신하가 임금 앞에 서 있다는 것입니다. 임금 앞에 서 있으면 일단 일시적으로 마음대로 못 움직이는 작용이 주로 잘 발생합니다. 그러니까 신하가 임금 앞에 서면 마음껏 걷는 것이 아니고 위축이 되거나 숙여야 되는 그런 작용이 기본적으로 발생하는데, 보통 세운에서 해석할 때 상반기까지가 불편요소가 잘 발생합니다. 그러니까 이러지도 저러지도 잘 못하는 그런 작용이 주로 잘 발생합니다.

하반기에는 양상이 보통 두 가지로 나타나는데 하반기에는 완전히 '숙인다.' 아니면 '폼을 낸다.'는 식의 양상이 발생하기 쉽습니다. 그래서 대충 상반기 6개월, 하반기 6개월로 잡으면, 甲子일주가 甲午년을 만난다고 합시다.

[그림 14-1-3]

歲運 ⇒ 상반기 / 하반기 〈 폼을 낸다
　　　　(불편)　(9월-연말)　　존재감(영의정)
　　　　　　　　　　　　　　　　수그린다
　　　　甲 → 甲 乙 丙　　　위축(유배형)
　　　　子　　午 未 申　　　파멸의 인자
　　　　　　　年

甲과 午를 자를 것은 아니지만, 甲의 작용이 주도적으로 정신적인 면에서 잘 드러나게 됩니다. 그런데 甲午년이 시작이 되어서 끝이 된다고 하면 계속 긴장상태라는 것이 일정 기간 남아있는 겁니다.

그래서 그것이 주로 상반기에는 보통 불편 상황이 잘 발생합니다. 그러니까 불편한 것은 내가 정신적으로 새로운 어떤 방향을 잡기 위한 고민도 할 수 있고, 보통 직장 생활하는 사람들은 '정말 내가 이대로 사는 것이 맞는 걸까? 잘살고 있는 걸까?', '도대체 나는 누구지? 나는 왜 이렇게 살지?' 그런 식의 생각을 하게 되고 결국 그 중간과정에서 '나는 독립해야 되겠다. 나의 삶을 살아야 되겠다.' 하는 그런 식의 작용력이 발생합니다.

그다음에 시골에 있던 사람이 서울에 와서 그것을 구경하고 그때서야 '내가 못난 놈이구나. 내가 촌놈이구나.' 또 임금 옷을 보고 나니까 '내 옷은 옷도 아니구나!' 하는 이런 식의 자괴감, 그런 것으로 인해서 마음이 불편하든 거동이 불편하든 삶의 방향성에 대해서 정신적으로 다시 되돌아 생각하게 되는 이런 식의 불편함, 그런 것들이 일정 기간 작용을 한다는 것이죠.

그러니까 '서울에 와서 임금 보니까 임금도 밥 먹고 똥 누고 별 차이 없더라.' 이렇게 하는 기운의 영향을 연결해 쓰는 사람은 폼을 내기 시작하는 겁니다.

"그래! 나는 나만의 인생을 가기로 했다."

이러면서 독립을 하려고 하고 새로운 나의 길을 추구하려는 동작이 발생한다는 것입니다. 그리고 '폼을 낸다.' 이런 것은 자신의 존재감 이런 것들을 부각 시키려고 하는 '내가 난데.' 이런 존재감을 부각시키는 그런 쪽으로 가버리는 흐름이 조성되기도 합니다.

그다음에 '엎드린다.' 같은 경우는 이런 것입니다. 자기 딴에는 공부를 열심히 했는데 전교 1등을 보고 나서 '아~ 내가 공부를 할 필요가 없다는 걸 깨달았다.' 하는 것이죠. 그럼으로써 이것이 완전 그냥 개구리 되어서 그냥 '에이씨! 되는대로 나는 살 거야!' 이런 식으로 극단적으로 '숙임'이나 '위축'이 발생하기도 한다는 것입니다.

저도 풀이해줄 때 워낙 일단 포괄적인 표현을 해주어야 되니까 주로 많이 쓰는 것이 '보통 말 잘하면 영의정', 영의정은 이 존재감을 따라가는 것이고 그다음에 '말 못하면 유배형', 유배형은 숙임, 위축 해당합니다. 그래서 영의정을 하려고 하는 추구성으로 갈 수도 있고 그다음에 괜히 까불다가 결국 유배를 가는 식의 작용이 오는데 그것이 보통 운에서 온 甲의 처분입니다.

그러니까 운에서 온 甲이 군(君)입니다. 자기는 민(民)도 되고 신(臣)도 되고 결국은 신(臣)이 되는 것입니다. 그래서 임금이 나한테 처분을 내리는데 임금은 상도 벌도 다이렉트로 하지 않는다는 것입니다. 바로 궁중에서 좀 까불고 돌아다닌다 하더라도 보고만 있습니다. 보고만 있다가 하반기 즈음 보통 양력으로 9~10월, 년 말 이럴 때에 보통 임금의 처분이 발생한다고 보는 것입니다. 그래서 그 처분을 쿠션을 넣어서 준다는 겁니다.

"너는 평양감사를 하여라."

이것이 아니라 신하를 불러서

"야야, 저 친구는 그냥 평양감사 시켜."

그렇게 장관을 불러서 시키는 그런 패턴이고 그다음에
"저놈은 안 되겠다. 유배 보내."

이것도 스리쿠션으로 돌아서 유배를 가는 것이기도 한데 이럴 때에 원인 발생을 실제로 굉장히 많이 시킵니다. 그러니까 실제로 보통 60년 안에 6번이 기본적으로 군신대좌(君臣對坐)에 걸리는데 이 6번 중에 그때부터 뭔가 새로운 방향성을 모색하게 되고 찾게 되고 하는 경우가 보통 6분의 4입니다. 그러니까 여섯 케이스 중에 4케이스 정도가 君臣對坐의 효과가 좀 뚜렷하게 보인다는 것입니다.

그래서 폼을 내려고 하든지 존재감을 부각시키려고 하든지 뭔가 새로운 지휘를 얻기 위해서 막 움직임이 시작되는 그런 작용이 발생하는 것과 그다음에 숙임과 위축 그다음에 더 극단적으로는 파멸의 인자를 만들기도 하더라는 겁니다. 왜냐하면, 임금한테 찍힌 것입니다.

"저놈은 하여튼 앞으로 아무것도 못 하게 해라."

甲이 먼저 태어나고 동생 乙, 동생 丙의 순서로 태어나잖아요? 그것을 소위 이 甲의 휘하가 되는 乙이나 丙, 이 단계쯤 되면 즉 甲午 다음에 乙未, 丙申 이런 식으로 되면 이 甲이 준 메시지가 乙이나 丙쯤에 드러난다는 것입니다. 그래서 보통 그 자리에는 陽干의 경우에는 食神이 먼저 떨어지고 그다음에 陰干의 경우에는 傷官이 먼저 떨어집니다. 傷官이 먼저 떨어지는데 보통 그런 天干의 食神이나 傷官을 보면 '이리 갈까? 저리 갈까?' 막 고민을 시작합니다.

일단 독립은 선언했는데 방향성 때문에 보통 天干 食傷에서 주로 방향성 때문에 상당히 많은 불편함을 거치게 된다는 것입니다. 그런데 그때 일어나는 일을 보면 대부분 다 임금의 처분이 어떻게 떨어지는지를 보통 볼 수 있다는 겁니다.

"甲午운 뭐 하려 했나?"

이렇게 물어보는 겁니다.

地支 神殺까지 포함해서 봐야 되겠지만 甲子일주에서 甲午운을 보면 子午相沖이 된 것이죠? 子午相沖이라는 것은 실제로 뭔가 변동도 있었습니다. 변동도 있어서 서울에 내가 파견을 갔는데 진짜로 센 놈들이 있더라는 것입니다. 그래서 그놈들을 보면서

"내가 저놈들과 닮아야 될 것이냐? 아니다. 어찌 됐든 저놈들을 안 만나야 되겠다. 나는 저 변방으로 갈련다. 유배의 모양에 가깝게 갈련다. 변방으로 갈련다."

그런 식의 방향 모색이 불편함을 거치면서 발생한다는 것입니다.

보통 乙未에서 丙申으로 가니까 陰干은 바로 傷官이 두 번째에 바로 들어옵니다. 干支에서 食傷이 들어오면서 '이렇게 이런 걸 할까? 저런 걸 할까?' 방향 때문에 고민을 엄청나게 합니다.

그런데 그 흐름이 좋은 쪽으로 갈지 아니면 나쁜 쪽으로 갈지는 地支의 환경입니다. 地支의 환경은 결국 현실적인 어떤 흐름을 의미하는 것이니까 地支환경을 관찰하는 것입니다. 그래서 그런 고민을 기본적으로 가져가고 그 성과가 언제 드러나겠습니까?

[그림 14-1-4]

甲 (食傷) 己 年

甲子일 경우에는 天干의 己년입니다. 그래서 이 중간에 食傷이 있었을 겁니다. 食傷을 통해서 뭔가 방향을 잡고 이룩한 것의 일차적인 결과치가 己입니다. 그다음에 乙일주는 庚에서 걸립니다.

결국은 여기서는 財官입니다. 이 財官이라는 글자와 군신대좌(君臣對坐)의 글자가 어떤 모양새나 조건 속에 있느냐? 그런 것을 관찰하는 것이 결국 그대로 연결되는 것이고 그다음에 이런 운이 오면 존재감의 인자와 맞물리지만 대부분 다 임금 앞에 가기 위해서는 옷을 드라이클리닝이라도 한다는 겁니다.

그래서 뭔가 자기 모양을 자꾸 다시 재편하고 꾸미는 그런 작용도 발생한다는 겁니다. 그러니까 단장을 하는 겁니다. 단장을 안 하면 어떻게 하겠습니까? 행동이라도 이렇게 단정하게 바꾼다는 겁니다. 그런 과정이 결국은 군신대좌(君臣對坐) 흐름 속에 수반한다는 겁니다. 그래서 보통 이런 군신대좌(君臣對坐)를 빠져나오는 시기쯤에 이런 것이 생깁니다.

"어명이요! 임금의 명령이요. 당신은 이렇게 이렇게 하시오."

그래서 군신대좌(君臣對坐)의 干支와 군신대좌(君臣對坐)의 결과를 현실로써 보여주는 天干에 있는 財官의 모양새를 이렇게 잘 관찰하는 것이 필요합니다. 그래서 '天干끼리 五行生剋' 측면에서 볼 때 결국 六親으로 표현되기는 하지만 그렇게 됩니다.

2-4-2. 天干끼리의 神殺

天干끼리의 적용과 해석

그다음에 '天干끼리의 적용과 해석' 이것이 사실은 제일 핵심이라고 보면 됩니다.

[그림 14-1-5]

甲 乙 丙 丁 戊 己 庚 辛 壬 癸 甲
　　　　　(이벤트)　(원싸이클) (다시시작)

그러니까 다시 印星으로 들어가지 않습니까? 甲에서 甲, 乙, 丙, 丁…. 주욱 가다보면 결국 이벤트는 戊, 己, 庚, 辛에서 이루어지고 그다음에 다시 壬, 癸로써 원 사이클이 끝이 납니다. 사이클 하나가 甲에서 癸까지 원 사이클이 끝나고 다시 甲으로 들어갑니다.

壬, 癸 결국은 이 財官 (戊, 己, 庚, 辛)을 지나면서 만난 결과치를 그대로 잉여로서 가져가는 정도의 운이 됩니다. 주로 壬, 癸가 六親상으로 印星이 되니까 활동을 멈추는 것도 되지만 또 긍정적인 결과치로서는 주로 문서 또는 부동산 그런 형태의 현실적인 모양도 되고 재산형태도 되고 이런 것을 갖추게 되고 다시 甲을 만나면 또 한 레벨 고민합니다. 또 이렇게 마주치게 해주는 거니까 제일 유심히 볼 것이 甲과 이 戊, 己, 庚, 辛입니다. 그런데 문점은 丙, 丁 단계에서 많이 옵니다. 중간에 食傷이 떠 있을 때 많이 옵니다. 어디로 가야 하느냐? 방향성 때문에 문점 하러 많이 옵니다.

그때는 결과치를 어떻게 합니까? 이 戊, 己, 庚, 辛의 결과치의 조건을 보고 '좋다, 나쁘다.' 또 '이때 뭔가 적극적으로 일을 벌여도 좋다, 안 좋다.' 이런 것을 가늠해 주는 것입니다. 그래서 天干끼리의 일반적인 해석이야 다 아시는 것이고 그런 기준을 한번 체크를 해보자는 겁니다.

三奇의 성립과 해석 / 해석의 실례

[그림 14-2]

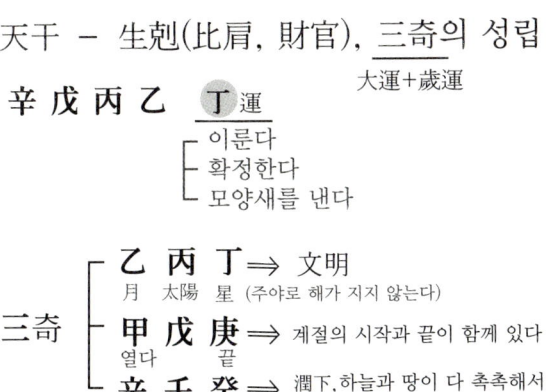

三奇의 성립은 저런 일반적인 논리와 별도로 분류합니다. 예를 들어서 보통 타고난 명조가 상기의 그림과 같이 있다면 이때 丁이 유년에서 채워질 때는 지상의 貴人과 비슷한 작용을 많이 합니다.

　　지상의 貴人이라는 것은 丁이 채워지는 시기에 '뭔가 이룬다.'라고 하는 개념도 되고 또 '확정한다.' 그다음에 '모양새를 낸다.'인데, 三奇는 天干 生剋이 주로 세운 중심이고, 대운, 세운 모두 다 본다는 것입니다. 그래서 단위만 크다 작다가 되겠죠. 그래서 대운에서 三奇를 채우는 경우에 '이룬다. 확정한다. 모양새를 만든다.' 대체로 다 긍정적인 의미로 더 많이 씁니다.

　　학생 질문 - 일간에 있는데 대, 세운 합쳐서 三奇가 되면 어떻게 됩니까?

　　선생님 답변 - 일간에 있는 사람은 원래 세트 삼종을 가지고 온 거니까 일간에 있는 사람들은 그 힘을 六親的으로 좀 더 비중있게 해석을 해주기만 하면 됩니다. 그러니까 이미 乙, 丙, 丁이 드러나 있는 경우에…

　　학생 질문 - 그것이 아니라 예를 들어서 戊일간이면 대운에서 庚이 오고 세운에서 甲이 와서 그렇게 三奇를 채우면 어떻게 됩니까?

　　선생님 답변 - 글쎄요. 제가 그렇게는 연구를 안 해봤습니다.

학생 질문 – 그렇게도 작용을 합니까?

선생님 답변 – 글쎄요. 그것이 천체운동으로 성립되는 것인데 三朞의 성립이라고 하는 것에서 생각을 해봐야 될 것 같은데 "글쎄요."입니다. 대운이라고 하는 것과 세운이라고 하는 것은 목성의 위치변화가 결국은 세운이 되는 것이고 대운이라고 하는 것은 월에 의해서 자체로 만들어지는 일종의 성장 프로세스입니다.

[그림 14-2-2]

三朞의 성립

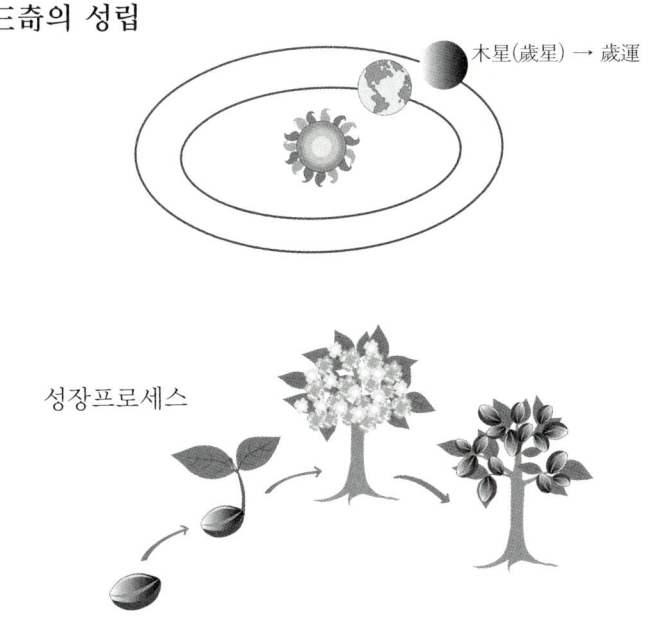

그래서 씨앗에서 꽃피고 싹이 나고 꽃피고 그다음에 열매 맺고 이렇게 돌아가는 성장의 프로세스와 거의 같은 작용을 하기

때문에 그래서 성장프로세스에 있는 인자와 목성의 위치변화를 과연 손쉽게 매칭 해 쓰겠느냐? 하는 것이죠. 그러니까 자기 팔자에 戊가 있고 자체 성장 프로세스에서 甲이 있고 목성 주기에서 庚이 왔다라고 가정했을 때 글쎄 뭐라고 확답을 해 드리기가 어렵습니다.

학생 질문 − 예를 들어서 庚이 일간인데 대운에서 甲이 왔다 그러면 戊년이 왔을 때 三奇가 이루어질 수 있을까요?

선생님 답변 − 庚일간에 대운이 甲寅인데 세운에서 戊가 왔다고 하면 이 三奇를 제가 발굴한 것이 아니라서 대답하기가 애매하네요. 三奇가 성립하는 것의 조건을 정리해 드리기가 어렵습니다. 그러니까 사실은 이것을 만든 사람이 결국 三奇의 성립개념을 가지고 있다고 봐야 됩니다. 그런 기준에서 제가 여러 가지 자료를 정리해보진 못했기 때문에 확답을 드리기는 어렵습니다.

이런 것과 똑같은 것입니다. 우리가 포커로 치면 원래 카드가 그래도 두 장은 있어야 원 페어(one pair) 아시죠? 원 페어(one pair)는 가지고 있다가 이것을 한 장 채워서 트리플 카드가 되는데 그렇게는 되는데 한 장 가지고 두 장을 다 받아서 성립한다는 것은 앞으로 연구 과정으로 남겨봅시다.

왜냐하면, 그렇게 해서라도 에이스 한 장 들고 있다가 에이스 하나 더 받고 더 받아서 채울 수도 있는 거라고 볼 수 있으니까

요. 그런데 제가 뚜렷하게 실제로 보고 증험이 되었던 것은 두 개가 있는데 하나를 채우니까 이것이 확실하게 직업적으로 모양새를 갖추거나 아니면 학문적 노하우를 갖추거나 이런 식의 통일성을 줘서 이루게 하는 것 그런 것은 많은 사례를 봤습니다.

[그림 14-2-3]

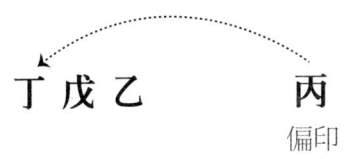

예를 들어서 戊일주에 丁, 乙이 있고 운에서 丙이 왔을 때 三奇를 채워주는 작용으로써 이때에 비록 丙이 偏印이라도 확실하게 직업적으로 모양새를 갖추거나 아니면 학문적 노하우를 갖추거나 이런 식의 통일성을 줘서 이루게 하는 것 그런 것은 사실 많은 사례를 봤습니다.

보통 이런 모양에서 박사학위나 고시(考試) 같은 것이 잘 안되다가 고시가 된다든지 이런 것들은 실제로 많은 사례를 볼 수 있습니다.

제가 아마 '춘하추동 신사주학 편'에도 그것을 정리를 해드렸을 건데 이 乙, 丙, 丁의 의미가 뭡니까? 丙을 태양으로 본다면 丁이 星이고 그다음에 乙을 만월(滿月)로 봅니다. 그러니까 일월성(日月星)이 모여 있음으로써 주야로 해가지지 않는다는 것입니다. 그러니까 대영제국은 해가지지 않는다. 그런 때도 있었습니다.

그러니까 陽의 기운이 제대로 모양을 갖추고 있어서 어느 한 곳에라도 陰의 기운이 쉽게 작용하지 못하도록 하는 충일성을 만들어 줌으로써, 三奇가 채워질 때 하여튼 무엇인가를 이루게 된다는 것입니다.

물론 극히 이례적으로 대운이 나쁜 사람은 이때 '장렬하게 전사했다.' 이런 것으로 반쯤 죽는 사람도 있습니다. 六親을 굉장히 나쁘게 쓰는 경우 그런 경우는 있는데 잘하면 그럴 때에 역사에 유명천추한다. 이런 것도 됩니다. 역사에 이름을 남기고 자기는 죽는 겁니다.

그런 충일성을 준다는 것 자체가 아무튼 모양새를 정확하게 확정해주는 효과가 생기니까 대체로 긍정적으로 작용한다 이렇게 보시면 됩니다. 그래서 三奇의 성립은 주로 대운도 봐주고 세운도 봐준다고 보면 됩니다. 저도 사실은 유심히 보지는 않았지만 월운의 성립은 아주 제한적인 것 같더라 하는 것입니다.

학생 질문 - 선생님 그러면 三奇의 성립에서 乙, 丙, 丁 말고 甲, 戊, 庚과 辛, 壬, 癸도?

선생님 답변 - 甲, 戊, 庚과 辛, 壬, 癸도 마찬가지입니다. 己土는 없습니다. 그런데 己土는 己土를 다시 만났을 때 이것을 三奇라고 보기는 어렵고 뭔가 중요한 변화성을 만드는 것은 군신대좌(君臣對坐)만으로도 그대로 성립이 되는 것입니다.

학생 질문 - 같은 三奇라도 乙, 丙, 丁과 甲, 戊, 庚과 辛, 壬,

癸의 영향은 또 다르다고 봐야 되지 않습니까?

선생님 답변 – 그렇습니다. 대체로 乙, 丙, 丁이 드러나는 것을 주로 문명이라고 합니다. 왜냐면 해, 달, 별이 다 떴으니까 어둠이 없는 문명(文明)입니다.

그다음에 甲, 戊, 庚은 계절의 시작과 끝을 여닫는 작용을 다 해주는 것이니까 시종일관(始終一貫) 그러니까 문짝을 여는 놈과 닫는 놈이 같이 있는 것입니다. 딱 한자리에 모여 있지 않습니까? 문짝이 하나만 덜렁 덜렁있는 것이 아니라 양 문짝이 열리고 닫히고 열리고 닫히고 그럼으로써 이것이 조화를 갖추는 모양이라고 보통 봅니다.

辛, 壬, 癸는 辛을 서리로 霜, 壬은 雨, 癸는 露 소위 윤하(潤下)입니다. 무슨 格에서 윤하(潤下)가 나옵니까? 그러니까 하늘과 땅이 다 촉촉하게 젖어있다. 젖어있음으로 만물이 태어날 수 있는 바탕 그다음 모든 것을 저장할 수 있는 에너지 이런 것들이 있다고 봅니다.

보수동에 헌책도 아니고 이놈의 노트가 항상 골병을 들이는데 제가 옛날에 보수동 서점에서 구입한 노트에는 辛, 壬, 癸 이것이 陰을 표현하는 것이니까 '남자는 굉장히 잘 쓰고 여인은 천하에 잡년이 될 수도 있다.'라고 써 놨습니다.

이 양반이 개인적으로 캠퍼스 노트에다가 정리해 놨는데 이분도 오랫동안 명리를 하신 분이 자신의 경험을 여러 가지로 해서 정리를 해 놨을 겁니다. 글씨도 반듯반듯하게 볼펜으로 정리했는데 삼기(三奇) 이렇게 해놓고 乙, 丙, 丁은 어떠어떠하다고 써 놓고 이것에다가 참고해서 '辛, 壬, 癸 여자는 천하에 음탕한 여인이 되거나 잡년이 될 수도 있다.' 이런 식으로 써 놓았습니다. 참조하세요.

여인의 몸이 陰에 속하는데 늘 상(霜)과 우(雨)와 로(露)에 노출되어 있다는 것은 미끈미끈하다는 것입니다. 미끈미끈 끈적끈적이 됩니다. 그러니까 미끈미끈 끈적끈적하면 다 덤벼라가 되는 겁니다. 그래서 아무튼 충일성을 줌으로써 극단적 흉을 만들 수도 있지만, 예를 들어서 기왕 홍등가에 몸을 던져서 가더라도 辛, 壬, 癸는 오만 놈 다 받을 수 있는 것입니다. 일등 기생이 될 수 있고 하여튼 일등을 만들어 줍니다.

"아이고 저 아이는 확실합니다. 화끈하게 잘해 드립니다."

확실하다는 것은 충일성입니다.

"이상하게 저 아이만 찾습니다."

그래서 그것이 팔자 안에 드러난 경우에는 다른 干支가 특별히 잘 조화되지 않는 경우에는 그렇게도 쓰더라는 말입니다.

[그림 14-2-4]

三奇 {
乙(月) 丙(太陽) 丁(星) → 文明
甲 戊 庚 → 시종일관
辛(霜) 壬(雨) 癸(雨露) → 潤下(윤하) : 남자(잘쓰고) 여자(힘들다)
}

예를 들어서 地支에 辛巳라든지 이렇게 이것을 충분히 陰陽的으로 밸런스를 맞춰줄 만한 인자가 드러난 경우가 아니면 편중성으로 가버립니다. 調候를 잃어버리지 않습니까? 그래서 여자가 陰氣의 해로움이 크게 미칠 수 있다고 봐서 아마 그분이 참고표 해서 그렇게 써 놓은 것 같습니다.

학생 질문 – 그러면 선생님 남녀 궁합론 三奇 말고 그냥 동업할 때나 이럴 때 같이 갖추어지면 어떻게 됩니까?

선생님 답변 – 그것은 무조건 좋습니다. 그것은 궁합론에서 쓰는 것입니다. 갑자기 궁합으로 넘어가는데 그것은 처자인연 법 볼 때도 씁니다.

[그림 14-2-5]

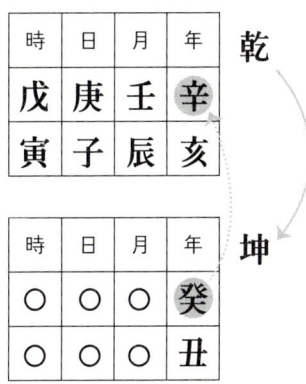

예를 들어서 남자가 상기의 팔자와 같다고 합시다. 이렇게 되

어 있을 때 여자 팔자에 일간이든 월간이든 년이든 상관없이 예를 들어서 癸丑생 여인을 만난다면, 이때에 이 癸가 三奇를 채우는 것입니다. 그래서 이것은 일반적으로 봐보면 亥생과 丑생은 궁합 상 안 맞습니다. 안 맞는데도 결국 天干이라는 것이 그 사람의 정신적인 뜻도 되고 그다음에 의지도 됩니다. 똑같은 '뜻 의(意)'자 '뜻 지(志)' 자로 쓰지만 그래서 뜻이 같은 사람을 동(同)자를 붙여서 동지(同志), 그리고 동의(同意)합니까? 할 때도 씁니다. 그러니까 이것을 채워줄 때 이것을 한 색깔로 만들어주는 효과가 있는 것입니다. 이러면 일단은 둘에서는 '동지(同志)다.' 되는 것입니다.

학생 질문 – 동업할 때는 저렇게 봐서 天干 三奇가 들어왔을 때는 서로 좋습니까?

선생님 답변 – 그렇습니다. 적어도 뜻을 서로 통일을 해 나가거나 같이 어느 방향으로 나가자 이런 것이 잘되는 것입니다.

학생 질문 – 저럴 때 예를 들어서 癸丑생과 甲寅생이 있다면 본인한테 누가 낫겠냐? 했을 때

선생님 답변 – 이 경우에는 戊와 庚이 있으니까 두 개 다 씁니다. 甲寅도 쓰고 癸丑도 씁니다. 예를 들어서 戊寅 시가 아니라 己卯 시라면 이 甲寅은 亥생의 입장에서 보았을 때 亡身으로써 이것이 보통 애인 관계로써 애정 관계가 형성될 수 있

지만 꽝입니다. 저 아이는 이상하게 정서적으로나 몸으로써는 뭔가 끌리는데 생각은 아니라는 겁니다. 다 채워지지가 않습니다.

학생 질문 - 상대방의 年干에 있어야 됩니까?

선생님 답변 - 아닙니다. 연월일시 어디에 있어도 서로 호환성으로 쓰고 채웁니다. 그러니까 겹으로 채우는 경우도 있습니다. 그러니까 여자가 또 이런 경우에 예를 들어서 癸丑에 예를 들어서 戊午월에 甲寅일 이라면 어떻게 됩니까?

[그림 14-2-6]

時	日	月	年	乾
戊	庚	壬	辛	
寅	子	辰	亥	

時	日	月	年	坤
丁	甲	戊	癸	
卯	寅	午	丑	

甲寅 일주에 丁卯시라고 합시다. 남자 입장에서는 이럴 때 辛, 壬, 癸로 하나 채우고 그다음에 이렇게 여자 입장에서는 甲, 戊, 庚으로 채웁니다. 이런 경우에 아주 궁합에서 굉장히 중요하게 봅니다.

年支는 행동스타일입니다. 행동 스타일에 편차가 있다고 해도 정신적으로 동지(同志)과에 속한다는 겁니다. 동지(同志)이고 그 다음에 地支의 여러 가지 格의 모양이 닮은 것은 뭡니까? 동무(同務)입니다. 무(務)는 힘쓸 무(務)자입니다. 업무할 때 務자로 일하는 것이니까 같이 일하는 사람, 생각을 같이하는 사람입니다.

그런 면에서 소위 '맨탈커플링(mental coupling)'이라고 합니까? 맨탈 커플링이 이런 것이 잘된다고 보고 또 비밀 수첩 노트에 보면 잘 산다고도 나옵니다. 둘이서 헐벗고 지내더라도 동지(同志)끼리 같이 망했어도 부산역 앞에서 같이 소시지 사줘 가면서 잘산다고 나옵니다.

학생 질문 – 선생님 그러면 甲, 戊, 庚에서 戊, 庚이 地支에서 명조에 있고 甲이 그 사람이 명조에는 甲이 없는데 甲이 오는 대운이 있을 때 그때 만약에 고시공부를 한다면 고시가 되겠습니까?

선생님 답변 – 그것은 格이 좀 필요합니다. 그것은 원래 관직에 나갈 수 있는 어떤 기본 格이 있어야 됩니다. 그리고 경계점에 있는 사람들은 저런 운이 오면 고시가 되거나 아니면 고시에 준하는 시험이 되어서 자기가 직업적인 개성을 만듭니다.

학생 질문 – 운에서 甲이 왔을 때입니까?

선생님 답변 - 그렇습니다. 그해 고시가 만약 안 됐다면 그릇에서 약간 格이 훼손되거나 그런 경우에 고시보다는 조금 덜한 그런 것을 자기가 쫓아가서라도 직업적인 특성을 만든다는 말입니다.

학생 질문 - 선생님 그러면 물어볼 것 아닙니까? 내가 이것 하는데 되겠느냐 한다면?

선생님 답변 - 그것은 실제 팔자를 봐야 되는 것입니다. 팔자에 官이 없으면 고시에 준하는 모양으로 뭔가 모양을 갖춘다고 보면 됩니다.

학생 질문 - 고시가 안 되네요.

선생님 답변 - 장담을 하면 안 됩니다. 그것 하나 가지고 무조건 다 된다는 것이 아니고 앞에서 키워드를 정리했습니다. 충일성을 줌으로써 방향성을 잡게 된다 하는 것입니다.
그래서 결국에 자기가 고시의 결과를 보건 안보건 자기가 뭔가 이때는 내가 정말로 뭔가 답을 내어야 되겠다는 생각을 합니다.

[그림 14-3]

時	日	月	年
乙	壬	庚	丙
巳	辰	寅	寅

坤
임용준비

大運: 乙酉 丙戌 丁亥 戊子 己丑
空亡

歲運: 丙申 乙未 甲午 癸巳 壬辰

丁亥 대운에 그동안 계속 임용시험을 준비했었습니다. 三奇가 만들어지긴 만들어졌었는데 하여튼 세운하고 뭐가 엇박자가 나면서 고시가 안 되었습니다.

"안 될걸?!'

제가 한 8년 전쯤에 이렇게 말했습니다. 그러니까 교직은 맞는데 선생님은 안 되는 이유가 뭡니까? 학교 선생님이 안 되는 이유는 몇 가지가 있습니다. 官印이 결국은 隔角의 모양으로써 밸런스가 맞지 않고 그다음에 더 중요한 것은 偏財星의 출현입니다. 그러니까

"차라리 학원사업을 해라."

7년 전이니까 24살 때입니다. 24살 때쯤인데 아마 丁亥대운 왔다 갔다 걸리든지 할 겁니다. 그래서 자꾸 임용 고시를 보겠다고 하는 겁니다.

"하지 마라. 되어도 이 경우 이런 패턴을 가지고 되는 사람은 옛날에는 있었다. 사립학교 지방에는 되는 경우가 있었다."

사립학교 지방인 이유는 뭡니까? 용 辰자 때문입니다.

"그 학교는 종합학교이다. 중고등학교 초중고 다 있는 재단에 있는 학교인데 사립학교에 특채로 선생을 하면 할 수 있을 것이다. 그것도 평생 말고 일정 세월만."

"선생님. 요새 그런 학교도 있습니까? 선생님?"

"그러면 해보던가?!"

그래서 7년을 공부했습니다. 7년을 공부해서 2015년 乙未년에 진짜 승부를 내겠다 해서 했는데 또 떨어진 겁니다. 그래서 아버지가 도저히 안 되겠다 해서

"야 책 다 버려라."

아버지가 좋은 마음은 아니었겠지만 얼마나 아버지가 화가 나면 책장에 있는 책을 다 버려버리라고 했겠습니까? 그러니까 딸도 이러는 겁니다.

"아이고 잘됐다. 그러면 어떻게 할까요?"

"시집가라."

그것이 丁같은 것이 들어와 있을 때 보통 충일성에 대한 추구가 잘 생깁니다. 뭔가 한 방향으로 막 생기는데 그것이 결국 格의 패턴과 어울리지 않으므로 잘 이루어지지 않더라는 것입니다.

그러니까 답답하니까 곳곳에 물어보니까 지나간 壬辰년에 된다는 겁니다. 이렇게 본 양반은 뭘 봐준 겁니까? 이것이 군신대좌(君臣對坐)의 의미를 확장해서 했는지 모르겠지만 壬辰년 辰官이 들어왔습니다.

그래서 하여튼 壬辰년에 될 것으로 생각해서 공부했는데 안되

고 그다음에 癸巳년입니다. 그래서 癸巳년에 답답해서 온 겁니다.

"글쎄, 어려울걸."

이러고 마니까 될 수 있다고 말해주는 데를 또 찾아간 겁니다. 그래서 될 수 있다고 말해 준 곳이 甲午년 아니면 乙未년에 된다는 겁니다. 왜냐면 官星이 세력을 가지므로 그렇게 해석을 했겠죠?

그런데 甲午, 乙未년이 또 空亡입니다. 그래서 丙申년에 결국 어떻게 합니까?

"에이, 마! 집을 떠나렵니다."

집을 떠나려는 것이 나와 있습니다. 무엇과 함께? 丙申년의 申과 일지의 辰이 합해서 官星을 껴안는 놈과 함께 떠나려는 것이죠. 그래서 시집을 가려고 벌써 선을 서너 명 봤는데 지금은 아직 乙未년의 未의 작용입니다. 긴가민가한데 일단 상대방들은 연락이 오는 겁니다.

왜냐하면, 未년의 작용이 오히려 더 남자를 견인하는 작용이 많은 이유가 뭡니까? 辰 官星의 모양을 훼손하고 있는 寅, 寅 食傷이 入庫하니까 선을 봤다 하면 남자들이 호의를 보이고 본인은 食傷의 꼬리를 살 내립니다.

시험을 6년 해서 젓 담았으니까 기도 꺾일만하잖아요? 기본적으로 文昌이 거듭하여 있으니 재능이 없어서 그런 것은 아닙니다. 충분히 모의고사를 치면 되는 수준이 나오는 것이 쌍 文昌입니다. 그런데 패턴이 안 맞으니까 기본적으로 안 되는 것입니다. 그다음에 사실은 유년에서 공부중심으로 집중이 잘 안 됩니다.

寅, 寅, 乙 食傷이 간섭하고 있는데 오히려 食傷이 入庫할 때 남자를 오히려 잘 만납니다. 딱 食傷을 감추고 "예. 시키는 대로 하겠습니다."가 되는 것입니다.

그 경우에 三츕를 채우고 있는데도 결국은 패턴이 안 맞는 이런 경우도 있습니다. 그런데 三츕를 채우니까 이럴 때는 고집으로 가버리는 겁니다.

그래서 그런 작용도 있으니까 여러분이 실관을 하시면서 이것을 무조건 좋다고 길흉적으로 답을 내지 마시고 어떤 방향성이 짜짐으로써 그쪽으로 일관되게 추진하게 되는 힘을 만든다고 보시면 됩니다.

그래서 三츕가 신경 많이 안 쓰고 싶은데도 수시로 이렇게 튀어나와서 어떤 작용을 일으키고 있으니까 이것을 잘 보실 필요가 있고 특히 궁합을 볼 때도 三츕 이것은 중요합니다.

"너희 무슨 재미로 사노?"

"의리! 뭐 미운 정 고운 정 이런 것이 아니고 결혼은 의리 아닙니까? 의리!"

이러면서 삽니다.

그런데 그것이 어떻게 보면 제일 끈덕진 힘이기도 합니다. 의리로 산다는 것이, 이것이 굉장히 끈덕진 힘이니까 궁합 볼 때 저 케이스 딱 들어가면 일단은 점수를 주고 시작하라는 겁니다.

'三츕의 성립과 해석' 공부해 보셨고 그다음에 해석의 실례도 앞에서 샘플에서 보셨으니까 됐고 그다음에 사실은 그다음 부분 '2-4-3. 天干과 地支의 관계 神殺'과 '2-4-4. 地支와 地支의 관계 神殺'이 늘어놓으면 너무나 양(量)이 많은데, 양(量)을 채우는 것은 한계가 있을 것 같고 일단 운에서 많이 적용되는 것 중심으로 한번 정리를 한번 해 보겠습니다.

2-4-3. 天干과 地支의 관계 神殺

◉ 空亡의 적용 및 해석

[그림 14-5]

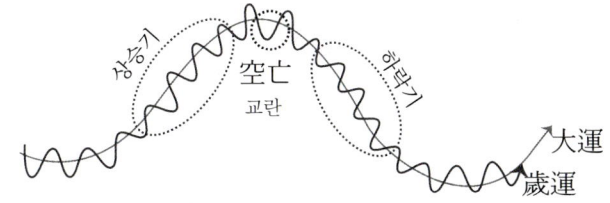

'空亡의 적용 및 해석'에서 空亡은 워낙 天干 地支의 결합에 의해서 생겨나는 것 중에 기본적으로 앞에서 대운이 그림처럼 변화성을 준다면 세운은 뭡니까? 그림과 같은 변화성을 준다고 했습니다.

여기에서 큰 흐름이 좋은 시기에도 空亡은 항상 뭐가 미끄러지게 하거나 불발하게 하거나 한번 함정을 만들어줬다가 가거나 이런 식으로 가는 것이 거의 다라고 보면 됩니다.

그래서 空亡이 오면 아무튼 수성(守成)을 하고 있는 정도, 자기가 있는 자리를 고요하게 지키면서 보신(保身) 이런 정도의 모양새를 유지하는 경우에는 무탈하지만, 대부분 다 대외적으로 성취하거나 쟁취하거나 이런 경우 굉장히 복잡하고 번잡스러운 과정을 거치더라는 겁니다.

그러니까 국회의원 출마해서 그해에 되는 사람도 있습니다. 되는 사람은 있는데 상기 그림의 상승기에 있을 때 空亡을 만났다면 되기는 되더라도 굉장히 힘들게 되더라는 것입니다. 그래서 사람들이 느끼는 부분에 있어서 오히려 힘들게 되는 경우에는 된 것 보다는 힘들었던 것을 더 많이 감각적으로 받아들입니다. 그래서 空亡은 가급적이면 다 언급을 해주고 갈 필요가 있습니다.

空亡이 들면 어찌 됐든 이때는 무조건 큰 흐름이 좋을 때는 어려움 속에 길을 연다. 그다음에 큰 흐름까지 나쁠 때에는 설상가상의 고통이 올 수 있다는 것입니다. 그다음에 일반적으로 플레이트 한 경우에도 空亡이 왔을 때 많은 것이 헛농사로 돌아간다는 것입니다. 오히려 명조 안에 있는 空亡도 상당히 많은 비중을 두고 해석을 하지만 운에서 오는 空亡도 굉장히 많이 쓰는데 대운은 전에 '춘하추동 신사주학'에서 언급을 했습니다만 대운은 空亡을 보지 않는 쪽에 가깝다고 보면 됩니다. 空亡을 아주 미세하게 봅니다.

안 보는 것은 아닌데 '미세하게 본다.'인데 속성이라든지 경향이라든지 이런 것들을 따질 때 하는데 아마 그때에 그런 샘플로 예를 들어서 壬午 일주 같은 경우를 제가 설명했었을 겁니다.

'춘하추동 신사주학' 편에 대운에 관한 대운 空亡에 관해서 壬午일주를 설명했을 것인데 그러면 申酉가 空亡이 됩니다. 申酉

空亡이 되면 印星이 空亡이 되고 印星이 空亡이 된다는 것은 이 양반이 申酉대운을 지나갈 때 사업을 한다면 도덕성을 조금 외면한 그런 행위를 통해서 이룩한다는 겁니다.

그러니까 보통 성패를 잘 보지는 않는다는 것입니다. 성패 측면이 아니라 성패 측면은 적게 보는데 속성이나 경향 측면은 상당히 많이 보게 된다는 겁니다. 그래서 대운에서는 그런 행위적인 면 이런 것을 다루어서 해석한다고 보면 됩니다.

세운에서는 空亡을 두루 적용합니다. 그다음에 길흉도 많이 부여한다는 겁니다. 그다음에 '空亡이 크냐? 작으냐?' 하는 것은 대운의 흐름을 봐서 좋은 흐름 속에서 오는 空亡 그다음에 힘든 흐름 속에서 발생하는 空亡 그것을 가감해서 해석한다는 겁니다. 그러니까 특히 내리막 운에 空亡이 들어오면 모든 것이 다 무효화되는 이런 작용들이 발생하기 때문에, 사업적으로 규모가 있거나 여러 사람을 이렇게 이끌어야 되는 그런 곳에 있는 사람들은 함정을 결국 많이 만나게 된다고 보면 됩니다.

월건상에서는 그렇게 많이는 작용하지 않고 또 작용하더라도 제한적입니다. 그다음에 오히려 일진은 또 상당히 많이 작용합니다. 월건은 그냥 제한적으로 작용하고 일진은 상당히 많이 작용합니다. 퍼센트로 처리하면 '80~90% 작동' 작용 이렇게 보면 됩니다.

[그림 14-5-2]

大運 : 空亡을 미세하게 본다. 成敗측면 아님.　　　　壬
　　　　속성,경향　　　　　　　　　　　　　　　　午
歲運 : 空亡: 두루 적용, 吉凶 많이 부여, 강약 → 大運 흐름　酉申
月建 : △　　　　　　　　　　　　　　　　　　　　寅

日辰 :　80% - 90% 작용

　그런데 사람들이 空亡 운에 걸려서 제일 힘들어 하는 것이 보통 세운입니다. 세운에서 空亡이 걸리면 모든 것이 교란되기 시작합니다. 그리고 교란이나 함정에 걸려있어서 빠져나가기도 쉽지 않게 모든 것이 잘 엮여버립니다.
　그런데 연결선을 잘 해석을 해줄 때 즉 좋은 흐름으로 들어가는 과정에서 空亡은 이것이 도리어 空亡을 빠져나오면서 빠르게 복원되는 그런 효과도 생기니까 일사천리로 다 정리가 되어나가는 그런 작용도 옵니다. 또 간혹 空亡 중에 사업을 벌이는 사람도 있습니다.
　"죽기밖에 더하겠나!"
　사업을 벌여서 초창기에는 완전히 그냥 방향을 못 찾아서 헤매다가 空亡을 빠져나오면서부터 굉장히 빠른 속도로 잘 풀리는 사람들도 있습니다. 그래서 그것이 미끄러졌다가 다시 땅을 딛는 식으로 가기 때문에 하여튼 여러 가지 복합적인 작용이 발생하는데, 큰 흐름이나 맥락을 봐서 空亡의 길흉을 연결해서 해석하는 것도 좋다는 겁니다.
　'춘하추동 신사주학'에서도 아마 설명을 해 드렸을 겁니다. 空

亡 때 예를 들어서 이런 것입니다. 丙子, 丁丑년이 空亡인데 이것이 1996년이었습니다. 97년도 이때 空亡인데 이때 이분이 뭘 했느냐면 '건물을 하나 지어야 되겠다.' 생각하고 건물을 짓는데, 이 공사업자가 원래 한 97년도 3~4월에 끝날 것을 96년도에 시작해서 온갖 무슨 핑계와 구실을 대어서 설계는 이렇게 했는데 "이것을 쓰면 이것 오래 못 갑니다 해서 문짝 좋은 것 써야 됩니다." 그래서 바꾸고 뭐하고 이러다 보니까 질질 늘어져서 3~4월까지도 공사가 절반도 안 된 겁니다.

"어떻게 하면 좋으냐?"

"놔두라. 소송하든 재판을 하든…."

그래서 질질 끌어서 97년을 넘겨버린 겁니다. 그런데 아시다시피 97년도에 IMF가 터진 겁니다. 만약에 이 양반도 건물 다 올라가서 은행에 돈을 빌려서 결재했으면 개구리 될 뻔했습니다. 그런데 큰 흐름이 좋으니까 空亡은 空亡 값을 그대로 하고 갔는데 오히려 뒤에는 공사업자가 와서 싹싹 빈 겁니다.

보통 건물을 다 지으면서 금융이 크게 일어납니다. 건물 하나 짓는데 예를 들어서 한 30억 들어간다면 자기 돈 보통 10억에서 15억 들고 나머지는 금융에서 20억 빌려서 건물이 올라가고 거기에서 임대가 나오면 그것을 가지고 금융비용을 커버하는 방식입니다. 그런데 건물이 안 올라가는 바람에 자기는 잘 마무리가 된 겁니다. 그리고 이때는 공사업자한테 돈을 안 줘도 되는 겁니다.

물론 뒤에는 돈은 다 수습을 해줬지만, 그때는 현금 들고 있으니까 마음대로 할 수 있는 겁니다. 그렇게 잘 써먹는 空亡도 있습니다. 그런 것을 여러분이 운에서 해석할 때 잘 감안해 보시기 바랍니다.

그런 것도 있습니다. 실제로 그런 것 저도 많이 봤습니다. 그러니까 본인에게 空亡이 들어 올 때 상대방한테 소송을 안 할 상황이 안 됩니다. 이런 경우도 사실은 원래 건물주가 소송을 벌여야 될 판입니다. 그런데 이 사람이 벌였다면 뻔히 이길 일도 空亡의 기간 속에 복잡한 과정을 거치고 못 이기는 경우도 생깁니다. 일단 지거나 못 이기거나 이런 상태로 가버리기도 합니다.

거꾸로 내가 상대방 소송 걸 때 상대방이 空亡이 든 해를 기다리는 겁니다. 그래서 손 딱 들고 받아내고 이런 것도 하나의 방법이 됩니다. 실제로 코치를 해서 결과까지 많이 봤습니다. 그래서 이기고 지고의 성패요소 이런 것들이 대운에서는 그렇게 크게 해석하지는 않지만 세운에서는 많이 해석합니다.

학생 질문 - 天干은 모르겠는데 명조에 있을 때 제가 궁금한 것은 寅, 卯가 空亡이면 卯를 空亡으로 치는데 그러면 辰중에 있는 乙木도 제법 세력이 있지 않습니까? 그때 辰중의 乙木도 空亡으로 봅니까?

선생님 답변 - 그렇게는 처리하지 않습니다. 空亡은 어떻게 보면 시간 神殺이라고 보면 됩니다. 그러니까 타이밍입니다. 그런데 시간에 관한 것은 卯까지만 空亡이라고 보는 겁니다. 辰은 空亡이 아니라고 봅니다. 그러면 그 시점에 관한 어떤 神殺이기 때문에 辰중에 있는 乙은 그대로 乙로써 그냥 空

空亡없이 그대로 쓴다고 보면 됩니다. 여러분이 워낙 이 神殺은 그 작용이나 해석이 여러 용도로 분석될 수 있기 때문에 그렇게 보시기 바랍니다.

학생 질문 - 天乙貴人이 만약 空亡에 걸리면 그 貴人작용을 안하지 않습니까?

선생님 답변 - 貴人은 空亡도 불론합니다. 그러니까 슈퍼맨입니다. 그만큼 貴人이 좋은 것입니다. 貴人이 空亡을 맞았다고 합시다.

[그림 14-6]

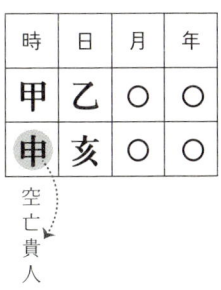

예를 들어서 앞에 샘플에 있었는데 乙亥일에 甲申시 이런 모양일 때 申酉 空亡이 됩니다. 이럴 때 이것이 空亡이면서 天乙貴人입니다. 이럴 때 자식을 얻었다면 그 자식은 貴人의 인자를 갖습니다. 貴人의 현대적 의미는 지위가 높거나 경제적으로 힘이 있는 사람이 된다는 뜻입니다. 그럼에도 자기가 그렇게 잘나감에도 불구하고 나한테는 아들로서 또는 딸로서, 자식으로서 그 역할을 흡족하게 제대로 하지 않는다는 겁니다. 그러니까 이렇게 섞였을 때 해석을 아시겠습니까? 그래서 貴人은 貴人입니다. 그래서 貴人으로서 뭔가 자기가 번영하는 것은 분명한데 나한테 혜택이 별로 없다는 겁니다. 내가 그 친구를 통해 누리지를 못한다는 것입니다.

학생 질문 – 운에서 오는 貴人도 나의 사주 원명에 冲이나 刑을 하면 나쁜 작용이 발생하고 그 貴人의 혜택을 볼 수 없는 것입니까?

선생님 답변 – 貴人은 冲, 刑도 거의 다 감쇠시켜버립니다. 그러니까 이런 것과 같습니다. 옛날식 신분사회의 해석일 수 있지만 "물럿거라. 대감 나가신다." 이러면 장돌뱅이고 잡상인이고 다 비킵니다.

학생 질문 – 그러면 선생님 월지 空亡이 더 해롭습니까? 시 空亡이 더 해롭습니까?

선생님 답변 – 그 空亡은 원국 내인데 둘 다 해롭습니다.

학생 질문 – 그러니까 둘 다 해로운 것은 아는데 시 空亡이 더 해롭습니까? 아니면 월지 空亡이 더 해롭습니까?

선생님 답변 – 글쎄요. 그 우열을 사실 가리기는 어렵습니다.

우열을 꼭 가리기는 어려운데 그것이 가지는 六親 이런 것들이 어느 것이 더 비중이 있는 六親이냐에 따라 다릅니다.

[그림 14-6-2]

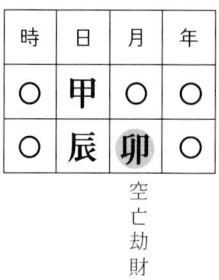

그러니까 월의 空亡이라도 예를 들어서 조금 전에 甲辰일주에 卯월 空亡 이것은 뭐의 空亡입니까? 劫財의 空亡입니다. 劫財가 空亡인데 물론 空亡 자체는 안 좋은 것입니다. 안 좋은 것인데 劫財의 空亡이냐?

[그림 14-7]

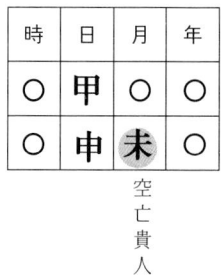

아니면 예를 들어서 甲申에 未 天乙貴人 空亡이냐? 이런 것에 따라서 다릅니다. 물론 이 天乙貴人은 貴人작용이 그대로 있습

니다. 뼈대 있는 집안의 후손이다. 그러나 財星으로써의 六親 空亡은 피할 수가 없습니다. 이런 것은 뼈아픈 空亡입니다. 시도 마찬가지입니다. 乙亥일주 입장에서 보면 시에 申 天乙貴人을 낳았는데도 불구하고 시에 空亡이니까 자기가 장관하면 뭐하겠습니까? 연락도 안 합니다.

학생 질문 - 사주 원명에 天乙貴人이 있고 운에서 天乙貴人이 冲을 하는 것 예를 들어 未와 丑 같은 경우가 왔을 때는 어떻게 됩니까?

선생님 답변 - 그래도 天乙貴人은 그 冲에 의한 작용이 굉장히 제한적입니다.

학생 질문 - 貴人은 六親의 속성을 안 따릅니까?

선생님 답변 - 六親속성은 당연히 따릅니다.

학생 질문 - 印星이면 印星의 貴人요소를 그대로 따집니까?

선생님 답변 - 그렇습니다. 印星 貴人의 개념을 부여합니다. 그래서 그것을 통로로 보통 봅니다. 연월에 있는 財星은 아버지 집안이 그것이 되고 그다음에 일이나 시에 있는 것은 妻家 이런 식으로 보고 그다음에 印星에 있으면 모친으로 모친 집안이 원래 뼈대 있는 집안의 후손이거나 경제적으로 사회적으로 실력이 있는 사람의 어떤 기운을 가진다는 이런 뜻입니다.

학생 질문 - 劫財는 어떻게 됩니까?

선생님 답변 - 형제입니다. 여자는 시아버지가 됩니다.

학생 질문 - 운에서 먼저 온 것 뒤에 온 것 두 개 다 貴人을 다 씁니까?

선생님 답변 - 보통 이론마다 다른데 陽貴, 陰貴를 조금 더 강약차이를 두고 보는 기운이 있는데 우리가 볼 때는 어떤 형태로든 貴人은 둘 다 작동하더라는 겁니다. 현금이나 실질적인 도움을 주는 貴人이 있고 그다음에 뭔가 그 사람이 길을 잘 갈 수 있도록 어떤 통로 역할을 해주는 貴人이 있고 貴人은 역시 貴人이고 순서가 앞에 있든 뒤에 있든 그대로 항상 쓰여진다는 것이고 그다음에 보통 경제적인 성취 면에서 보면 10원짜리 인생을 100원짜리로 이렇게 만들어주는 그런 식의 효과가 생깁니다.
팔자 안에 원국에 貴人이 있는 것이 굉장히 중요합니다. 그래야만 팔자 원국 안에 貴人이 있어야 영업적인 행위를 하더라도 신분이나 지휘가 귀한 인간들이 많이 옵니다.

학생 질문 - 그러면 원국에 비신(秘神)의 논리로써는 貴人이 적용됩니까? 아니면 전혀 안 됩니까?

선생님 답변 - 六合 者에 의한 그런 작용은 사실은 그렇게 크게 작용력이 없고 貴人은 원래 만든 어떤 조건을 무엇을 보고 했는지 모르겠지만, 천체운동에서 각도 같습니다.
별과 별의 각도이기 때문에 숨겨진 것을 六合으로 끄집어내어서 사용하는 것은 보기가 드물다는 것입니다. 그런데 오히려 貴人이 드러난 경우에 貴人이 合을 기뻐한다는 것은 맞습니다.

학생 질문 - 선생님 근일간 같은 경우에는 申이 貴人인데 貴人작용도 하고 傷官작용도 하는 겁니까?

선생님 답변 - 다 합니다. 正財 長生작용도 하고 傷官 작용도 하고 貴人 작용도 하고 그 해석을 다 해주면 됩니다. 실제로 보면 큰 흐름 따라서 강약차이만 있을 뿐이지 반드시 다 걸려 듭니다. 양 많은 것을 컴팩트하게 하려니 그러네요. 다음 시간에 또 연결해서 하도록 하겠습니다. 수고하셨습니다.

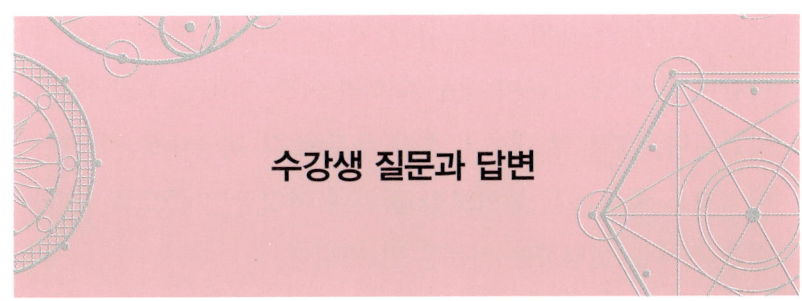

수강생 질문과 답변

　반갑습니다. 地藏干을 지난번에 다루면서 아마 그 부분에 대해서 조금 더 이해를 구하는 어떤 질문을 올려놓으셨습니다.

　학생 질문 - 大運의 초중 후반으로 시간이 흘러갈 때 地藏干의 餘氣 中氣 正氣의 기운이 각각 드러나는 것으로 알고 있습니다. 대운을 해석할 때 그 기간의 구획에 따라 餘氣, 中氣, 正氣의 六親으로 다르게 해석하면 되는지요?
　예를 들어, 大運의 중간시점에서는 그 大運의 地藏干의 中氣에 해당되는 六親의 속성으로 해석해도 무리가 없는지요?

[그림 15-1]

地藏干

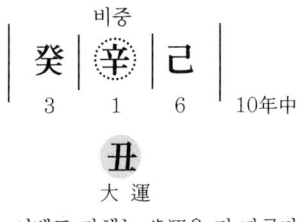

이벤트 자체는 歲運을 더 따른다.

선생님 답변 – 丑의 운을 지나가면 癸, 辛, 己 地藏干 운이 지나간다고 볼 때 丑운이 대운 같으면 이것이 10년 동안 적용될 것입니다. 그럴 때 대운의 중간 부분에 그 비율대로 적용해서 해석해도 좋으냐고 물어보신 것인데 이것만 기준으로 한다는 것은 전체를 설명하는 기준은 안 됩니다.

'辛을 그 시기에 더 비중을 둔다.' 이렇게 보는 것이 맞습니다. 그러니까 기운이라는 것이 완전히 한가지로만 성향이 기울어지는 경우는 일순간 짧은 순간에 불과하기 때문에 기운이 대부분 다 뒤섞이는데 이것을 비율로 친다면 10분비로 나누어져 있습니다.

[그림 15-1-2]

地藏干 10분비 비율표

地藏干을 10분비로 해서 나누어드린 표에 보면 비율대로 나와 있습니다. 보통 辰, 戌, 丑, 未 중에서 넘어와 있는 것이 보통 며칠 입니까? 辰, 戌, 丑, 未에서는 주로 10일 또는 9일 정도입니다.

그다음에 나머지 中氣가 3, 正氣가 보통 한 18 정도의 비율이 되니까 그 앞에 있는 예를 들어서 10년 중에 나눈다면 약 한 3년 남짓 그다음에 1년 정도 걸려들고 나머지가 약 6년 정도 걸려듭니다. 그래서 辛 中氣 이 인자를 좀 더 강하게 해석하느냐? 이렇게 질문하셨는데 약간은 더 강하게 해석하지만 실제로 실관을 할 때는 많이 쓰지는 않습니다. 그런데 세운의 干支가 한쪽으로 몰렸을 때 극단적으로 압력을 더 주는 데에 그 영향을 좀 줄 수 있는 것으로 일단 보면 될 것 같습니다.

학생 질문 - 大運은 六親보다 字意에 비중을 더 많이 둔다고 하던데.

선생님 답변 - 이 부분이 아마 정리를 하시기를 그렇게 하셨네요. 그렇습니다. 기본적으로는 글자 자체의 字意에다가 비중을 두고 많이 해석하지만, 또 六親이라는 것이 어떤 활동 양상 이런 것을 상당히 많이 제약하기 때문에 이 부분도 같이 비중 있게 해석을 같이 해준다고 보시면 됩니다.

[그림 15-2]

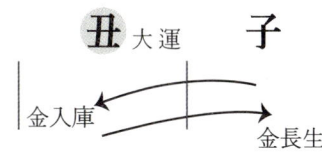

학생 질문 - 大運이 逆으로 흘러갈 때는 地藏干이 逆順으로 갑니까? '춘하추동 신사주학' 책자의 夏편에서 戌運이 順으로

해서 亥대운으로 갈 때는 火가 피어났다가 入庫하고, 戌에서 酉대운으로 逆으로 갈 때 후반으로 發火燈明한다고 하였는데, 丑대운, 巳대운을 戌運처럼 예를 들어 설명해주시면 고맙겠습니다.

선생님 답변 - 이것은 당연합니다. 이것이 기운의 변화를 나열한 것이기 때문에 만약에 子, 丑, 寅 이렇게 흘러간다고 한다면 寅에서 丑으로 간다면 거꾸로 작용하는 기운이 그 순서를 밟아나간다고 보시면 됩니다.

질문 항목이 연결되어 있는데 戌대운을 지나간다고 할 때 戌 다음에 亥 대운으로 들어갈 때는 戌의 入庫작용이 활발해지는 것으로 봐서 五行的으로 火가 入庫를 하고 그다음에 戌에서 酉대운으로 들어가면 도리어 '불기운이 밖으로 드러나서 發火燈明의 작용이 발생한다는 것인데, 丑대운과 巳대운을 戌운처럼 예를 들어서 설명해 주시면 고맙겠습니다.'라고 여기까지 질문을 주셨습니다.

하여튼 대충 질문에 대한 설명을 같이 붙여서 했으니까 질문한 내용이 무슨 뜻인지 아시겠죠? 그러니까 丑 가운데 中氣 辛의 地藏干에 있는 干支의 작용을 비중을 두어서 해석하느냐?

그런데 실제 실관을 할 때 많이 쓰지는 않지만, 기운의 편중성이 심할 때 이럴 때 가감 즉 더하고 빼고 할 때 조금씩 참조해서 쓴다 이렇게 보시면 되고 그다음에 대운이 逆대운으로 가면 地藏干도 기운을 좀 더 비중을 둔다고 했을 때 '거꾸로 가느냐?' 질문하셨는데 당연히 거꾸로 읽어줘야 됩니다.

　丑대운도 거꾸로 子로 갈 때 子에서 丑으로 넘어가면 당연히 金의 入庫작용이 발생하는 것이고 도리어 丑에서 子가 되면 당연히 金의 무슨 長生작용이 발생함으로써 金氣가 子에는 그대로 노출된 것으로 그렇게 보면 됩니다.

[그림 15-3]

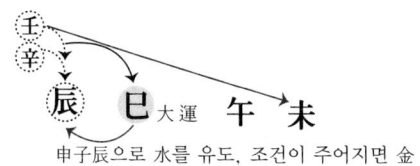

申子辰으로 水를 유도, 조건이 주어지면 金

　그래서 逆대운으로 들어갈 때 당연히 그렇게 된다고 보시면 됩니다. 그다음에 巳대운을 설명해 주면 좋겠다고 했는데 巳 대운에는 기운의 호환성을 만드는 거니까 巳대운에 기운이 入庫된다고 보기보다는 辰에서 巳, 午 넘어갈 때 보통 壬水나 또는 辛金의 작용이 墓, 絶 또는 死地 이렇게 들어갑니다.
　絶, 死地로 들어가서 未운까지 壬水의 작용이 거의 제대로 작동하지 못하는 작용이 발생하는데 거꾸로 된다면 巳에서 辰으로 넘어갈 때까지는 辛이나 壬의 작용이 제대로 이루어지지 못하는 겁니다.
　단지 辰이 자체가 申子辰 三合을 통해서 水를 유도하는 작용이 많음으로써 조건만 주어지면 자꾸 水로써 활동하는 그런 것들이 생겨납니다. 그다음에 巳는 비록 辛이나 壬의 작동을 제대로 못 하게 하는 작용이 있지만, 수시로 조건이 주어지면 金의 기운과 合을 이룸으로써 金의 작용을 일으키는 작용이 있습니다. 그래서 그런 정도로 이해하시면 충분할 것 같습니다.

대운이 앞으로 가느냐? 뒤로 가느냐? 이런 것에 관해서 해석이나 적용 이런 부분이 궁금해서 질문하신 것 같습니다. 그래서 제가 말씀드린 것을 기본으로 기준해서 해석 적용을 해도 큰 무리가 없을 겁니다.

학생 질문 – 대운이 順行으로 갈때 入墓하는 작용과 비교해서 대운이 逆대운으로 갈 때에는 逆대운의 入墓작용이 더 약한 것입니까?

선생님 답변 – 亥에서 戌로 그리고 酉에서 戌로 이렇게 갈 때 入墓작용이 약한지 질문하시는 건가요? 글쎄요. 이것이 큰 단위냐? 작은 단위냐? 따라 다르긴 하지만 入墓 자체는 이미 그 전부터 되어있는 것입니다. 亥에서 戌로 가면서 入墓가 아니잖아요?

그러니까 기본적으로 戌에서는 丙火나 乙木이 기본적으로 戌에 붙들려 묶여있는 것으로 해석합니다. 그런데 그전에는 亥운에는 丙 자체가 絶地에 있습니다. 그다음에 乙도 亥水에 의해서 死地에 이르러 있습니다. 그러니까 死地와 絶地에 있던 것이 入墓가 됨으로써 모양이 드러나는 것은 아니라는 겁니다.

어차피 이 戌을 빠져나올 때 붙들려있던 기운이 밖으로 펼쳐져 나오는 그런 작용이 발생하는 거니까 亥에서 戌로 운이 갈 때 入墓작용이 있다고 해석하기가 무리가 있습니다. 이미 끊어진 기운이니까 入墓가 되어 있는 것입니다.

오히려 압박을 받고 있던 것이 조금씩 완화되는 정도의 작용 정도까지는 볼 수 있겠지만, 밖으로 드러난 작용은 戌대운 중반부까지는 어렵다고 봐야 되고 戌대운 중반부에서 다시 酉대운에 가까이 오면서 발화작용이 다시 이루어지고, 木기운이 墓되어 있는 것보다는 絶地에 떨어져 있는 것이 조금의 모양을 갖추고 있는 그런 정도로 이해하시면 될 것 같습니다. 그런데 크게 봐서는 어차피 乙이 酉, 戌, 亥 구간 안에서는 제대로 움직이기 어렵겠죠?

학생 질문 – 壬일주가 丑대운을 지나갈 때 초기에 보면 比肩, 劫財 그다음에 食傷 이런 식으로 六親해석을 할 수 있습니까? 중간에 보면 食傷에 가깝게 되고 그다음에 己土에서 보면 官星에 가깝게 되고 六親에 의해서…

선생님 답변 – 그렇습니다. 그런데 실제로 해석할 때 地藏干은 전체적인 단위의 비중차이가 좀 생겨난다는 뜻이고 실제 세운이 거의 다 이벤트입니다.

224 • 運의 해석 夏

[그림 15-2-2]

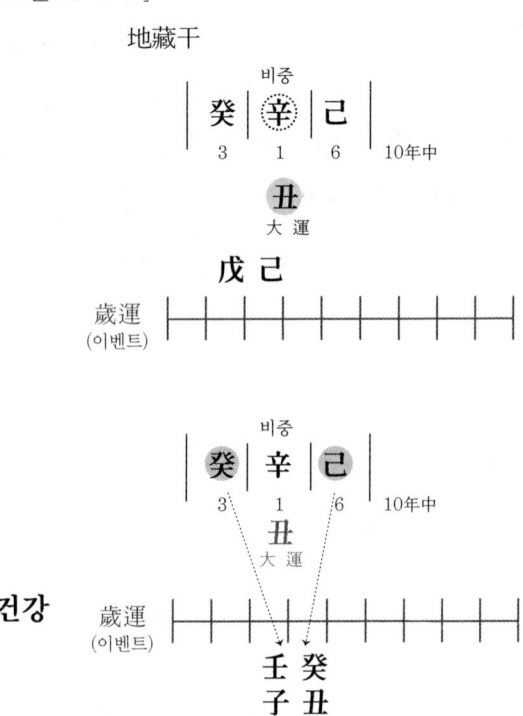

　예를 들어서 戊나 己년이 세운이라고 한다면 대운을 1년씩 끊어나가면 대운의 앞부분에 戊나 己년이 올 수도 있습니다. 이럴 때 그러면 地藏干 癸를 더 비중있게 봐주느냐? 戊, 己를 더 비중있게 봐주느냐? 하는 문제에서 戊, 己를 더 크게 봐주는 것입니다.

　이벤트 자체는 세운의 속성을 훨씬 더 많이 따른다고 보면 됩니다. 그런데 건강 같은 것을 볼 때는 대운의 地藏干 辛의 기운과 癸의 기운이 강한 압력으로 몰려있는 대운의 중간 시기에 다시 여기에 壬이나 癸 그다음에 세운 상으로 子나 丑 이런 식으로 몰려 있으면 五行的으로 편중성이 강하게 생깁니다.

이럴 때는 소위 명리학적으로 쓰는 용어 중에서는 '유병무구(有病無救)'로 병(病)이 생겼는데 그것을 구해줄 자가 없다 해서 이런 시기에 압력을 더 강하게 주는 것으로 해석을 주로 합니다.

그런데 이벤트로써는 세운에서 드러난 天干이든 地支의 인자를 훨씬 더 많이 기준으로 삼는다고 보면 되고 그다음에 통으로 묶어서 丑대운에는 대체로 陰의 기운이 더 두드러짐으로써 오는 작용들 그다음에 丑과 三合을 수시로 만드는 金의 작용이 한 번씩 펼쳐지고 또 떨어지고 펼쳐지고 떨어지고 이런 것들에다 더 비중을 두고 해석을 하는 것입니다.

12운성의 적용 및 해석

12운성에 의한 것은 대운에 적용할 때와 세운에 적용할 때 조금씩은 편차를 두는데 대운에서는 대체로 六親의 강약 측면인데 강약은 또 다른 말로 어떤 표현을 할 수 있느냐면 양적(量的)인 측면 그런 정도로 좀 바꾸어 표현할 수도 있습니다.

[그림 15-4]

12운성
 大運 : 육친의 강약 측면, 양적 측면
 歲運 : 運이 貴人 작용이 작동

예를 들어서 午대운을 지나간다고 했을 때 팔자 내에 乙木이 있다면 기본적으로 이것이 長生에 의해서 활발하게 모양이 일어 난다고 보는데 乙이 없어도 午라고 하는 글자를 봤을 때 乙木이 라는 것이 상당히 펼쳐져 있는 것으로 해석하시라는 것이죠.

예를 들어서 辛일주라면 午가 당연히 偏官, 貴人 이런 정도의 작용을 기본적으로 해석을 주지만 乙木 偏財라고 하는 것이 항상 작동하고 있는 것으로 전제해 주어야 한다는 것입니다.

辛일주가 午대운을 만났을 때 왜 사업적으로 뭘 해보려고 합니까? 그것은 12운성적인 작용에서 六親의 강약 측면에서 甲木은 死地에 들어가고 乙이 오히려 長生地에 들어옴으로써 甲木을 따르기보다는 辛金이 偏官을 만나기는 했지만 偏財를 자꾸 쫓아가게 되어있습니다.

성패는 그 사람의 팔자 그릇이 어떻게 생겼느냐에 따라 다릅니다. 그래서 이 午라고 하는 인자를 궁극적으로 좀 잘 쓰는 흐름 속에서 가져간다면 이때 偏官이지만 '돈을 벌었다. 사업적인 성취를 했다.' 이렇게 해석을 하게 됩니다.

더욱이 偏財를 쫓는 거니까 상당한 볼륨이 있는 형태로, 그래서 양적(量的)인 측면과 강약 또 나아가서는 어떤 속성측면도 동시에 가지고 있는 것입니다.

그다음에 午에서 丙, 丁이 旺地가 걸려있는 것은 별표로 떼어서 생각하지 않더라도 午 자체가 그것을 보여주고 있으니까 따로 생각할 필요가 없는 것이죠.

보통 長生地 이런 것들은 돼지 亥자를 봤을 때 바로 甲木이 長生하여서 그 세력을 五行的으로 상당히 힘이 있게 갖추어져 있다는 측면이고 그다음에 문제점을 채택할 때는 絶地나 胎地에 있는 것들입니다.

　壬水나 癸水가 午에 이르면 絶, 胎地에 들어가게 되니까 그러니까 癸水는 絶地, 壬水는 胎地에 들어감으로써 壬, 癸의 문제점들이 있다는 뜻이니까, 辛일주가 午운을 빌려서 사업을 하고 있다면 주로 무엇을 씁니까? 食傷을 활발히 쓰는 직업이 아니라는 겁니다.

　食傷을 활발히 쓰는 직업이 아니니까 시설이라든지 사람을 많이 활용하는 어떤 생산속성의 사업이 아니고, 午 그 자체로 글자를 가지고 있는 것은 官星이니까 납품, 대리점 또는 용역 등이 되겠죠.

　그릇마다 다릅니다만 官星 자체가 고객을 의미하는 거니까 사람을 많이 상대하는 분야인데 돈을 버느냐? 못 버느냐?, 많이 버느냐? 못 버느냐? 이것은 乙에 숨겨져 있는 글자를 떠올려 놓고 생각해야 되는 겁니다.

　그리고 그 사람의 대운이나 세운의 흐름이 긍정적이라면 납품업을 해서 금전을 성취한다고 보시면 됩니다.

　이때 납품을 한다는 것은 생산납품이 아니고 무슨 납품입니까? 유통납품입니다. 남의 것을 가져와서 납품해서 偏財를 성취한다고 이해를 하시면 됩니다. 六親的인 어떤 강약이나 속성이나 또는 양적(量的)인 면을 같이 읽어줘야 된다는 겁니다.

[그림 15-4-2]

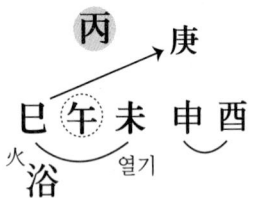

　　그런 것에 반해서 세운에서 12운성을 쓰는 것은 '춘하추동 신사주학' 강의에서도 여러 번 연결고리를 가지고 밝혀드렸을 건데, 대표적인 샘플로써 그때 해드린 내용이 丙이 未년이나 午년 또는 巳년을 만났다고 할 때 단순하게 '比肩 劫財가 득세하여 있으므로….' 이렇게 되는데 庚을 중심으로 본다면 巳는 長生이고 午에서 浴地에 이름으로써 庚의 모양이 제대로 된 모양을 지키지 못하고 훼손되는 그런 모양이 있을 것이고 그다음 未에 冠帶인데 모양은 갖추었으되 아직 완전한 모양을 갖춰지는 못하였다는 것입니다.

　　전체를 설명하는 것은 아니므로 사실 이런 비유가 맞는 것은 아니지만, 비유를 들어 자연의 기물에 비유한다면 금속이(金氣) 더운 염천(炎天)에 열기가 그대로 뿌려져서 형틀이 완전히 만들어지지 못한 金의 상태를 말합니다.

　　그러니까 벌겋게 달아있는 금속의 모양이나 형태 이럴 때가 소위 불기운이 더 강하므로 사업적으로 불리하다고 말할 것인가? 아니면 지금 아무리 어려워도 巳, 午, 未 다음에 申, 酉가 오므로 어려워도 밀고 나가야 할 것이냐?

　　그래서 두 가지 다 말해도 다 맞다가 되는 겁니다. 그러니까 이 午년 같은 경우가 특히 그런 것이 발생합니다. 羊刃, 劫財의 財분탈 등 여러 가지 상황이 발생할 수 있는데 또 다른 작용은 偏財의 沐浴입니다. 正財는 그러면 좋으냐? 正財도 상태가 안 좋습니다. 正財도 病, 死地에 올라와 있으니까 상태가 드러난 것을 봐서는 안 좋은데 조금 더 큰 안목으로 사람의 팔자를 해석해 준다면 '밀고 나가라.' 조금 좁은 안목으로 본다면 '때려치워라. 조심해라.' 라고 이야기를 해 준다는 것이죠.

그래서 그런 것들을 보면 이 한 케이스 말고도 수없이 많은 케이스가 그런 케이스에 놓입니다.

그래서 옛날에 '정진반'이나 이런 강의에서 제가 가끔씩 했던 말이 있습니다. "아무렇게나 떠들어도 맞다." 그러니까 아무렇게나 떠들어도 싹 다 맞는 것은 아니지만 대충 아무렇게 떠들어도 맞다는 것이죠.

그러니까 '때려치워라!' 해도 맞고 '밀고 나가라!' 해도 맞습니다. 그래서 그런 것을 볼 때 偏財의 흐름을 12운성적으로 파악하고 있다는 것은 지금의 상황만 해석하는 것이 아니라 연결선상에서 해결할 수 있는 기준이 된다는 겁니다. 그래서 12운성의 적용인데 특히 陰干의 적용 이런 것들 부분에서도 챙겨야 된다는 것을 앞 강의에서 다 해드렸습니다. 전혀 새롭다는 듯한 눈빛도 있네요.

'정진반' 강의 중에서 설명해 드린 내용이 甲일주나 乙일주의 경우에 丙戌년이 온다고 했을 때, 甲을 중심으로 하면 丙戌년이 六親的으로 食神, 偏財 이런 것이 놓이니 '올해는 食神, 偏財가 들어오므로 좋을 것이다.'라는 식으로 해석들을 많이 합니다. 六

親의 일반적인 속성을 많이 참조해서 좋을 것으로 해석해 주지만 그렇게 보면 안 된다는 것입니다.

丙戌년의 戌 자체가 이미 食神의 入庫를 유도해주는 글자로써 戌이므로 이것이 형태는 偏財라 하더라도 좋게 해석하면 안 된다는 것이죠. 그것을 모르겠으면 그다음에 들어오는 운을 항상 보라고 했습니다. 그다음에 들어오는 것이 亥, 子, 丑 년이 들어옴으로써 결국은 丙을 믿고 뭘 하려고 했다가 도리어 중장기적으로 고생스러운 운을 만나게 되는 겁니다.

물론 이 중간에 戌의 작용이 入庫를 유도하는 작용 전까지는 분위기가 일시적으로 좋을 수가 있습니다. 다만 일시적으로 좋을 수 있지만 결국은 食神 入庫의 작용으로 간다는 것입니다. 그래서 이때도 사업하라고 해도 맞고, 하지 말라고 해도 맞다는 겁니다.

우리가 지향하는 것은 그 사람의 선택을 효율적으로 만들어준다는 측면에서 볼 때는 그 뒤의 흐름까지 감안해서 丙의 좋은 유혹이 오더라도 하지 말라고 해야 하는 겁니다. 이렇게 앞뒤 관계의 연결성을 가지고 해석을 해 주어야 한다는 것입니다.

그래서 세운에서는 주로 기운작용의 연결성 이런 것을 더 중심으로 비중을 두고 해석을 해나간다는 것입니다. 그다음에 월은 명칭을 월운이라 하겠습니다.

[그림 15-5-2]

12운성
    大運 : 육친의 강약 측면, 양적 측면
    歲運 : 運이 貴人 작용이 작동
    月運 :

  월운도 마찬가지로 기운작용의 연결성으로 보는데 대운, 세운, 월운 이 세 가지를 다 공통적으로 취하는 것이 무엇이냐 하면 앞의 대운에서 말씀드린 것처럼 숨겨진 六親작용 이런 것들을 항상 전제해서 해석해 줄 필요가 있는 겁니다.
  정리됩니까? 그래서 12운성의 적용이 대운, 세운, 월운 이렇게 나누어 적용할 때 그런 편차가 생긴다는 겁니다.

학생 질문 - 六親이 하나가 없을 때 陽干이 있는 듯이 생각하고 12운성을 돌리라는 말입니까?

선생님 답변 - 아닙니다. 원래는 陽干 陰干 다 돌려야 합니다.

학생 질문 - 팔자에 없는 글자도 돌려야 됩니까?

선생님 답변 - 그렇습니다. 우리가 地藏干분야표를 어느 텍스트에 정리를 한번 했습니까? 그러니까 午에 甲, 乙, 丙, 丁, 戊, 己, 庚, 辛, 壬, 癸를 사실 다 전제해 둬야 됩니다. 甲은

午에 死에 이르고 乙은 午에 長生에 이르고 그다음에 丙은 旺地에 이르고 丁은 祿地에 이릅니다.

[그림 15-5-3]

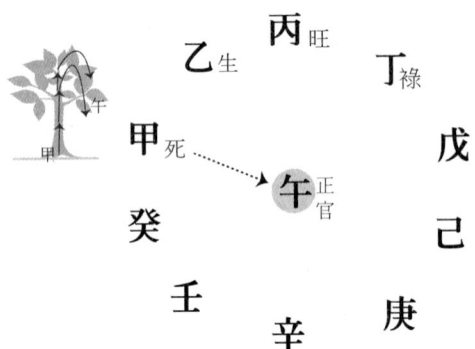

그러니까 午라고 하는 하나의 계절단위의 존재가 출현하면, 이 甲이 死地에 이른다는 말은 甲木이라는 것은 맹아(萌芽)작용이 아닙니까? 싹을 틔우고 올라오는 작용이 午월이 되어서 꺾이기 시작합니다. 거의 없어져 버립니다. 그러니까 지엽이 寅, 卯, 辰, 巳 이럴 때까지는 활발하게 뻗쳐나가다가 그다음에 午에 이르러서 찢고 올라오는 작용이 거의 없어져 버립니다. 그래서 甲을 중히 쓰는 사람은 이 午운에 이상하게 골병이 든다는 것입니다.

[그림 15-5-4]

예를 들어서 庚戌일주에 甲申시 팔자가 있다고 합시다. 이런 干支 구성을 가지고 연월일시가 가고 있을 때, 이 甲木이 굉장히 중요하고 필요한 인자가 됩니다. 午 자체는 뭡니까? 六親상으로 正官입니다.

그래서 正官의 일반적인 의미는 比劫을 억제함으로써 도리어 금전적으로 사회적으로 기회가 많이 부여되는 식의 긍정적으로 해석하지만, 甲木을 중히 쓰고 있는 경우에는 오히려 午 이때부터 死地라는 작용이 발생하기 시작하니까 이상하게 허가는 받았는데 돈은 자꾸 없어진다는 겁니다.

계약서는 썼는데 현금 자산은 자꾸 약해져 버리는 그런 작용이 옴으로 그래서 午 하나에도 甲, 乙, 丙, 丁, 戊, 己, 庚, 辛, 壬, 癸가 어떻게 움직이는지를 12운성표를 거의 외우다시피 알고 있어야 합니다.

그런데 못 외우겠다면 앞에서 말씀드린 것처럼 財星이나 官星의 힘, 강약, 양적(量的)인 측면, 그다음에 이것 때문에 가장 많이 약화되는 絶地, 胎地에 들어와 있는 것은 壬癸가 되겠죠? 絶地, 胎地에 들어와 있는 것에 의해서 자기가 통증을 느끼거나 피로를 느끼거나 힘들다고 느끼는 것입니다.

그래서 이때에 이 庚戌 일주 이 양반이 午년을 만났을 때 오는 것이 기본적으로 甲의 死地문제입니다. 이것은 드러나 있으니까 더 통증이 심할 것이고 그다음 壬과 癸도 어떻습니까? 絕, 胎地 가 되니까 밑에 사람들도 말을 잘 안 듣는다. 또는 자기가 원하는 어떤 모양대로 시설이라든지 수단을 강구하지 못한다는 겁니다. 그래서 正官의 해가 와서 좋다고 들었는데 좋은 것이 아니라 이래저래 골병만 들었다는 겁니다. 이해되십니까?

학생 질문 – 드러나지 않아도 비중을 두고 해석을 해야 된다는 말입니까?

선생님 답변 – 당연합니다.

학생 질문 – 드러나지 않은 것도 비중을 두라고 하셨는데 그렇게 되면 명내에 있는 것 중에서 저렇게 저 사람은 甲木을 중히 쓰고 있는데, 甲木은 死地에 들어가지만 乙木은 生地에 들어가지 않습니까?

선생님 답변 – 그러니까 甲木이 없는 사람 또는 중요하게 쓰지 않는 사람은 乙木이 生地에 있으므로 어떻게 합니까? 乙木으로 쓰게 되는 겁니다.

[그림 15-5-5]

時	日	月	年
○	庚	○	○
申	戌	酉	午

학생 질문 - 명내에 있는 것은 있는 것에 비중을 두고 아예 없는 것은 12운성으로 보는 겁니까?

선생님 답변 - 그렇습니다. 그러니까 예를 들어서 명조의 구성이 그림 15-5-5 이런 구성에서 財星이 드러나지 않았다 그럴 때 보통 午년을 만나면 乙木이 長生하는 작용이 있음으로써 이것이 대운이라면 결국은 경제적 축적이 꾸준하게 이루어져 간다는 것입니다.

학생 질문 - 저럴 때는 안 드러난 것이 좋습니까?

선생님 답변 - 그런데 이 운이 또 떠나고 나면 또 손가락 빨면서 돈 들어오는 대로 또 묶여버리고 들어오는 대로 묶여버리고 하게 된다는 것이죠.

그러니까 명내에 있음으로써 좋은 점과 안 좋은 점이 있고, 없음으로써 좋은 점 안 좋은 점이 섞이는 것입니다. 그래도 없는 것보다는 명내에 있는 것이 좋습니다. 명내에 있는 것이 일종의 설계도처럼 공간을 확보한 작용이 생기기 때문에 그렇습니다.

학생 질문 - 그러면 명내에 있는 것을 우선으로 봅니까?

선생님 답변 - 그렇습니다. 그러니까 偏財를 위주로 쓰는 사람은 午운에 피곤하고 그다음에 正財를 위주로 쓰고 있는 사람은 午년에 진급하면서 녹봉이 올라갑니다.

이해되십니까? 그러니까 正財가 컨디션이 좋아진다는 말은 월급이 많아진다는 것입니다. 그래서 이 正官이라는 속성을 그대로 쓰는 것입니다. 진급하면서 월급이 올라갔다는 것이죠. 그렇게 글자 하나를 보더라도 나머지 글자의 움직임이 다 보여야 됩니다.

[그림 15-5-6]

丙衰
乙養　　丁帶
甲墓　　　　戊
　　未年　己
癸　　　　庚
　壬　辛

그러니까 올해 乙未년이 지나왔습니다. 그러면 庚일주 중심으로 보면 正財 떠 있고, 正印 떠 있고, 天乙貴人 떠 있고 이래저래 긍정적 인자가 더 많다 하지만 이 甲을 중요하게 쓰는 사람은 어떻게 됩니까? 甲木이 入庫해 버립니다.

자기가 사업적인 활동을 하기 위해서 융통할 수 있는 금전이라든지 또는 운용할 수 있는 자금 이런 것들이 묶이기 시작합니다. 여기서 끝나는 것이 아니라 그다음이 申, 酉, 戌 들어오면 甲木이 되면 어떻게 됩니까? 빡빡하게 가는 것입니다.

그나마 이 운에 申운이 되면 또 뭡니까? 庚일주의 경우를 보겠습니다. 食神인 壬水가 長生을 해줌으로써 지금 당장에는 현금화할 수 있는 것은 아니지만 그래도 운신을 할 수 있는 여러 가지 융통성이나 환경이 부분적으로 주어진다는 겁니다.

그래서 이런 申, 酉운에 사업을 밀고 나가고 있다면 지금 壬水를 키우고 있으므로 돈을 조금 벌어서 그것을 취하는 것이 아니라 食神이 長生하고 그다음에 장차 食神이 祿을 세울 때까지 벌어서 재투자, 벌어서 재투자하고 있는 것입니다.

그런데 대운의 큰 흐름이 나쁘면 일 진행할만하면 돈 떨어져버리고 일 좀 진행하면 돈 떨어지고 더 나쁜 운에서는 어떻게 됩니까?

酉나 戌에 이르면 酉, 戌에 辛金이 得祿, 得 羊刃 그럼으로써 辛金이 아주 강해짐으로써 결국 그때 손 터는 것입니다. 이렇게 일어날 수 있는 이벤트들을 12운성을 그해에 어울리게 만들어 놓고 그것만 읽어줘도 됩니다.

실제로 50%는 내용 그대로입니다. 그러니까 이때 未 하나 보고 正印이 왔다. 문서다 뭐다 이런 것이 아니라 甲을 주로 쓰고 있다면 사업적으로 운신할 수 있는 금전이 다 묶여 들어간다. 그것이 언제까지입니까? 申까지입니다.

　乙은 養하고 있음으로써 자기 기본적인 생활을 위한 수단 정도는 고안될 수 있습니다. 그다음에 戊나 己에서 己土같은 경우에 결국 기상이 그대로 羊刃에 떨어져 있습니다. 그러니까 문서같은 것을 쥔다든지 이런 것은 할 수 있습니다. 그다음에 壬이나 癸도 마찬가지로 아직은 養地에, 墓地에 매달려 있으니 자꾸 마음대로 움직이는 것이나 진행하는 일이 원활하지 못하다.

　그냥 그대로 다 쓰면 됩니다. 그것이 이것 未년 하나에 12운성을 통해 六親을 설명하면 그 사람에게 그대로 50%의 운명적 내용이 채워져 버리는 겁니다. 그래서 未월이라고 하는 것이 반드시 나머지 天干들을 열었다 닫았다 함으로써 결국 자연의 연결성이라고 하는 것이 그대로 손상되지 않고 가는 것입니다.

　한때 '12운성 도사'라고 누가 있었습니다. 이분은 이것만 고객에게 일러주는 겁니다. '현찰은 묶여있고 먹고살 것은 그래도 돌아간다. 피곤한 일이나 실속 없는 일은 수시로 다발한다.'

　그러니까 丙火가 衰地에 있다는 것은 밖으로 기운이 강하게 펼쳐져 있는데 내부적으로 힘이 좀 떨어지는 것이므로 여전히 피곤한 일을 감당하면서 간다는 뜻이 되고 丁火라는 것이 冠帶에 羊刃 작용을 일으킵니다. 그럼으로써 '일할 것, 자기가 뭔가 사회적으로 볼일 이것은 지속적으로 열려있다.' 이렇게 보면 되는 겁니다. 그대로 읽어주면 됩니다. 그러면 몇 % 맞느냐면 50%가 딱 맞는데 듣는 사람은 80%가 그대로 부합된다고 느끼는 겁니다. 거기에 길흉이라든지 전체적인 맥락이 빠져있을 뿐이지 듣는 사람은 그것 12운성만 가지고 그대로 죽 설명해줘도 감탄합니다.

그런 것이 적어도 자기 인생의 이벤트로써는 예를 들어서 天干 중에 의미 있는 天干 6개를 일러주면 3개의 사건이 그해에 그대로 일어납니다. 3개의 사건은 기본적으로 그대로 일어난다는 겁니다. 그러니까 맞춘다는 개념도 되지만 분석해서 그 사람에게 그대로 일러준다는 개념에서 12운성 돌아가는 것만 잘 풀이해도 그 사람에게 그해에 운의 흐름을 그대로 설명할 수 있다는 겁니다.

하여튼 이것까지 넣어주고 다른 神殺, 貴人 설명 다 해주면 빽빽합니다. 사실은 떠들 말이 너무 많아서 다 하지도 못합니다. 그래서 12운성의 중요도나 의미, 적용 측면 이런 것은 정리되셨습니까?

貴人의 적용과 해석

흔히 貴人이라고 하면 貴人의 종류가 많은데 天乙貴人, 文昌貴人 그다음에 또 작용력을 많이 해석해 주는 것이 天廚貴人입니다. 물론 나머지 여러 개가 있지만 가장 많이 쓰이는 작용 중에서 역시 貴人의 대표는 天乙貴人입니다.

■ 天乙貴人

그래서 天乙貴人이 명 내 그리고 운이라고 하는 두 군데의 영역으로 나누었을 때 지금은 신분을 따지는 사회는 아니지만, 명내에서는 그 사람의 신분적인 등급을 만들어주는 효과가 있습니다. 그러니까 格이라고 하는 것은 그 사람의 삶의 패턴입니다. 그러니까 '이 사람은 거지다.' 하면 거지인데 天乙貴人이 있는 거지는 중앙청, 청와대, 서울역에서 제일 좋은 자리를 딱 차지하고 누워있는 거지라는 겁니다. 그러니까 거지는 거지인데 1급 거지를 만들어 주는 것이죠.

그러니까 등급을 높여준다는 것은 자본주의 사회로 의미를 갖는다면 그러니까 양적(量的) 단위가 다르다는 겁니다. 단위가 높습니다. 양적(量的) 단위가 높다는 말은 보통 사람들이 천 원짜리 가지고 뭘 주고받고 거래를 한다면 天乙貴人이 깔리면 바로 만 원짜리부터 가는 겁니다.

그렇게 함으로써 양적(量的) 단위를 크게 확장해주는 작용이 발생함으로써 그러니까 가급적이면 貴人은 명내에 있는 것이 좋다는 겁니다.

그러니까 이런 것들이 운명적으로 효과가 나타나는 것을 보면 팔자 내에 貴人이 있으면 소위 貴人과 인연이 있다고 보는 것입니다.

天乙, 文昌, 天廚등에 貴人을 붙입니다. 물론 文昌이나 天廚도 그 나름의 의미를 크게 적용시켜서 그 사람에게 좋은 작용을 일으키지만 天乙貴人같은 경우에는 적어도 신분이 귀한 사람의 친척이나 무슨 루트나 인연관계가 있다는 겁니다. 친척, 루트, 인연관계 이런 것들이 있습니다.

그러니까 역업을 해도 天乙貴人이 있는 사람은 보통 고객의 절반정도가 그 동네에서 방구 좀 뀌는 사람들이 옵니다. 그래서 좀 피곤하긴 한데 그래도 어떻게 합니까? 그 동네에서 자기가 사회적으로 역량을 크게 발휘하고 있는 사람들이 오는 것이니까 고객의 등급이라고 하기는 그렇긴 하지만 하여튼 레벨이 질적으로 편차가 생기는 겁니다.

그래서 이런 겁니다. 貴人이 없는 사람은 운에서 오는 貴人을 써먹습니다. 그런데 팔자 내에 명내에 貴人이 있는 사람은 원래 센 사람들, 잘난 사람들이 오는 겁니다. 그래서 고객의 수준까지도 결국 명내에 있는 것은 상당히 많이 작용하게 하는 효과가 있습니다.

그러면 명내에 있으면서 운에도 있으면 그거야 당연히 그것을 좀 더 의미를 확장하면 되는 것이고 그다음에 명내에 없는데 운에서 오면 그때 정말로 운의 貴人작용이 작동하는 겁니다. 작동하는 것이 여기에 있는 속성들을 상당 부분 구현시켜줍니다.

제가 1989년도에 보수동 헌책방에 있는 공책을 가지고 한참 공부하고 있을 때 어느 분이 등산을 하다가 잘못해서 다른 길로 내려와서 우연히 우리 집 간판을 보고 올라왔습니다.

"등산하다 내려왔는데 차 한잔 하고 가도 되겠습니까?"

"그렇게 하이소!"

그래서 이분이 주로 사용하는 여러 가지 논리라든지 이런 것으로 한참을 이야기하면서 교분이 있었습니다. 이분이 辛일주인데 대운이 아마 午 대운으로 들어갔을 겁니다. 제가 기억나는 것은 辛巳일주인가 하여튼 이랬는데 午대운에 들어가는데 午가 뭡니까? 天乙貴人에 들어갑니다.

天乙貴人이 들어오면서 그다음 해에 전화 연락이 와서

"와~ 이거 진짜 貴人작용이 무섭다."

평소에는 물으러 온 고객이 질문하는 것이 이런 것이죠.

'전세방 세 나가야 되는데 언제 나가면 되느냐?'

그러니까 얼마나 좀 세밀하고 작은 것을 이렇게 다루어야 됩니까? 그런데 누대운이 오니까 큰 건설업을 하는 이런 사람들이 와서 이런 것을 묻는 것이죠.

'이번에 100억짜리 프로젝트를 하나 해야 되겠는데 해도 되겠느냐 말겠느냐?' 그러니까 완전히 고객의 내용이나 수준이나 이런 것이 확 바뀌더라는 것입니다. 그래서 대운이 머무르는 동안 자신감이 확 붙어서 이분이 신문광고도 내고 이러던데 결국은 운에서 貴人작용이 작동하는 것입니다.

그래서 텍스트에 나와 있는 내용 중에 보면 '중죄를 저질러서 사실은 크게 형옥의 어려움을 당할 일이 생길지라도 죄다 빗겨나가는 그런 흐름을 만난다.'

물론 가는 사람도 본 적이 있습니다. 운에서 天乙貴人 대운인데도 죄를 크게 지으니까 가기는 가는데 자기 운에서 貴人운이 와 있으니까 가서도 貴人대접을 받더라는 겁니다.

그래서 거기에서도 제일 좋은 방을 사용하게 되고 또 방뿐만 아니라 하는 일이 이런 것도 있는 모양입니다. 거기서 영어공부를 해서 시험을 봐서 등수를 1등인가 2등인가 하면 그 안에서 영어를 가르치는 선생처럼 일하는 것이 있는 것 같습니다.

그러니까 자기는 그냥 강의해주고 어떻게 보면 직업훈련에 필요한 무슨 그런 것인데 그분 같은 경우에는 주로 해외로 많이 왔다 갔다 하면서 어학 실력이 뛰어났는데 감방 안에도 영어 잘하는 사람 많습니다. 좀 표현이 그렇습니다만 거기서도 영어 붕붕 나는 사람 많은데 거기서 죽도록 해서 등수 안에 들어야 됩니다. 예를 들어서 시험을 치면 적어도 200~300명 쳐서 1, 2, 3등 해야 됩니다. 거기도 서울대 출신이 많습니다.

학생 질문 - 선생님 그러면 貴人이 六親的인 부분이 있지 않습니까?

선생님 답변 - 당연히 해석합니다.

학생 질문 - 궁위에 貴人도 해석하고 운에서 만약에 貴人이 왔는데 예를 들어서 壬일주 이런 일주들처럼 傷官이 貴人일 때는 傷官이라는 속성에 貴人이 붙은 것입니까?

선생님 답변 - 貴人이 원래 地支 자체에 있습니다. 그것을 더 위주로 봐야 됩니다. 그러니까 天干 地支 神殺 아닙니까? 그러면 地支를 먼저 보고…

[그림 15-6-2]

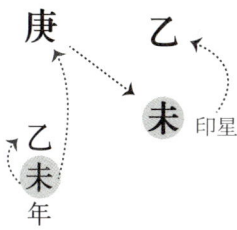

예를 들어서 庚일주가 未를 만난 경우 이것은 印星입니다. 그 위에 붙어 있는 것이 乙이라 하면 이럴 때 印星을 통한 財로 보는 것입니다. 그러니까 엄마 친척이나 가족 중에 나에게 財로써 六親的인 작용이 적용될 수 있는 사람으로 해석합니다.

그래서 이 팔자 명내에서도 그렇고 운에서도 乙未년이 다가왔다고 했을 때 결국 未가 더 기본 주동적인 印星이 貴人이 되는 모양인데 그것이 무엇과 통해있습니까? 財星과 통해있다고 보는 겁니다.

학생 질문 – 이런 것은 좋은데 예를 들면 壬일주가 卯라든지, 己일주가 申이라든지, 운에 왔을 때 어떻습니까?

선생님 답변 – 그것은 뭐냐면, 연월일시의 위치에 의해서 운에서 왔을 때는 대부분 다 명내에 있는 것이 아니고 운에서 온 것은 이렇습니다.

[그림 15-6-3]

	我			財, 官, 食, 印
時	日	月	年	他
○	壬	○	○	癸
○	○	卯	○	卯

여기가 전체적으로 우리 집안이라면 운에서 오는 것은 전부 타가(他家)라고 봅니다. 그러니까 사회입니다. 사회에서 만난 인연인데 그것이 六親的으로 가해지면 卯가 傷官이면 내가 돈벌이를 위해서 일을 벌려보는 과정 속에 마주친 사람으로 해석하고 六親이 가지는 속성이 됩니다.

癸卯운 이라면 癸卯는 나와 비슷한 類의 사람들입니다. 그다음에 좀 더 陰陽으로 나누면 닮은꼴도 있고 다른 꼴도 있으니까 원래 서로 하는 일은 비슷한데 내가 남자이고 상대방이 여자이고 이런 식으로 그런 식의 해석을 가할 수 있는 겁니다. 그런데 주로는 이 卯 자체에서 바로 六親的인 요소 貴人의 요소 다 같이 봐주는 것입니다.

학생 질문 – 선생님, 그러면 순서대로 나열하면 財官食의 貴人이 있는데 그러면 제일 좋은 貴人은 財입니까? 官입니까? 食입니까?

선생님 답변 – 모두 해당됩니다. 왜냐하면 앞에서 설명했듯이 양적(量的) 단위를 만들어주기 때문에 그래서 이것이 貴人의 작용이나 힘이라는 것이 크다는 겁니다.

학생 질문 – 이왕이면 財가 더 좋지 않습니까?

선생님 답변 – 그렇습니다. 제일 일반적으로 보는데 이 官도 이런 것입니다. 예를 들어서 貴人대운을 만나서 납품하게 되었다고 합시다. 이것은 국가에 납품하는 겁니다. 이것은 돈 떼일 염려가 전혀 없습니다. 그리고 볼륨이 크기 때문에 일반적인 의미로는 보통 財가 다 우선순위가 되겠지만 官이 되든 食神이 되든 또 사실 印星이 되더라도 貴人의 인자가 놓여있다는 것은 전부다 格자체가 다르다는 겁니다. 그러니까 우리가 노는 물이 다르다고 하지 않습니까?

그 양반 이야기 앞에서도 이야기하다가 끊어졌지만,
"감방을 가서 얼마나 고생을 하려는고?"
그런데 대운은 貴人대운이라는 말입니다. 그래서 감옥에 가서 처음에는 환경이 별로 안 좋은 곳에 갔다가 좋은 곳으로 옮겨지게 되고, 옮겨지면서 보니까 그 주변에 하여튼 대한민국에 이름 대면 아는 사람들이 옆에 있는 겁니다. 그러니까 모 금융기관에 있는 사람 그다음에 모 조선회사에 최고로 성공했던 사람의 옆방 이런 식이 되는 것이죠.

그러니까 자기 팔자 안에는 貴人이 없습니다. 팔자 내에는 貴人이 없는데 운에서는 貴人이 와있고 그런데 세운이라든지 여러 가지 흐름 때문에 할 수 없이 총대를 메고 자기가 감방을 갔다는 것입니다.

그런데 그 감방에서도 대한민국에 이름 대면 아는 前 ○○청장, 모 그룹 회장 옆방에 있다가 뒤에 어떻게 풀리느냐 보니까, 그 안에서 영어공부를 가르쳐 줬더니 또 알고 보니까 대한민국에 잘나가는 조폭의 넘버 원 이런 사람 있지 않습니까?

그래서 고생해야 되는데 편안하게 있다가 최근에는 새로 지은 호텔수준의 방으로 지금 또 옮겼다고 합니다. 그것이 운에서 온 貴人의 작용이더라는 겁니다. 그래서 일반적으로 외부에서 사식을 잘 넣어주고 이런 것은 일반적인 수준의 좋은 기운이 좀 있으면 되는 것이고 貴人은 그렇게 格 자체를 운에서도 항상 만들어 주더라는 겁니다.

학생 질문 - 그러면 자기 명내에도 貴人이 있고 대운에서 貴人이 오게 되면 어떻게 됩니까?

선생님 답변 - 그것은 좋다고 봐야 됩니다. 뜨는 것이 아니고 마이너스 곱하기 마이너스는 간혹 플러스가 되어도 플러스 곱하기 플러스가 마이너스가 될 수는 없습니다. 그렇게 명내에 있는 것은 명내에 있는 대로 처음부터 뭔가 格 다르게 놀 수 있는 기운을 가지고 있다는 것입니다.

학생 질문 - 선생님 貴人이 空亡 맞으면 어떻게 됩니까?

선생님 답변 - 貴人은 空亡도 불론합니다.

학생 질문 - 그러면 天干을 억지로 地支로 해석해서 貴人으로 해석할 수 있습니까?

선생님 답변 - 그런 것을 끼워 맞춘 것이 보통 文昌같은 경우에는 地支 食神인자입니다.

■ 文昌貴人

물론 丙일주나 丁일주 같은 경우는 六親상으로 財星이지만 이것이 文昌입니다. 그렇기는 한데 이것이 실제로 陰陽이 기운을 서로 주고받고 하는 것을 보면, 정확하게 丁이 酉에 떨어지는 것이 맞고 丙이 申에 文昌이 떨어지는 것이 맞습니다.

그러니까 戊도 申에 食神이 되고 그다음에 己도 酉에 食神이 됩니다. 그런데 丙일주가 天干에 戊가 있는 경우 이런 것 그다음에 甲일주가 天干에 丙이 있는 것을 天干끼리 드러난 文昌貴人에 준해서 해석해 주기는 합니다. 그러나 文昌은 말 그대로 수기유행(秀氣流行) 즉 빼어난 기운이 서로 연결이 잘되어 있다는 것이지 이것이 天乙貴人처럼 바로 格 자체를 올려주는 것은 아닙니다. 그러나 없는 것 보다는 있는 것이 낫고 그다음에 地支에 없어도 天干에라도 있는 것이 훨씬 낫다는 겁니다.

학생 질문 – 저럴 경우에 壬일주 같은 경우 天乙貴人에 劫財가 붙었는데 그럴 경우에는 좋은 劫財라고 해야 됩니까?

선생님 답변 – 그것은 아닙니다. 기본적으로 劫財는 역시 劫財입니다. 그런데 劫財의 작용이 발생하는 것은 서로 정신적인 부조화성을 가지고 밀고 당기고 갈등을 겪는 과정이 있기는 한데 그래도 天乙貴人이 있음으로 뜻밖의 횡재라든지 또 활동의 기회라든지 이런 것들이 만들어지는 것을 의미합니다.

학생 질문 – 다른 것으로 보상을 받을 수 있다 이 말입니까?

선생님 답변 – 다른 것이 아니고 貴人 자체로…

학생 질문 – 아니, 예를 들어서 劫財의 행위도 당하면서…

선생님 답변 – 그렇습니다. 劫財의 무늬를 가져왔으니 기본적인 劫財작용은 어느 정도 있되 그래도 天乙貴人이라고 하는 것은 이런 것입니다.

"돈 빌려줘 봐라."
"얼마?"
"100만원이 아니고 천 만원 빌려줘 봐라."
"내가 천 만원이 어디 있노?"
"줘봐라! 갚아주면 될 것 아니가?"

그래서 劫財로써 속성은 따르더라도 천 만원 빌려 가서 천 만원에 이자를 붙여서 갚아줍니다. 그래서 돈을 받는 시기를 따질 때에도 보통 '박일우 선생님' 책에도 그런 이야기가 나오는데 동기간에 돈거래를 해서 돈을 받을 때 比肩, 劫財에 받는다고 합니다. 그런데 실제로 딱 맞지는 않던데 상당 부분 그런 루트를 통하더라는 겁니다. 貴人이 있다는 것은 그런 속성과 유사하다고 보면 됩니다. 그래서 정신적 부조화성 방향성 때문에 피곤하지만 그래도 貴人의 작용을 통해서 보상을 받는다는 것입니다.

학생 질문 - 선생님 丁酉일주인데요 己土도 옆에 있습니다. 그러면 財도 貴人이고 食傷도 貴人이 됩니까?

선생님 답변 - 財도 貴人이고?

학생 질문 - 土生金하면 食傷 아닙니까?

선생님 답변 - 食神이 또 財를 낳는다.

학생 질문 - 그것도 天乙貴人의 작용 아닙니까?

선생님 답변 - 天乙貴人이 아닙니다. 지금 天乙貴人이 아니고 文昌貴人 이야기하고 있습니다. 이 경우는 丁과 己가 酉에….

학생 질문 - 丁이 酉가 天乙貴人 아닙니까?

선생님 답변 - 당연히 天乙貴人입니다. 文昌貴人이 다 같이 겹치는 것입니다. 그래서 자랑하고 싶은 것 아닙니까? 드디어 샘플 나왔다. 정말로 丁酉 좋습니다.

丁酉는 어디에 가 있어도 남이 밥상 딱 차려놓으면 문 열고 들어와 밥을 얻어먹습니다. 항상 먹고 살 거리가 있고 주변에 금전적으로 기회를 잘 만들어 주더라는 겁니다. 그래서 그만큼 명내에 있는 것도 좋은 작용을 많이 일으키고 운에서도 긍정적 작용이 많이 발생합니다.

극단적인 이야기이기는 하지만 그러니까 이분도 옥살이하면서도 貴人의 삶을 그대로 쫓아가더라는 겁니다. 형기도 짧아지는 것 같습니다. 이분이 3년 얼마 받았는데 여러 가지 과정을 거쳐서 2년 반에 마치게 되었습니다.

貴人이 끝나기 전에 또 사회로 다시 복귀하면 貴人의 여러 가지 작용으로 다시 또 본인이 많은 것을 만회하고 기회를 잡을 수 있는 흐름이 올 것입니다.

물론 대운이나 큰 흐름이 저물고 있을 때에는 와도 좀 작게 오더라는 겁니다. 또 상징적인 것 중심으로 오더라는 그런 속성은 있지만 그만큼 운에서 貴人의 해석을 중요하게 여기니까 꼭 여러분이 운을 볼 때 특히 神殺에서 貴人의 神殺은 놓치지 말고 보시라는 겁니다.

🌸 각종 天干 地支의 적용

각종 天干 地支의 적용에서 天干 地支에서 앞부분에서 묶어서 여러 가지로 설명했었는데 텍스트에 보면 甲, 乙, 丙, 丁, 戊, 己, 庚, 辛, 壬, 癸 또 地支의 여러 가지 특성들을 정리해 놓은 부분이 있으니까 그런 것을 좀 참조를 해보시면 될 것 같습니다.

[그림 15-7]

제일 앞부분에도 말씀드렸지만 제가 유심히 보는 것은 주로 甲, 乙이나 寅, 卯의 속성이라는 것이 모든 것을 틀지어지지 않게 하는 그런 속성을 뚜렷하게 보이고, 그다음에 天干에서 丙과 辛, 地支에서 酉와 巳 이런 운들은 유심히 봐서 변화성이 갑자기 올 수 있는 이런 것으로 보십시오.

甲, 乙, 寅, 卯는 틀이 훼손된다는 의미를 가지는데 그래서 아무것도 없이 뭔가를 만들고 있는 사람에게는 틀이 없으므로 별문제는 없는데, 직업적인 특성 아니면 경제적인 수준 이런 것을 어느 정도 만들어 놓은 사람들이 재물의 어떤 수준을 유지하니까 다른 것이 흐트러지더라는 것입니다. 가족이 흐트러지고 뭐가 흐트러지고 이런 식으로 흐트러지더라는 것이죠. 그래서 반드시 어느 한 부분에 틀이 훼손되는 그런 작용이 다발한다는 뜻이 됩니다.

거기서도 특히 乙卯가 계절로 치면 뭡니까? 甲이나 寅이 초봄이라면 乙과 卯는 만춘(晚春)입니다. 봄이 무르익은 것은 그동안 그 씨앗 속에 갇혀있던 놈들이 아무리 게으른 놈도 다 싹을 틔우면서 틀이 깨어집니다.

그래서 사해만리로 왔다 갔다 떠돌아다니는 건설이라든지 무역 이런 쪽에 있는 사람들은 그 영향을 좀 적게 받을지라도 대부분 일반적으로 고정적인 삶의 양상을 가지고 있는 사람은 돈을 좀 벌려고 쫓아다니니까 가정이 깨어지는 식이 되더라는 것입니다.

그다음에 가정의 틀을 잘 지키니까 돈이 깨어지는 식으로 안정성이 많이 해쳐지는 그런 작용이 格의 요소와 상관없이 발생하더라는 뜻이고 그다음 丙은 辛을 만나서 갑자기 정반대로 성질이 훼손되는 식의 내용이 발생하더라는 것입니다.

'박일우 선생님' 책에는 丙, 辛, 巳, 酉가 공증품 이라고 해서 뭔가를 남으로부터 정확한 자기의 존재를 평가받는 운이 되고 그래서 그것을 더 확대하여 해석해서 이것을 보석 운으로 해석해서 하여튼 유명세를 만든다든지 자기의 존재를 드러낸다든지 또 경제적으로 아주 확고한 위치를 만든다든지, 이런 식으로 하는 속성을 다루면서 또 丙, 辛, 巳, 酉가 전체적으로 뭡니까?

巳酉는 金을 만들고 丙辛은 水를 만드는 작용이 있음으로써 여자들은 이것을 힘들게 쓰게 하는 그런 작용으로도 해석하는데 실제로 제가 적용하고 많은 케이스를 봤을 때 상당 부분 이 영양하에 있더라는 겁니다. 그다음에 나머지 干支나 地支들은 그 자체의 의미를 일반적으로 해석하시면 됩니다.

학생 질문 – 丙, 辛, 巳, 酉만 같이 들어왔을 때 그런 사안입니까?

[그림 15-8]

선생님 답변 – 아닙니다. 그러니까 이런 것입니다. 예를 들어서 己酉대운의 酉나 辛亥대운의 辛의 작용 이런 것이 발생할 때 자기의 존재가 외부적인 수단을 통해서 부각이 된다고 볼 수도 있고 또는 규정이 된다고 볼 수도 있습니다.

그러니까 부귀빈천의 모양이 확실해지는데 이 글자를 남자들은 대부분 다 유명세로 쓰거나 긍정적으로 쓴다고 보고 여자들은 자기가 무슨 부녀회 회장으로 나서든지 사회적으로 지위가 부각이 되는 그런 일이 생기더라도, 대체로 고달프거나 힘겹게 그것을 감당하거나 아니면 그 결과가 실컷 해주고 도리어 자기만 희생하는 그런 식의 상황이 잘 발생한다는 식으로 대운을 읽어나갈 때 적용하는 겁니다.

그다음에 甲, 寅, 乙, 卯 이런 것이 들어오면 이 중에서 반드시 판짜기를 여러 가지로 새롭게 하는 그런 작용이 생겨나는 경우가 많습니다.

[그림 15-9]

가정의학과

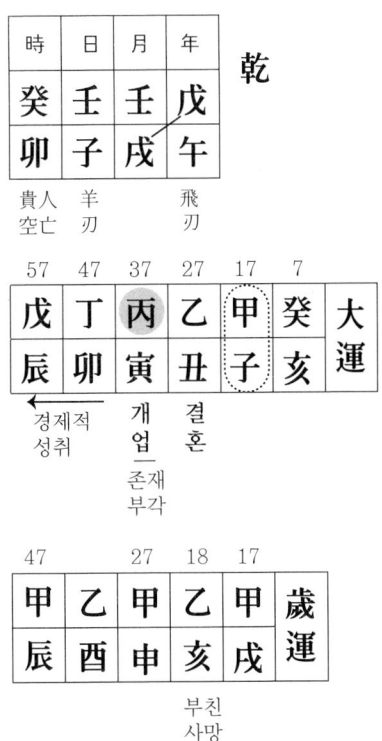

남자인데 偏官이 형태상 格을 갖추었습니다. 형태상 格을 갖추고 일지 羊刃, 시에 卯 貴人에 空亡입니다. 그다음에 년에 飛刃 이렇게 놓여 있어서 법무, 치안, 외교, 군무 이런 특수성이 있는 공직을 가는 경우가 가장 일반적이었지만, 현대사회에서는 보통 成格을 하고 훼손자가 없으면 보통 라이센스를 가지고 주로 자격, 교육, 전문직 이런 쪽으로 많이 길을 엽니다.

자체로 印星이 숨어있기는 하지만 官印소통이 예쁘지는 않습니다. 그다음에 卯, 戌의 간섭을 어느 정도 받는 상태이고 그래서 이 경우에는 과거 사회에는 官印소통의 인자로 가는데, 지금은 주로 자격, 교육 또 전문직 이런 쪽으로 더 많이 갑니다. 실제로 의약 쪽을 전공했고 가정학을 했습니다.

그런데 살면서 일어나는 이벤트 중에 甲대운이 들어올 때 甲戌의 작용이 格을 불안하게 하는 작용이 발생합니다. 그런데 格을 불안하게 안 해도 甲이 오면 이것이 그동안 갖추고 있던 형태가 훼손됩니다.

甲戌년 17세, 乙亥년 18세였습니다. 그러니까 甲子대운 1년차가 甲戌년, 甲子대운 2년차가 乙亥년인데 乙亥년에 부친이 세상을 떠나버리는 일이 생깁니다. 이런 것이 뭐냐면 가정이라고 하는 일반적인 틀에서 아버지의 역할이 훼손되어 버렸으니까 이런 운이 들어오면 틀이 훼손되는 모양이 드러나게 되고, 그다음에 보통 乙운에는 자기가 직업적 개성을 만들 때가 아니라서 다 만든 것은 아니었는데 전공이나 진로문제 때문에 왔다리 갔다리 했습니다.

乙이라고 하는 것이 풀이 막 좌우로 번져나가는 모양을 의미하기 때문에 '이것을 할까? 저것을 할까?' 상당히 정신적 갈등을 겪었습니다. 그때가 乙대운 들어올 때가 甲申년이었습니다. 甲申년이 27살이 됩니다. 보통 학교를 졸업하고 인턴이나 그런 것을 할 때입니다.

그리고 三災가 또 들어옵니다. 三災가 들어오고 그다음에 이 팔자에서는 이 傷官이 비록 空亡을 했지만 傷官이 貴人이면서 또 五行의 秀氣를 유행시키고 있는 작용을 하고 있습니다.

癸卯시가 중요한데 이것이 申, 酉를 만나면서 막 흔들립니다.

그래서 갈 지(之)자 행보를 하면서 왔다리갔다리하는 과정을 겪었다는 겁니다.

물론 乙丑대운 전체의 지배를 받습니다만 乙이런 것이 주로 정신적인 경향성 또는 자기가 어떻게 해볼 도리가 없다는 것이죠. 천(天)이라고 하는 것은 내가 어떻게 해 볼 도리가 없는 어떤 틀, 기운 이런 것을 의미하는 것이 됩니다.

그리고 丑운의 마지막 뒷부분부터 결혼하고 丙寅대운의 丙에 와서 개업을 합니다. 이 丙운에 개업을 하면서 자기의 어떤 존재, 모양 이런 것을 드러냅니다. 그러니까 잘되어 있든 잘 안 되어 있든 자기 존재를 부각시키는 작용이 일어납니다.

그래서 지금이 丙寅대운 2년차입니다. 그래서 개업을 2014년 丙대운 들어오자 말자 자기가 대외적으로 간판을 걸고 '접니다.' 하는 모양을 갖추게 하는 그런 속성을 만들어주는 것이 이 丙의 속성이라는 겁니다.

그래서 누가 묻더라도 '이 양반은 가정의약과 전문의 개업이다.' 그 존재를 규정을 해주게 되는 겁니다. 대충 앞으로 뭐 잘먹고 잘살겠다가 보이시죠? 언제까지입니까? 丁卯대운까지 손발 부지런히 바쁘게 움직이면서 대가나 보상을 찾게 되는데 卯대운에 天乙貴人 대운이 또 들어옵니다.

이 丁卯대운이 언제 들어오느냐면 甲辰년부터 들어옵니다. 이때가 47살입니다. 보통 丁卯대운이나 戊辰대운 상반기 중에 경제적으로 크게 '승부가 난다. 성취가 이루어진다.' 이렇게 봅니다. 그래서 보통 丁卯대운 중반부 그다음 戊대운 상반부 이 정도쯤에 승부가 난다 봅니다.

또 戊라는 것이 주로 어떤 것을 해주느냐 하면 丙, 丁이라고 하는 과정의 결과물로도 보통 보는데 '이제 형틀이 갖추어졌다. 결과 값이 나왔다.' 그래서 '옛날이 좀 더 그립다.' 이런 것으로도 봅니다.

그래서 戊일주들이 대체로 보수성이 강한 성향을 드러냅니다. 그러니까 戊가 '내가 난데!' 하고 다 드러낸 것입니다. 다 드러내었기 때문에 이제 더 이상 모양을 갖추기 힘든 형태가 되는데 일종의 성취가 되었든 어떤 활동이 되었든, 하여튼 결과적인 측면 이런 것을 주로 많이 드러내고 그 이상 뭔가 더 드러내기 어려운 상태 이런 것도 의미하기도 합니다.

그래서 보통 대운의 흐름이 이렇게 흘러가면 이런 卯대운 중반 그다음에 戊대운 상반기 정도에 나름대로 성과와 결과와 결실이 얻어졌다 보고, 그 이후로는 고정적인 모양새를 감당하면서 간다는 뜻이 됩니다.

도약의 통로가 보통 丙이 한 번씩 뜨면서 간다고 보면 됩니다. 길흉적인 측면보다는 속성적인 측면이 좀 더 많은 것입니다. 앞에서 설명한 甲, 乙, 寅, 卯가 그렇고 그다음에 이 寅, 卯운에도 마찬가지입니다.

亥, 子, 丑 대운이 기본적으로 사는 내용이 힘겹게 이루어왔다면 寅, 卯운에 자기가 과거에 어떤 모양을 제쳐 버리고 다시 만들고 이런 과정이 이때 오는데, 방향으로 보면 당연히 이때 계속 업을 좀 키우고 또 좀 키우고 옮기고 넓히고 이런 과정이 만들어지는 것이 보이죠? 그래서 지금은 丙寅대운에 2년 차에 와 있다고 보면 됩니다.

그러니까 길흉을 보는 것이 아니라 속성을 보는 것이다. 그런데 그 속성도 그 사람의 선택에 굉장히 중요한 것이라는 겁니다. 이 양반이 丑의 말 壬辰년부터 군신대좌(君臣對坐)가 오고 그다음에 辰이 戌을 건드립니다. 그래서 官星을 재편하려는, 명함을 재편하려는 운이 와서 할까? 말까? 이렇게 고민을 한 것입니다.

그런데 보통 子, 丑이라고 하는 것이 큰 단위의 운에서 작용하고 있으니까 이 대운 요소를 무시한다면 壬辰년에 바로 개업을 해야 합니다. 이 丑에 붙들려 잡혀 있으니까 역동성이 좀 떨어져 있다가 丙이 들어오니 대운이 바뀌면서 丙이 들어오자 말자

"나는 간다. 아무도 나의 길을 막지 마라!"

그것이 甲午년이었습니다. 그래서 午가 뭡니까 소위 地殺작용을 일으키는 겁니다. 地殺, 將星작용을 같이 이루어집니다. 그러니까 '나는 간다.' 하는데 이 丙대운과 그대로 맞물려서 바로 업을 시작하게 되고 활동을 하더라는 것입니다. 그래서 속성을 봐야 할 때가 있고 길흉을 봐야 될 때가 있고 운을 해석할 때 그런 것들을 참조하시면 될 겁니다.

학생 질문 – 天殺대운에 걸리면 혹시 또 다른 작용이 있습니까?

선생님 답변 – 그러니까 天殺대운이라고 하는 것이 당연히 속성이 있습니다. 天殺이라는 것이 내가 혼자 힘으로 뭘 해보기에는 외부에 여건이 뭔가 주도권이 나한테 없는 이런 것을 의미합니다. 그러니까 壬辰년이 丑년의 8년차~9년차에 걸려

있는데도 불구하고 바로 액션을 못하는 겁니다.

학생 질문 – 내 마음대로 못하는 것입니까?

선생님 답변 – 그렇습니다. 못하고 있다가 '하기는 해야지.' 하고만 있었을 겁니다. 그런데 天殺이라고 하는 틀 그다음에 子, 丑이라고 하는 陰의 편중성이 작용하는데 남자는 잘 쓰기는 하지만 그래도 역시 활동력을 둔화시키는 작용 그것은 그대로 丑운에 작용되더라는 겁니다.

하여튼 여러 가지 해석의 기준이나 속성 이런 것들을 여러분이 차근차근 챙겨보면서 운을 가늠하는 해석의 기준을 차근차근 키워 나가시면 될 겁니다.

2-4-4. 地支와 地支의 관계 神殺

天干 地支의 작용은 여러 가지가 있습니다. 天干 地支 작용에서 오는 神殺들은 일반적인 의미들을 참조하시고 챙기고 하면 될 것 같습니다. 그러니까 天干 地支 神殺 중에서 12운성이라든지 이런 것을 별도로 묶은 것 외에는 神殺들의 의미를 그냥 그대로 적용해도 될 겁니다.

그다음에 해석의 실례는 또 뒤에 한번 샘플들을 좀 정리해서 다루어 보기로 하겠습니다.

[그림 16-1]

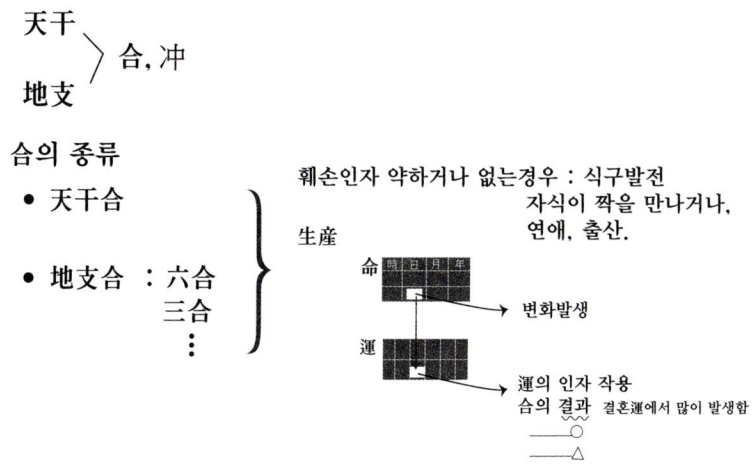

合과 冲의 적용 및 해석

지난 시간에 合, 冲관계 이것을 그때 명 내 중심에서 했었는데 合도 몇 가지가 됩니다. 운에서 오는 天干 合과 地支 合에서 六合, 三合, 기타 몇 가지 合들이 있는데 合의 일반론 중심으로 일단 먼저 개념을 정리를 해두시면 될 겁니다.

그러니까 명내에 있는 인자와 운의 인자가 서로 合으로 작용하면 명내에 있는 글자를 중심으로 일단 변화 발생 그다음에 운에서 오는 인자도 해석을 해 주어야 됩니다. 운의 인자 작용을 먼저 일러주고 그다음에 合의 결과인데 合이 잘되는 경우와 잘 안 되는 경우가 몇 가지가 있습니다. 잘 안되면 잘 안 된다고 하는 상태를 결과치 그대로 해석을 해버리면 됩니다.

合의 결과가 잘되는 경우는 그 결과치를 그대로 써주고 合이 잘 안 되는 경우에도 그대로 써주고 또 合이 아예 안 된 경우도 合의 상황이 벌어질 뻔한다고 상황 정도까지는 해석을 해주는 겁니다.

특히 결혼 운 같은 것을 볼 때 이런 경우가 많이 생깁니다. 그러니까 그 사람과 만나서 결혼이라는 결론으로 이어졌다고 했을 때 '지금 어중간하게 지내고 있다.' 그다음에 '될 뻔했는데 깨어졌다.' 이런 상황을 合의 모양새라든지 강약을 감안해서 그대로 이 편차를 둬서 해석해 주라는 것입니다. 그래서 合이 오더라도 현상에 나타나는 것은 '되는 것', '어중간한 것', '안 되는 것'이 있습니다.

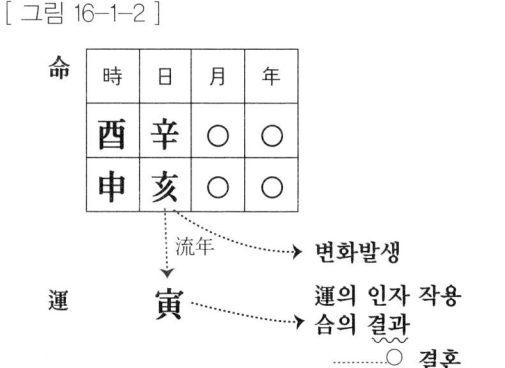

[그림 16-1-2]

 일단 결혼운 같은 경우에 예를 들어서 남자 명조가 辛亥일이라고 했을 때 流年에서 寅년이 왔다면 기본적으로 寅이 空亡에 걸리긴 하지만 六合이라고 하는 강한 작용은 유도됩니다.
 이럴 때에 보통 기본적으로 合이 된다고 보면 결혼이라고 하는 의미에서 亥와 合을 이루는 寅이 空亡이면서, 正財면서, 天乙貴人입니다.
 그다음에 六合을 하고 있으니 이 경우에는 어지간하면 결혼한다고 보지만 그 옆에 글자를 방해하는 인자가 노출되어 丙申時라고 한다면 지금 드러난 일과 시만 가지고 볼 때 어중간한 상태로 들어갑니다.
 그다음에 대운의 흐름이 가정 안정에 유리한 모양이 아니라면 결국은 '거의 다 되었다가 안 된다.' 여기까지도 가능성을 열어놓고 그 사람에게 판단을 맡기든지 아니면 그 시기의 사람의 명조를 통해서 '바람직하다.', '바람직하지 않다.' 이런 것을 판단해 줘야 하는 그런 기준을 가지고 있어야 합니다.

合의 상황에서는 일단 거기에 대응되는 인자 변화가 발생하고 그다음에 운의 글자작용 즉 '正財다. 貴人이다.' 이런 것들의 인자작용 그것도 그대로 그냥 해석해주고 그다음에 合의 결과를 이야기해 주면 됩니다.

보통 合의 결과에서 '△-애매함' 이런 경우가 말해주기가 애매한 경우가 많습니다. 꼭 뒤통수에 대놓고 한마디를 합니다.

"잘 해봐라."

"잘 해보라는 말이 하라는 말입니까? 말라는 말입니까?"

이러는데 하여튼 어정쩡한 영역에 있음으로써 본인이 강력한 드라이브를 걸어야 결혼으로 이어질 수 있으니까 '본인의 선택에 의해서 편차가 난다.' 이런 것을 일러주는 것입니다.

보통 合이 발생하면 合이 발생 되었을 때, 天干이든 地支든 보통 훼손인자가 아주 약하거나 없는 경우에 보통 식구발전으로도 봅니다. 어떤 이성이나 짝을 만나는 이런 것이 아니라도 자식이 짝을 만나거나 연애를 하거나 출산 결혼을 해서 아이를 가지고 하는 작용이 발생하기 때문에, 合의 목적이라는 것이 결국은 생산이라고 하는 목적이나 용도를 향해서 결국 가기는 가더라는 것이죠.

그래서 훼손인자가 어느 정도인지를 감안해서 식구발전이 이루어지고 또 본인이 그런 合의 결과에 가담하지 않더라도 자식이라도 짝이나 연애나 출산인데, 보통 六親的으로 조금만 더 자세히 들여다보면 누가 하겠다고 하는 이런 것도 구분되는 경우도 있습니다. 안 그러면 아예 '比肩이 나온다.' 이런 것도 있습니다.

[그림 16-3]

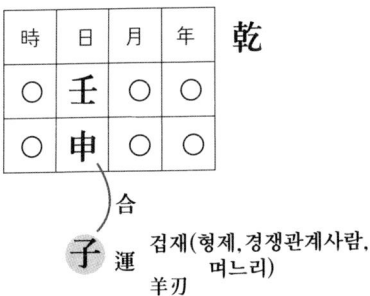

예를 들어서 壬申일주에 운에서 子가 오면 일반적으로는 그냥 劫財를 만난다. 또 운에서 羊刃을 만난다. 하지만 결국 이 合 자체에 상당한 의미나 비중이 있습니다. 그러니까 壬申일주가 남자라면 子 자체가 劫財가 되고 六親으로 형제나 성이 다른 형제로 나누기도 하고 또는 사회적으로 경쟁 관계의 사람으로 나누기도 하고 며느리도 여기에 걸려듭니다. 그러니까 며느리와 시아버지는 劫財 관계입니다. 그럼으로써 이럴 때 며느리가 들어와서 혼사가 이루어지거나 또는 수태를 해서 아이를 낳거나 하는 이런 것들이 한 글자만으로도 충분히 펼쳐질 수 있다는 겁니다.

그런 경우에는 '식구가 불어난다.'라는 이런 인자로 갈 때 개인적인 대운이 좋고 안 좋고를 떠나서 合이 들어오면 그런 작용이 빈번하게 일어난다고 보시면 됩니다.

地支에 合, 沖인자가 섞여 있는 경우가 있습니다.

[그림 16-3-2]

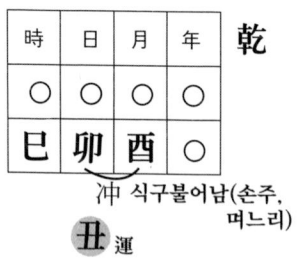

특히 三合은 그 고리의 훼손자가 있으면 쉽게 훼손됩니다. 卯酉 冲의 작용 때문에 巳酉 合이 잘 이루어지지 않지만 丑년이 들어왔을 때 巳酉丑으로 합을 하면 이 卯酉 冲 작용 때문에 원활하게 합이 이루어지지 않더라도 巳酉丑 합 작용에 의해서도 손주가 태어나더라는 겁니다.

그러니까 본인이 적당한 시기나 대운에 자식을 얻어서 아이를 낳기도 하지만 자식이 후손을 두어서 손자가 태어나는 이런 식의 작용도 이루어진다는 뜻이니까, 합이 발생했을 때 항상 식구가 어떤 식으로 변화되는가 이런 것을 체크를 해볼 필요가 있습니다.

며느리가 劫財로 들어와서 어떤 작용을 합니까? 말 그대로 劫財작용을 하는 겁니다. 며느리 때문에 재산을 떼어 주어야 되고 만들어줘야 되고 하는 이런 상황이 생기니까 그래서 '며느리 때문에 돈 나간다.' 소리는 안 하고 '며느리가 들어온다.'까지만 이야기해 주는 것입니다.

■ 合

그다음에 合은 六合이나 天干 合 이런 것들의 의미차이 이런 것들은 앞부분에서 충분히 다루었기 때문에 운에서 오는 합 자체의 속성, 경향 이런 것을 더 집중해서 정리를 해보겠습니다.

[그림 16-4]

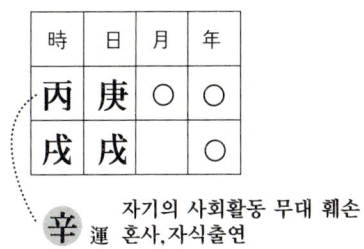

이런 구성에서 辛이 와서 辛이 丙을 합거(合去) 했을 때 보통 이런 경우 이것을 특별히 방해하는 자도 없으니까 본인의 직업적인 무대, 명함 이런 것이 훼손되는 작용이 발생합니다.

이런 경우에도 자기의 사회활동 무대는 훼손되거나 상실되겠지만, 또 혼사라든지 자식의 출현 이런 것들이 옴으로써 손자도 결국 자식의 무리에 속한다고 봐서 그래서 항상 길흉적인 측면이 잘 섞이는 것이 合이라고 보면 됩니다.

샘플들을 뒤에 다루어보면서 정리가 될 것이라고 보고 지금은 키워드로만 일단 정리한다고 생각하십시오.

■ 冲

天冲 地冲에 대해서 구분을 많이 해 봤습니다. 그래서 天冲은 보통 정신적 동요로 보면 됩니다. 그다음에 천전유자해, 지전급여화(天戰猶自解, 地戰急如火) 기억나십니까? 허공의 기운끼리의 相冲관계 相剋관계로 봐서 정신적 동요나 혼란을 조장하기는 하지만 구체적인 변화성은 떨어집니다.

六親 속성상 보통 冲이 된다는 것 자체가 財官의 위치에 이른다는 말입니다. 財官의 위치에 이름으로써 변화라고 하는 것을 상징하기도 하고 징조, 기미 이런 것들이 잘 드러나는 것으로 다룸으로써 天干 冲은 그 정도로 처리하면 됩니다.

地支 冲은 서로 양보를 못 하는 겁니다. 地支 冲은 양보를 못 하기 때문에 양보가 안된다는 것입니다. 그다음에 실제로 구체적인 변동도 되고 변화도 됩니다. 그다음 隔角이라든지 낙화(落花)라든지 이런 것들을 이론은 다 했었습니다. 그래서 존재하려고 하면 조건부 양식이 필요하다는 것이죠.

[그림 16-5]

沖의 작용

天干沖 : 정신적 동요, 혼란, 구체적 변화성 떨어짐.
　　　　六親 속성상, 재관 : 변화(상징, 징조, 기미)

地支沖 : 양보 안됨, 구체적 변동(변화), 조건부 양식

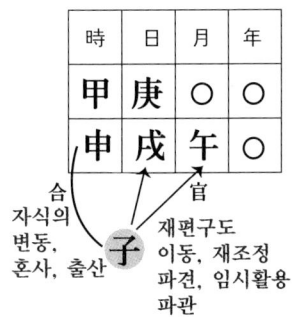

그러니까 명조가 이런 모양이라면 子가 왔을 때 子午相沖, 戌의 隔角, 申子 合 이 세 가지 작용이 두루두루 다 일어난다고 보시면 됩니다.

그러니까 午가 官星으로써 본인의 주된 활동무대를 의미하는 것이고 그다음에 거기에 戌이 본인이 결제할 수 있는 직책적인 측면 그다음에 개인적으로 문서형태의 자산 이런 것을 상징한다면 거기에 관한 재편구도가 발생하고 합니다.

재편이라고 하는 것이 보통 官星에 이르는 것은 주로 이동이 될 것이고 또는 재조정 이런 것들이 됩니다. 그런 것이 아니면 조건부 양식이 뭡니까? 물론 이동 속에도 포함되어 있지만 파견, 임시활용 이런 형태로 가게 됩니다.

물론 대운이 대세적으로 조직사회에서 활동할 수 있는 어떤

흐름이 안 된다면 말 그대로 그냥 파관(破官)이 되는 겁니다. 자기 직장이나 직업이 깨져버리는 것으로 가는 것으로 보게 됩니다.

그다음에 午와 戌 合은 그대로 해석해 놓고 冲할 것이 있으면 冲을 해석하고 또 合할 것이 있으면 合을 해석하면 됩니다.

申子가 合을 이룬다는 것은 자식과 관련되는데 물론 申子 자체도 본래 자식이라고 하는 것을 의미하지만, 명조에 寅과 午가 合이 된다 하더라도 마찬가지입니다. 자식의 변동 그다음에 출산 그리고 식구가 불어나는 거니까 혼사 이런 것들이 동시에 발생하는 작용이 일어납니다.

그래서 대운 따라서 강약은 존재하더라도 冲있고 隔角있고 合하고 하는 것을 그대로 전부 다 해석을 해주면, 이제 강하든 약하든 또 구체적으로 어느 한쪽만 되더라도 그해 일어나는 일로써 그 사람에게 그것이 그대로 이벤트로 들어가 있다는 겁니다.

그런데 저런 것이 대운적으로 작용하면 어떻게 되겠습니까? 밑에 아마 범주를 범위라는 용어를 밑에 붙여놓긴 했는데 대운과 세운이 또 범주 차이가 있습니다.

대운 같으면 여기에 이동, 파견, 파관(破官) 이렇게 나눌 수 있을 때 예를 들어서 파견형태 그래서 파견형태는 해외근무 또는 해외출입의 일을 감당하는 식으로 되는 것이고 아니면 국내에 있다면 어떻게 됩니까?

상기 예제의 모양에서 子라고 하는 대운인데 직장생활을 하고 있다는 겁니다. 그러면 국내라면 가장 조명을 받는 그런 자리를 벗어나 있으므로 지방 또는 야간 또는 비밀업무라는 겁니다.

자기는 숨어서 활동하는 식의 양식을 유지하고 있다고 봄으로써 이 대운에서 官星을 건드리고 있는 경우는 좀 더 큰 폭으로 활동범위를 정하고 있다는 것입니다. 좋다 나쁘다 길흉개념보다는 이때는 오히려 상대적으로 길흉개념은 조금 적게 씁니다. 길흉개념은 없다가 아니라 적게 쓴다는 겁니다.

"와~ 차라리 해외 근무 할 때가 좋았다."

자기 팔자에는 분명히 格자체가 官格입니다. 그래서 官의 단계를 어떤 식으로든 운명적으로 해소해야 되는데 子대운을 만났다는 것은 그때 건달이 된다는 것이 아니라 '해외출입, 야간, 지방, 비밀,,,'과 같은 활동을 함으로써 沖의 양상을 해소하더라는 겁니다. 그래서 '좋다, 나쁘다.'의 개념은 또 다른 여러 가지 기준으로 해석을 해줘야 되는 것입니다.

그러니까 상기의 명조에서 운에서 온 子가 주는 六親的인 속성은 뭡니까? 이것이 傷官 아닙니까? 傷官이니까 조직에 얽매여 있는 것이 아니라 자기 선택에 의해서 많이 움직일 수 있는 이런 것을 의미하는 거니까 그런 면에서 훨씬 편하고 좋을 수도 있는 겁니다. 그러니까 군 조직 같은 경우에 군대조직은 이것보다 더 심합니다.

[그림 16-5-2]

大運 : 파견, 해외근무, 해외출입, 지방, 야간, 비밀업무, 양식유지, 길흉 개념 적개씀

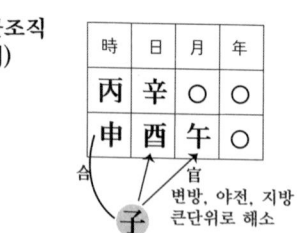

歲運 : 이벤트, 구체적 변동, 길흉측면다발

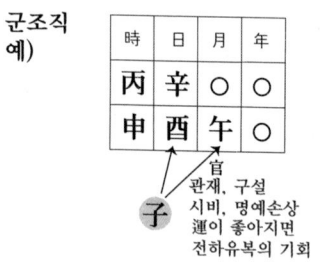

　이런 식으로 干支 구성이 된 이런 경우 子대운을 만났을 때 월에 있는 하나의 格을 조장하는 인자가 흐트러져 있을 때, 또 년에 未가 있어서 자기가 무슨 사업을 하려는 인자가 있지 않을 때는 주로 야전사령관이 됩니다. 중앙이 아니라 변방에 나가 있음으로써 결국은 대운이 10년짜리가 지배하면 변방에서 10년 동안 머무르는 이런 형태의 활동을 하더라는 겁니다.

　그래서 子운 이럴 때 관재, 구설, 시비 이런 것이 많이 든다가 아니라 야전 또 지방, 변방 이런 쪽에 근무함으로써 이런 子운을 그렇게 큰 단위로 해소하더라는 겁니다.

　그다음 세운에서는 사실은 이벤트 측면이 많습니다. 그다음에

구체적 변동 또 그로 인한 어떤 길흉 측면이 잘 발생합니다. 그래서 상기 명조의 경우는 未가 있음으로써 완충이 되는 모양이지만 子년이 오면 子午相冲의 작용이 발생합니다.

未의 작용을 배제했을 때 子午相冲에 의해서 소위 관재, 구설, 시비 그다음에 그 주동을 만드는 것이 주로 본인의 행위로써 食神도 될 수 있지만 보통 휘하입니다. 휘하의 활동이 두드러짐으로써 오히려 官星을 훼손함으로써 명예손상 이런 것들이 주로 발생하는 겁니다.

이런 이벤트 측면은 주로 세운에서 발생하고 그다음에 큰 단위로 뭔가 조건을 부여해서 해소하게 하는 것은 대운에서 이루어진다고 보면 됩니다.

물론 세운에도 길흉 측면을 많이 쓰지만, 대운이나 세운의 흐름이 원만하고 좋을 때에는 수하들이 뭔가 잘못 활동을 함으로써 일순간 명예의 손상이 오고 이동을 했지만, 그것이 뒷날에는 오히려 전화위복의 통로가 되는 그런 형태도 발생할 수 있습니다.

정말로 운이 좋을 때 대운 자체가 아주 좋은 운으로 갈 때는 오히려 주마가편(走馬加鞭)이 됨으로써 하던 보직이나 감투를 바꾸어서 한 단계 더 올려서 쓰게 만드는 그런 작용이 오기도 합니다. 일단 중요한 것은 이런 이벤트가 발생한다는 것입니다.

冲오면 '다 나쁘다.', '아니다.' 여러 형태의 근거로 논의를 가지고 하지만 실제로 여러 형태로 드러날 수밖에 없는 이유가 세운이 주는 이벤트측면, 구체성의 인자들과 대운은 큰 단위로 조건부로 쓰게 하는 이런 것들이 혼합이 되어 있습니다. 그러니까 대운이 좋은데 세운이 흔드는 경우 그다음에 대운은 불리하고 세운이 또 좋은 경우 그런 것들이 섞여 있으니까 어떤 때는 沖이 부정적 작용을 더 많이 하는 것처럼 보이고 어떤 때는 별문제 없이 오히려 더 좋아지더라고 해석하게 되는 상황이 발생하기도 합니다.

"좋다는 말이요? 안 좋다는 말이요?"

이러면 또 그때부터 머리가 아파지는 것입니다.

"이러이러한 변화가 잘 발생할 것이다."

그리고 '좋다 나쁘다.'를 최종적으로 해주는 것은 대운이라든지 큰 흐름이 좋으냐? 안 좋으냐? 이것을 가지고 기준을 해서 해석을 해줘야 합니다.

12神殺의 적용 및 해석

[그림 16-6]

```
地支 ─ 地支 : 12 신살
          • 행위의 속성
                경향

          • 심리적 조건
                양상

   ┌ 大運 : 공간, 추구성, 조건

       예) 劫殺 (겁살)
         공간적 : 끝자락, 마지막 자리,
                해외, 섬, 지하실, 변장…
                숨기고 다님, 주먹 쥐고 다님,
                묶을 것.
         추구성 : 이속성(남들과 교통이 없는 곳)

   └ 歲運 : 행위, 해결수단, 가까운 상황
          간첩이 된다.(온갖 꾀를 쓴다)
          타력을 이용한다.
```

　地支를 보는 神殺에서 12神殺이 많이 쓰이는데 12神殺 자체가 뭡니까? 여기에 여러 가지 조건이나 틀을 부여하는데 주로 '행위의 속성' 또 '행위의 경향' 그다음에 행위뿐만 아니라 심리적으로 '심리적 조건' 또는 '심리적 양상' 이런 것들이 神殺이 가지는 틀 이런 것 속에서 자꾸 간섭받으니까 12神殺을 자꾸 따지게 되는 것입니다.

　그래서 대운에서 쓰는 경우 세운에서 쓰는 경우 나누어서 12神殺은 조금씩 하나씩 가볍게라도 다루어볼까요?

　일단 대운이라고 하는 것은 어떤 것을 조장하느냐면 일단 제일 큰 의미가 되는 공간이라고 하는 것도 12神殺에 의해서도 상당히 영향을 받습니다.

'공간적인 측면' 그다음에 어떤 것을 자꾸자꾸 쫓아가려고 한다는 '추구성' 그다음에 어떤 조건 이런 것들도 12神殺이 제약을 하게 됩니다. 일단 구체적으로 神殺을 가지고 하나하나씩 조금조금씩 다루어보면 감각이 생길 것입니다.

대운이 공간적인 측면이 강하다면 세운은 주로 '행위적인 측면'이고 또 행위적인 측면 중에서도 주로 '해결수단'이나 '가까운 상황' 이런 것들을 많이 보여주는 것이 세운에서 적용되는 12神殺이 되는 것입니다.

예를 들어서 劫殺이 대운에 들어왔다면 劫殺의 속성을 여러 가지로 나눌 수 있을 것인데 대운적인 측면에서 劫殺로 가버리면 어떻게 됩니까? 옛날 三合을 설명하면서 神殺 설명을 같이 했던 것 기억나십니까?

[그림 16-7]

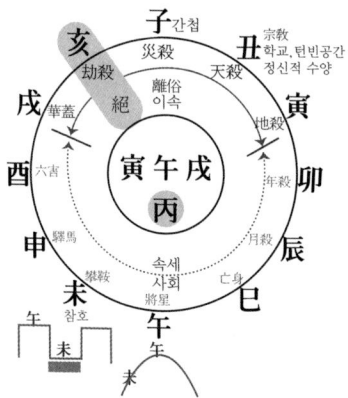

예) 12신살로 본 寅午戌

寅午戌을 기준으로 그때 했던 샘플 그대로 설명해 해보겠습니다.

■ 劫殺

寅午戌을 기준으로 해서 亥에 이르면 劫殺입니다. 그다음에 子에 이르면 災殺, 丑에 天殺 이렇게 들어갑니다. 그래서 이 앞에 寅부터 戌 사이에 寅午戌이라고 하는 것이 주로 불기운을 열고 닫는 작용이 가장 활발한 역할이라면, 주로 寅에서 戌사이에서 주로 火氣의 발생과 왕성함과 그다음 거두어들임을 한 다음에 그다음에 亥에 이르러 劫殺자리로 갑니다.

그래서 丙을 중심으로 하면 亥에 이르면 絶地에 떨어집니다. 그러니까 劫殺이라고 하는 인자가 대운에 들어온다는 것은 보통 끝자락, 막판 이런 공간을 주로 의미합니다.

그래서 공간적인 측면에서 본다면 '끝자락', '마지막자리' 그래서 집으로 치면 끝집이 됩니다. 그다음에 해외, 섬 지하실 등등이 됩니다.

사회적으로 움직임을 가장 많이 만들어내는 것이 불기운인데 亥, 子, 丑에서 불기운을 물속에 감추고 다닌다는 것은 뭡니까? 변장상태 이런 것을 의미합니다.

그런데 그것이 세운에서 오면 행위니까 '숨기고 다닌다.' 그다음에 '주먹 쥐고 다닌다.' 그다음에 '뭘 묶을 수 있는 것을 들고 다닌다.' 이렇게 이해하시면 됩니다.

그러니까 대운에서는 이런 아주 작은 단위의 행위보다는 공간적으로 끝자락, 마지막 자리, 해외, 지하실처럼 큰 속성이나 공간을 의미하고 대체로 현대에서 많이 볼 수 있는 것이 주로 해외나 섬 이런 쪽이 되는 겁니다.

　물론 빛이 잘 들어오지 않는 지하실 같은 공간을 이용해서 '꼬부작 꼬부작 뭘 하고 있다. 지지부진하지만 뭘 하고 있다.' 이렇게 해석하고 商행위로 포장마차를 해도 맨 끝에 있는 끝집에서 하고 있다. 그다음에 絶자입니다. 절벽주변에 살고 있다. 절벽 바로 위나 절벽 바로 밑이나 절벽주변에 살고 있다는 것이죠.

　그것이 劫殺의 모양새라는 것입니다. 그래서 이런 劫殺대운에 이사를 간다면 어디로 갈 것인지 물어봐서 그 주변에 끝자락이나 마지막 속성이 있느냐? 해외나 섬 속성이 있느냐? 이런 것을 따져서 이 시기에 간다면 劫殺대운을 좇아서 그 모양을 취하였으니 세운의 간섭을 받으므로 적어도 10년이 정확하게 딱 떨어지는 것은 아니라도 10년 내외의 세월동안 이런 공간과 인연을 맺게 될 것으로 본다는 것입니다.

2. 運의 요소 • 279

[그림 16-8]

대운(큰단위): 공간, 추구성, 조건
세운 : 행위, 해결수단, 가까운 상황.

12신살		大　　運	歲　　運
亥	劫殺겁살	공간적:끝자락, 마지막 자리, 해외, 섬, 지하실. 변장. 추구성 : 이속성(남들과 교통이 없는 곳). 조건:자기의 속성 감추고자 하는.	숨기고 다님, 주먹 쥐고다님, 묶을 것. 운동 스타되는 경우(도화와 준하는 인기).
子	災殺재살	간첩처럼 지냄, 해외, 지하실, 비밀스러움. 학문연구로 긍정적인 부분도 있음, 자기독단적인 삶, 압박이 주어짐(온갖 찌푸림).	간첩이 된다. 온갖 꾀를 쓴다. 머리를 쓴다. 이벤트는 타련이용, 상문조객(초상)으로 부가 이익. 수옥살.
丑	天殺천살	종교성 있는 공간, 학교, 정신적 수양, 텅빈공간. 육친 관계가 좋지 않은 발생 빈도 높음. 자기가 극복하기 어려움. 정신세계 추구.	큰단위의 부동산이 움직임. 대항 할 수 없는 일들도 다발함.
寅	地殺지살	역할강화, 새로운 무대진입, 命내 자체에 역마살이 갖추어져 있는 경우 조금만 바뀌어도 변동, 運에서 무리지어 있는경우 제한적으로 발생.	自意의 변동(구체화 6~7/10), 이사, 이동, 간섭인자 (年月:대규모, 日時:소규모, 年月:오랫동안보유한 것, 時:어떤 임대용,사업적 목적인 경우),식구발전.
卯	年殺년살 (桃花도화)	子 午 卯 酉 능력, 직업적 프로 만듬, 시선 모으는 능력, 어느 분야에 성패 상관없이 추구성 지속됨.	상을 받거나, 대외적으로 시험 성취, 질병(문병), 사업가 정치하기 위해 지갑을 연다. 음주가무로 품 잡는다. 젊은나이 연애인.
辰	月殺월살	역마대운, 申子辰 三合, 해외, 섬, 지하실, 달이 떠있다는 말은 주변 어둡다. 세운 속성 동시에.	원룸, 모텔, 달이 뜰때 돈이 들어오는 것, 밀수, 나이트클럽, 오징어잡이, 도선생. 조그만 임대사업,상속의 빈도 높음.
巳	亡身망신	노출, 피하는 동작, 음성소득, 탈세, 끝자락에서 드러남,정관임때 비호세력으로 잘 쓰는 경우도 있음. 초후적 측면 기울면 간질병 노출.	부가이익 발생. 흔기 있는 사람 연애사. 건강 불안.
午	將星장성	주동자, 중심 역할, 미션이 주어짐, 끝부분에 건강상의 문제 발생하는 경우 다발생. 길한 경우 업적을 많이 쌓음.	누적에 의한 만성 건강 문제발생. 식구발전. 역할발전.
未	攀鞍반안	천살과 반대 안전한곳, 참호(움푹 패인 땅). 생활 편리하나 주저 앉아 있는공간 답답함. 정체되어 있는 그곳에서 움직임. 평생의 기반.	천살을 밀어냄. 힘겹게 했던 것을 떨쳐냄, 학문성 논문. 압박 받던 곳에서 움직이나 편하지 않음. 오래갖고 있을 수 있는 실속 있는 규모의 부동산.
申	驛馬역마	해외 출입 역동적 변화, 이동성, 전후 연결運을 참고함.역마와 무리지는 경우 상반기 움직인다.	돌격 앞으로 삼재 시작. 이사. 무대의 변동(7~8/10) 현대(5/10).
酉	六害육해	子 午 卯 酉 (장성) 군령 규칙 吉하면 吉하게, 凶하면 凶하게 씀, 무덤의 문턱(저승사자 자기 자신 처신 조절).	三災와 무리지어 본다. 변화 주도하기에는 좋지 않다. 갖가지 번거롭고 거추장스러운 일 발생.
戌	華蓋화개	辰,戌,丑,未, 기운 수렴, 이중성, 어떤 六親(l肉親) 부가이익, 반복성, 정신적 힘들게 쓰는 경우 다발생.	묵은 것 또는 미결된 것을 정리. 매듭, 갈무리, 이동(자의) 다발생. 재회, 재생, 숨에 의해 식구발전.

학생 질문 - 선생님 혹시나 집을 화려하게 지어서 가면 안 됩 니까?

선생님 답변 - 집을 화려하게 짓는 사람도 있는데 보통 절벽

위에 짓습니다. 천하절경 같은 곳에 짓습니다. 우리 절경(絕景)도 끊을 절(絕)자입니다. 그런 절경 같은 곳에 뭘 지으려고 하는 것입니다. 劫殺로 다가가는 사람도 그것을 추구합니다. 寅午戌 공간이 좋게 표현하면 일종의 사회입니다. 좀 험하게 표현하면 이것은 속세입니다. 그다음에 劫殺, 災殺, 天殺 구간은 이속(離俗)입니다. 그래서 이것저것 잡것들과 섞여 살기 싫어서 "나는 갈 것이다." 이런 식의 인자가 만들어지기도 하는 것이 劫殺입니다.

학생 질문 – 가출을 하면 어떻게 됩니까?

선생님 답변 – 가출을 하는 데 야무지게 하는 것입니다.

그다음에 추구성이라고 하는 것도 마찬가지입니다. 추구성이라는 것도 이런 劫殺運이 오면 뭔가 이속(離俗)성으로 떠나든지 남들과 교통이 없는 공간을 좇아가든지 그런 식의 과정을 만들어나가게 되는 것입니다.

그래서 결국 12神殺이 가지고 있는 글자들의 속성 이런 것들을 좇아가게 됩니다. 보통 華蓋를 넘어서 劫殺로 넘어가는 경우 또는 地殺을 넘어서 또 天殺로 넘어가는 경우 이런 경우가 보통 사회와 조금은 격세(隔世), 세상과 조금 떨어진 또는 속세와 조금 떨어진 이런 곳으로 자꾸 추구성을 가지고 가게 되는 것입니다.

조건이라는 것은 대체로 자기의 여러 가지 능력이나 역량이나 속성을 감추고자 하는 그런 쪽으로 주로 많이 나갑니다. 그래서 조건적인 측면에서 공간도 되고 자기가 어떤 것을 해보고 싶다는 이런 것도 됩니다.

災殺도 간첩입니다. 寅午戌이 子를 만났을 때 모든 것을 숨기고 비밀스럽게 꿈꾸고 첩보활동을 하는 것입니다.

이 세상과 어울리는 것이 있는 듯이 없는 듯이, 보통 학문적인 연구를 하는 것 이런 것은 긍정적이지만 소위 간첩처럼 지낸다는 겁니다. 간첩처럼 지내는 공간도 끝자락 마지막 자리는 아니라도 해외, 섬, 지하실을 향해서 가는 그런 속성이 발생하고 세상과 어울리는 것보다는 자기가 독단의 여러 가지 삶을 살려고 하는 그런 부분으로 자꾸 들어가려고 하는 것입니다.

그리고 세운에서 오면 '간첩이 된다.'가 됩니다. 그것은 어쩔 수 없이 원래 밖으로 나대고 싶은데 외부환경이 안 좋아서 어쩔 수 없이 나를 숨기고 돌아다니는 것입니다. 그다음에 외부여건이 좋지 않아서 하는 수 없이 기다리고 있는 상태, 그래서 온갖 꾀를 부리고 있는 상태, 그러니까 몸을 쓸 수 없으니 하는 수 없이 '머리를 쓴다. 꾀를 쓴다.'가 됩니다.

그다음에 진짜 해결을 하려고 하면 세운에서 해결하기 위해서는 자력으로 안 되므로 타력을 이용한다는 겁니다.

"본부나 행동대원 나와라! 오바!" 이렇게 해서 타력을 이용하는 이런 식의 양상이 오는데 이제 혹간 상문(喪門), 조객(弔客)의 작용과 거의 흡사한 즉 주변에 초상이 난다든지 해서 부가적인 이익이 자기에게 만들어져 들어오는 그런 것들은 생겨날 수 있는 것이 災殺입니다.

그래서 일반적인 뜻은 대강 여러분이 다 새기고 있으니까 그것을 대운 단위로 크게 적용해서 12神殺을 써줄 것이냐? 하는 것입니다.

그런데 실제로 상담할 때 이것이 많이 쓰입니다. 외국 가는 사람 月殺, 驛馬殺, 災殺에 많이 갑니다. 그다음에 子, 丑, 午, 未 이런 것 걸릴 때 많이 가고 그다음 자기 팔자 자체에 驛馬 이런 것에 많이 갑니다. 그래서 月殺, 驛馬, 災殺이 무리가 되므로 많이 가게 됩니다.

오늘 오신 손님도 그런 운 2년차에 들어와서 자기는 웬만하면 조금만 더 근무하고 그냥 명예퇴직하려고 하는데 해외발령이 난 겁니다. 해외발령이 나면서 계급장이 더 좋아지는데 그 대운의 시작이 壬辰대운입니다.

[그림 16-8-2]

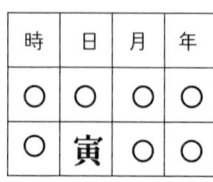 

정확한 명조는 제가 다음에 정리를 해보겠습니다. 寅日生이었는데 壬辰 대운이 들어오니까 月殺로 들어갑니다. 그러니까 12神殺을 皆花論的으로 보면 月殺 壬辰대운이 驛馬대운이 됩니다. 그런데 이 양반이 또 공부하고 온 사람이었습니다. 진짜 피곤해 죽는 줄 알았습니다.

"선생님 책은 보기는 다 봤는데 月殺인데 왜 갑니까?"

"이 사람아! 이것이 月殺이니까 가는 것 아니냐?"
"그런데 왜 驛馬하고 같아요?"
"申子辰 三合 아니냐?"
"그러면 三合이면 다 똑같네요?"

月殺, 災殺, 驛馬殺 이것이 결국은 해외나 섬, 지하실로 남들 눈에 잘 안 뜨이는 공간을 상징합니다. 그러니까 月殺이라고 하는 것이 뭡니까? 달이 떠 있다는 말은 주변에는 바탕적으로 어둠이 있다는 말입니다. 그러니까 月殺運에 아주 소극적으로 보통 이렇게 돈벌이를 하고 있는 사람들을 보면 어떤 업을 하고 있느냐 하면 원룸, 모텔 이런 것을 하고 있습니다.

그 대운에 다가가면 달이 뜰 때 돈이 들어오는 것 그래서 원룸, 나이트클럽 그다음에 요즘 제일 많은 것이 모텔 그다음에 옛날에는 밀수도 했습니다. 그러니까 해외를 들락거리면서 뭔가를 이루고 있다는 말입니다. 그다음에 아주 특이하게 제가 정리를 하면서 본 경우가 오징어잡이입니다. 밤에 배를 몰고 나가서 밤중에 하는 어업이 있고 그다음에 밤중에 뭘 가지고 오는 거니까 도(盜)선생도 있습니다.

■ 災殺

災殺 자체가 무슨 다른 명칭으로 수옥(囚獄)입니다. 그러니까 세운이 좋지 못할 때 옥에 갇히는 어떤 그런 것까지 같이 만나게 되는 것이 그런 것입니다. 그래서 그런 것들이 실제 상담에는 많이 쓰인다는 겁니다.

운이 거꾸로 와도 되고 앞으로 가도 됩니다. 寅午戌을 중심으로 辰을 만나면 月殺입니다. 이 辰대운에 걸려들어 온다면 寅, 卯운 이런데 가까이 오면 뭘 해 볼 것이라고 왔다 갔다 하다가 실속을 못 차리고 辰 月殺운에 조용하게 살아야 되겠다 해서 묶어놓은 것이 임대사업으로 가장 작은 단위가 조그마한 상가를 하나 산다든지 하고 그다음에 조금 볼륨이 있게 할 수 있는 경우에는 모텔, 원룸 이런 것을 사서 하는데 평생 안 하던 것이 많습니다. 평생 자기가 해오던 사회생활이라든지 사업 분야가 아니라는 겁니다. 그럴 때 안 하던 것을 하려니까 겁을 내는 겁니다. 겁을 내면서 이런 月殺 운이 올 때 해도 되겠느냐? 물어봅니다.

물론 대운의 길흉적인 맥락은 봐야 됩니다. 그래서 길흉적인 맥락이 안 좋으면 규모를 작게 해야 합니다. 이런 속성은 안 따를 수는 없습니다. 그다음에 운의 흐름이 좋을 때에는 규모가 있게 하는 것입니다. 그래서 辰운에 이 속성을 따라가다가 巳대운으로 빠져나가면 중반부쯤부터 슬슬 운의 간섭에 의해서 이제는 좀 지겨워집니다. 지겨워져서 다른 것을 또 하려고 합니다. 巳대운의 중반부 또는 세운 따라서는 초입이 될 수도 있고 끝부분이 될 수도 있습니다.

그렇게 해서 亡身이라는 것이 뭡니까? 남들에게 보여주기에는 좀 부끄러운 어떤 컨디션 그런 속성에 들어오면서 자꾸 바꾸려고 합니다.

辰 月殺운에 들어가신 대표적인 분이 있는데 그분 같은 경우에 안경 유통업 이런 것을 평생을 하신 분입니다. 그러니까 50 중반까지 하다가 寅, 卯운에 운이 흘러간다면 寅정도부터 卯운

까지 하신 겁니다. 卯운 끝날 때쯤 도저히 그 업을 그대로 할 수 있는 여건이 안 되어서 다른 사업을 해야 되겠다 했는데 그 이후에 운의 흐름이 좋은 겁니다. 그래서 겁내지 말고 하라고 했습니다.

그렇게 해서 2008년도가 戊子년인데 戊子년 己丑년이 辰 月殺대운, 災殺 子년에 겹칩니다. 月殺, 災殺이 겹치면서 戊子년 중반부터 건물을 짓습니다. 객실이 상당히 많은 것을 지었습니다.

예를 들어서 본인이 한 20억 가까운 돈을 넣었다면 나머지 한 30억 내외까지는 다 빌려서 건물을 올렸습니다. 그런데 이분은 평생 안경테 몇천 원 남는 것 이런 것 남는 장사를 한 분이 되니까 그런 숫자가 오니까 감당을 못하는 겁니다.

"이거 진짜 하다가 내 인생 가버리는 것 아니냐?"

한 세 번을 찾아오셨는데 제가 걱정하지 마시라고 반드시 해보라고 했습니다. 그래서 모텔을 짓는데 짓는 인부가 이렇게 말했다는 겁니다.

"보통 이 정도 규모면 한 3년이면 다 뽑겠네!"

"뭘 뽑는다는 말입니까?"

"투자한 것 다 뽑는다."

"에이! 말도 안 되는 소리 하지 마라. 3년 만에 어떻게 45억, 50억을 다 뽑는다 말이냐?"

그렇게 했는데 뚜껑 열고 영업을 시작했더니 정말로 한해에 15억 20억이 들어오더라는 겁니다. 그래서 딱 3년 몇 개월 만에 금융 다 끄고 투자된 것 다 나온 겁니다.

제가 月殺 이야기하니까 그분 스토리가 그냥 확 떠올라서 그런 이야기를 한 것 겁니다. 지금은 2009년도부터 영업을 했으니까 2013년 겨울인가? 2014년에 오셨습니다.

"하나 더 할까?"

"하나 더 하이소."

그래서 그렇게 크게 공간이나 추구성, 조건 이런 것에 대운의 간섭이 발생하는 거니까 그런 운들을 보십시오. 지금 아마 그분이 한 개 더 할 겁니다.

왜냐하면, 辰대운으로 딱 접어들고 있었습니다. 辰대운에 접어들고 지금 5년차쯤 되었는데 앞으로 남은 것이 적어도 5년에서 8년은 月殺 속성을 그대로 쓴다는 겁니다. 하나 더하면 완전하게 멋있게 은퇴하겠다 싶어서 이분이 물어서 조건 맞으면 진행하시라고 이야기를 해드렸습니다.

■ 天殺

天殺같은 경우에는 공간적인 측면으로 비유한다면 공간이 劫殺, 災殺, 天殺이 세상과 많이 섞인 공간은 아니라는 측면에서 天殺은 하늘 보고 할 수 있는 것이 공부, 수양, 정신적인 추구성 이런 것을 할 수 있는 공간이니까 보통 종교성이 있는 공간이나 학교, 정신적인 수양 공간 그다음에 사실은 약간 비어있는 공간도 상징합니다.

왜냐하면, 하늘은 형태가 없고 텅 비어 있습니다. 그래서 사회적인 용도에 별다른 활용도가 별로 없는 공간 그런 공간에서 주로 활동하게 되는데 학생들이야 당연히 이런 天殺 운을 만나면 힘은 들어도 정신적으로 자기를 키우는 일들이 많이 발생합니다.

실제로 天殺은 대운의 흐름이라든지 이런 것이 썩 잘 맞지 않는 경우에는 주변에 가족들 사이의 관계나 六親 이런 것에 의해서 굉장히 힘든 과정도 겪습니다.

예를 들어서 이런 것입니다. 94살 된 아버지가 8년 전에 부인을 잃었는데 8년 전에 들어올 때 아버지가 天殺에 들어온 것이 아니라 내가 天殺에 들어온 겁니다. 8년 전이면 94살 빼기 8년 하면 86살인데 86살에 아버지가 상처(喪妻)한 겁니다. 상처(喪妻)하는 그해부터 내가 天殺이 들어와 있더라는 겁니다. 그러니까 자기가 사회활동을 액티브하게 하지 못하고 힘들게 지냈습니다.

그래서 할 수 없이 수시로 아버지를 봐야 되고 부인도 같이 봐야 되고 애도 키워야 되고 그것은 일반적인 생활에 필요한 것들이 자기 天殺에 딱 걸려버린 것이죠. 이것은 조건에 걸린 겁니다. 天殺조건입니다.

그렇다고 아버지보고 빨리 가시라 소리도 못하는 겁니다. 아버지가 94살에 골프를 치십니다. 비거리 안 나온다고 채 바꾸는 분입니다. 비거리 나는 채를 바꾸는 정도의 아버지이니까 아직도 건강하고 말짱하니까 어떻게 해볼 도리가 없는 것, 이런 六親 관계에서 어찌해 볼 도리가 없는 이런 것들도 조건에 걸리는 겁니다.

天殺이 언제 풀리느냐 하면 앞으로 2년 뒤에 풀립니다. 기왕 조금만 참고 견딘 것, 아버지 금고 안에 뭐 좀 있는 것 같으니까 조금만 더 견디라고 하니까 통장만 엄청 많이 있다고 합니다. 그러니까 이것 天殺이라도 달게 받아야 합니다.

이것이 앞으로 우리가 일상으로 사는 내용이 될 것이기 때문에 이런 상황들에 대해서 그것을 많이 연구해 놓아야 합니다. 그러니까 86살에 상처(喪妻)를 했을 때 결혼까지는 아니더라도 계약형태라도 옆에서 돌봐드릴 분을 찾으시라고 하면 되는데, 왜냐면 자식들은 받을 것이 있으니까 그런 마음이 또 없는 겁니다. 아들 둘 딸 하나인데 아들 입장에서도 이것이 n분에 1로 갈라지는 것이 싫으니까 그러니까 결국은 자기 天殺을 감당을 하더라는 겁니다.

더 웃긴 것은 2014년 봄에 강남에 있는 모 회장님 이야기입니다. 회장도 대기업 회장은 아니라도 강남에 회장님이 많습니다. 이 회장님이 93살인데 강남에 건물이 싸게 나왔다고 하나 사는데 가격이 250억입니다. 그것을 전부 현찰을 다 주고 사면서 명의를 자기 앞으로 하는 겁니다.

그분은 팔자를 안 봤지만, 그분 대운이 분명히 地殺, 亡身, 將星殺 이런 것에 걸려 있을 겁니다. 본인이 한다는 겁니다. 아들이 몇 살이냐 하면 67세입니다. 물론 물려받았지만 뭘 좀 제대로 좀 큰 단위로 물려줘야 일도 좀 크게 벌여 볼 건데, 지금 내일모레 70인데 아버지는 250억짜리 현금 주고 빌딩을 사는데 자기 명의로 다 해버리니까 자식이 죽으려고 하는 겁니다.

"어르신 앞으로 세금도 있고 상속 증여도 있고 같이 명의를 왜 안 하십니까?"

"안 돼! 안 돼! 저 애들 버릇 나빠진다. 뭐 내가 잘못된 거 있나?"

그런데 이것이 앞으로 우리 일상이 될 수도 있다는 겁니다. 그래서 그 영감도 상처(喪妻)해서 계약 비슷하게 살림을 살아주는 분이 계신가 본데 앞으로 이런 것이 일상이 되기 때문에 오래 살 사람 같다 싶으면 웬만하면 빨리 사람 한 명 찾아서 어르신 뒷바라지 하라고 해야 됩니다.

그런 분들은 93살의 나이에 자기 명의로 그 건물을 샀다는 것이 地殺 아니면 亡身, 將星 이런 것들이 걸려있을 때입니다.

"다 내 거야! 내가 할 거야!"

이런 식의 기운이 추구성 속에 있기 때문에 그렇습니다. 추구성이라는 것이 그만큼 크게 영향을 주는 것입니다. 자식들이 묻는 것이죠.

"이번에 아버지 건물 사시는데 우리 명의라도 안 넣어 주겠습니까?"

"글쎄 애매하다."

이 양반이 이런 將星운에 있으니까 자기가 대장 해먹고 있어야 되는 그런 운이니까 그래서 그런 요소를 12神殺을 가지고 기본적인 틀로써 봐줘야 되고 또 사실은 유년을 봐 줄 때도 많이 쓰입니다. 12神殺이 굉장히 많이 쓰입니다. 그래서 12神殺에 대한 이해라든지 기준이라든지 적용 이런 것을 여러분이 많이 정리해 놓을 필요가 있습니다.

예를 들어서 寅午戌을 샘플로 未가 天殺 반대편입니다. 天殺 반대 攀鞍의 인자에 들어가는데 이것이 하늘에서 제일 먼 곳이니까 움푹 파인 땅이라는 겁니다. 그것이 보통 참호효과가 있습니다. 그래서 참호 속에 엎드려 있는 모양이니까 내 머리에 포탄은 안 떨어지지만, 앞으로 나가지도 마음껏 뛰어나가지도 못하는 그런 답답함에 붙들려있는 그런 작용을 합니다.

대운은 공간이라는 측면에서 攀鞍이라는 것은 天殺의 반대편에 있으므로 골치 아플 것은 없습니다. 생활이 편리한데 '자리에서 움직이기에 여건이 안된다.', '이런 식으로 주저앉아 있다.', '이런 어떤 주저앉아있는 공간'을 의미합니다.

天殺은 텅빈 공간이고 들판 같은 곳이라면 攀鞍은 도심 속에 생활의 편의성은 확보되어 있지만 돌출한 집이 아니라 안쪽에 좀 들어와 있는 집이라서 팔아먹기에도 애매한 곳입니다.

[그림 16-8-3]

그렇다고 해서 불편할 것은 없는 그런 공간에 주저앉는 흐름

이 발생하는 것입니다. 그래서 생활 편의성이라든지 이런 것은 좋아도 마음대로 못 움직이는 그런 공간 속에 살게 됩니다.

그다음에 未 자체에 생긴 모양을 봐서 보통 언덕을 넘어간다고 할 때 午를 가장 높은 곳이라 한다면 그다음이 未가 됩니다. 이것이 공간적인 높낮이를 보면 午가 제일 높고 未가 옆인데 이 午가 툭 튀어나온 것이고 未는 싹 들어간 것입니다. 툭 튀어나온 놈 바로 옆인데 안쪽에 들어와 있는 것, 함몰되어 있는 것 이런 속성을 가짐으로써 정체되어 있거나 답답함을 감당하는 그런 식의 세월이 오고 또 추구성도 그렇게 생각합니다.

"아이고 마 폼 안나도 된다. 내가 편하면 되지."

이런 식의 추구성으로 가게 되는 것입니다. 그런데 세운에서도 왔을 때는 이런 경우 어떻게 됩니까? 세운에서 오는 것은 조금 더 다릅니다. 보통 행위적인 면이나 해결수단 측면에서는 天殺을 밀어냅니다. 그래서 그동안 힘겹게 했던 것, 힘들었던 것 이런 것을 떨쳐내는 작용이 옴으로써, 그동안 계속 압박받던 일로부터 편안한 공간으로 옮겨지는 그런 작용이 옴으로써, 일순간적으로 편안하고 좋아지는 측면도 있지만, 그다음 상대적으로 내 마음대로 튀어 나가기에 불편함이 같이 깔려있는 그런 어떤 상황 속에 지낸다 하는 겁니다. 그래서 그냥 밥만 먹고 지냅니다. 이런 상황들 이런 것들이 세운에서는 들어온다는 뜻이 되는 겁니다.

물론 대운 간섭에 의해서 좋은 흐름이 만들어졌을 때는 攀鞍의 긍정적인 작용이 생기는데 오래오래 갖고 있을 만한 부동산의 취득입니다. 보통 단위가 큰 것보다는 작은 경우가 많습니다.

왜냐면 天이 뭡니까? 텅 비고 넓은 것입니다. 텅 비고 넓은 것의 반대말이니까 꽉 차고 좁은 것입니다. 그래서 실속은 있는 모양인데 좁은 모양 이런 식으로 세운의 속성에서 긍정적으로 쓸 때 그런 것을 자기가 취하게 된다. 보상을 받게 된다. 이런 식으로 가는 겁니다. 그러니까 이 내용이 사실 상담에 12神殺의 속성을 가지고 다루는 상담이 상당 부분이라는 겁니다.

학생 질문 – 선생님 未 다음에 申에서 寅午戌 같은 경우에는 2016년에 申이 오면 어떻게 됩니까?

선생님 답변 – 申이 오면 드디어 驛馬가 옵니다. 이제 '돌격 앞으로….'가 되는 겁니다. 다리 쭉 뻗고 나에게 포탄 떨어질 일 없다고 했다가 驛馬가 뜨니까 짐 싸고 이렇게 신발 신고 움직이기 시작하는 겁니다.

학생 질문 – 隔角이면 喪門 弔客도 걸리지 않습니까?

선생님 답변 – 그렇습니다. 가만히 있으려고 했는데 밖에 무엇이 난리가 좀 났네. 그래서 할 수 없이 움직이게 되고 활동하게 되고 이런 것이 이제 三災가 시작됩니다. 그래서 三災운에 주변 변동으로 어쩔 수 없이 자꾸 움직이는 이런 작용이 발생하는 겁니다.

학생 질문 – 방금 말씀하신 것은 세운 측면입니까?

선생님 답변 - 그렇습니다. 세운적인 측면이 더 강한 것이고 대운적인 측면은 驛馬가 뜨면 어떻게 됩니까? 해외출입, 단위가 크게 이루어지는 행동의 틀, 직업의 틀 이런 것으로 봐주는 겁니다. 그래서 똑같은 자기 비즈니스라도 해외에 관련된 비즈니스를 하는 식으로 그래서 그 단위만 좀 다르게 하고, 또 속성에는 약간의 편차를 두더라도 12神殺의 적용은 여러분이 잘 좀 익혀두십시오. 하여튼 상담에 많이 쓰입니다.

학생 질문 - 예를 들어서 뜻하지 않게 상속을 받거나 이렇게 되면 주로 月殺로 보는 겁니까?

선생님 답변 - 보통 月殺, 災殺, 驛馬 그다음에 天殺입니다. 天殺에도 하늘 쳐다볼 일이 많이 생기는데 그것이 어르신이 큰 병고를 당하거나 이런 것들이 天殺운에도 보통 상속적인 것이 오고 그다음에 亡身 이런 때도 주로 잘 발생합니다.

학생 질문 - 그중에서 제일 많이 발생하는 케이스는 어떻게 됩니까?

선생님 답변 - 그러니까 12神殺 자체에서 상속에 의한 변화성이 가장 뚜렷한 곳이 바로 月殺입니다. 즉 반대편에 머무르고 있는 존재가 소진되는 것입니다. 申子辰이 소진되는 곳 그럼으로써 타인의 무덤이라는 말입니다.

상속이나 증여라는 것이 아버지 무덤 때문에 생겨난 것입니다. 아버지가 財星이니까 財星이 반대이지 않습니까? 그러니까 반대의 기운이 사라진 곳 그렇게 보시면 됩니다. 그래서 불효자는 웁니다가 나옵니다. 아버지를 오래오래 사시게 해야만 그것이 효자이고 전부 다 부친이 돌아가시면 다 불효자가 되는 것입니다.

학생 질문 - 그러니까 행위나 해결수단이니까 주로 세운에서 月殺 세운이…

선생님 답변 - 그렇습니다. 月殺 세운이 와도 꼭 아버지가 아니라도 주변 사람들한테 좋은 조건의 제한을 받고 거저 내가 얻듯이 뭘 얻을 수도 있고 그런 변화가 많이 생기는 것이 月殺입니다.

학생 질문 - 선생님, 저기서 甲대운 저 三合에서 보면 劫殺, 災殺, 天殺 운을 지날 때 대운에서 지나가면 그 시기는 자기한테는 최고 좋은 운이라고 하던데요.

선생님 답변 - 누가요? 그 출처가 좀 궁금한데요. 그것은 어디서 이 劫殺, 災殺, 天殺을 지나갈 때…

학생 질문 - 그 시기가 군(君)의 시기라 해서 그래서 제가 진짜 왜 그렇게 하는지 여쭤어 보는 것입니다.

선생님 답변 - 그것이 운을 君, 臣, 民으로 구분하는데 이 劫殺, 災殺, 天殺을 지나간다는 것은 이런 겁니다. 일단 두 가지 측면이 있는데, 하나는 몸을 많이 안 쓰고 머리 많이 쓰는 어떤 일을 한다는 것은 신분이 높을 확률이 높다는 겁니다.

그러니까 머리만 써서 싸인만 하면서 볼일을 보고 있다는 말이니까 그런 측면이 있고, 그래서 보통 공직이나 변화가 많지 않은 조직생활을 하는 사람들은 괜찮습니다. 그래서 대체로 좀 좋다고 보는데 사업을 하는 경우에 윗사람의 힘을 빌려서 그것을 할 수 있는 기회가 많다고 봐서 단위를 좀 키워주는 효과는 있습니다.

그런데 劫殺, 災殺, 天殺만이 무조건 좋다고 안봅니다. 생활의 풍요 측면에서 보면 이것은 자기가 돈을 버는 측면이고 생활하고 쓰고 측면은 地殺부터 시작해서 華蓋까지 측면이 더 강합니다.

그러니까 벌어들이는 양상에서는 몸을 쓰는 것보다는 머리를 쓰는 것이 더 낫기는 하지만, 자기가 생활의 여러 가지 편의성을 가지고 누린다는 측면은 地殺부터 시작해서 華蓋까지가 좀 더 많은 겁니다. 그래서 그것 하나를 가지고 무조건 劫殺, 災殺, 天殺에 놓여있다고 해서 무조건 그것을 좋다고 단정해서는 안 되는 겁니다. 속성이 그러하다 분류를 해서 공부를 하는 것이 맞습니다.

학생 질문 - 선생님, 실관을 하실 때 그 대운을 지나간 사람…….

선생님 답변 - 저는 항상 묶어서 봅니다. 그래서 君, 臣, 民 이것을 어느 정도 무조건 금을 그어놓고 봅니다. 금을 그어놓고 보는데 여기 있기 때문에 무조건 큰돈을 번다는 것은 아닙니다.

학생 질문 - 큰돈이 아니고 운이 좋다고 최고의 좋은 운이라고 해놨습니다.

선생님 답변 - 그러니까 표현이 정확한 표현은 아닌 것 같다는 겁니다. 이때 20년씩 교도소 갔다 오는 사람도 있고 해외에 무슨 사업하러 갔다가 거기서 돌아오지도 못하고 묶여 있다가 온 사람도 있습니다.

이것을 좋다 나쁘다 길흉 개념보다는 앞에서도 했었습니다. 공간, 추구성, 조건 이런 개념으로 정리하는 것이 더 정확한 개념정립이 될 겁니다. 그런데 앞에서 말씀드린 것처럼 '머리만 써서 먹고 산다.' 이런 것은 사회적인 지휘가 좀 높을 가능성이 있다는 겁니다. 그런데 임금 곁에 있으면 죽을 일도 많습니다. 그것을 생각하시면 됩니다.

攀鞍殺은 작게 벌어도 행복하게 쓴다가 많습니다. 그러니까 이것을 나쁘다고 할 수도 없습니다. 좋다 나쁘다는 개념보다는 이런 기준, 속성 이것을 좀 정리해서 그 사람에게 기준을 제시해

주는 것이 학술적으로 의미가 더 크다고 해석합니다.

학생 질문 – 선생님, 福 三災의 설명 좀 해 주십시오.

선생님 답변 – 福 三災는 따로 없고 三災라고 하는 것이 三災가 寅午戌을 기준으로 하면 申酉戌에 걸립니다. 이럴 때 각 개인의 대운이 좋은 흐름과 접속되어 나갈 때 三災에 걸리는 사람들이 있습니다. 그런 경우가 三災 때 뭔가 좋은 일의 통로가 되는 것을 의미하는 것이지 어떤 조건일 때 福 三災 이런 것이 아닙니다.

학생 질문 – 올해는 범띠가 福 三災라고 하던데요.

선생님 답변 – 그것은 다 작곡입니다.

학생 질문 – 그런 것은 필요 없습니까?

선생님 답변 – 그렇습니다. 범띠가 福 三災 이런 것은 없고 그 사람의 경우에는 각 개인의 팔자 패턴에서 운이 지지부진하게 가던 사람은 조금 좋은 운이 접속될 때 三災가 맞물리면 이것이 확 가속도를 줍니다. 그런 것은 福 三災라는 인위적인 명칭을 줄 수는 있지만 아주 학술적으로 정리된 명칭은 아닙니다.

학생 질문 1 – 大運과 歲運 상호간에도 刑, 冲, 破, 害를 運과 명조처럼 같이 보는지요?

선생님 답변 – 그러니까 대운과 세운 사이에 상관관계가 됩니다. 대, 세운 사이에 상관관계인데 강약차이는 있더라도 작용한다고 보면 됩니다. 대운, 세운이라는 것이 결국 큰 단위에 놓여있는 것인데, 대운을 계절에 준해서 본다면 세운에 와 있는 짧은 구간의 작용이나 기운이라든지 이런 것들이 그대로 서로 상호영향을 가진다고 보면 됩니다.

실제 실관을 할 때 해설해 버리는 방식 자체가 대운도 그냥 해설해주고 세운도 해설해주는데 이렇게 해설을 하면 세운과 대운이 부딪쳤기 때문이라기보다 사실은 세운에서 오는 작용 그 자체가 그 사람 명조의 케이스에 그대로 적용됩니다.
그런데 이게 상쇄작용이 좀 이루어지고 이런 것도 당연히 있긴 있습니다. 비가 온다는 것은 五行的으로 水의 운동이 좀 활발해졌다고 보는 것이죠. 계절적으로 여름이라면 물의 움직임이 있다 하더라도 火氣에 의해서 물 기운 고유의 작용에 의해서 피해를 입지는 않는다는 것이죠. 이렇게 서로 계절과 세운의 간섭작용을 전제로 해서 해석을 해주는 것이 오히려 더 전체를 표현하는 방법이라고 볼 수 있습니다.
그래서 刑, 冲, 破, 害도 마찬가지인데 冲은 워낙 많이 여러 가지 기준이라든지 또 일어나는 현상들을 다루었기 때문에 여기서 다시 설명하기는 애매하고, 刑, 破, 害 이런 것은 고유의 작용이 결국은 왜곡된다는 정도로 정리를 해두시고 왜곡되는 형태는 그 명조의 특성이라든지 모양새 따라서 융통성 있게 해석을 해 줄 필요가 있습니다.

학생 질문 2 - 丙丁일주는 戊己 食傷이 매광(埋光)을 한다 하여 즐겨 쓸 수 없다는데, 丙丁일주의 食傷에 대해서 문의드립니다.

선생님 답변 - 왜 丙丁이 戊己를 食傷으로써 잘 쓰지 못하고 오히려 地支에 있는 申酉를 쓰느냐? 물으셨는데 이것은 초보자용 표가 하나 있어야 되겠네요.

[그림 17-1]

丙 丁은
戊 己 식상의 기운을 쓰지 못하고
申 酉 를 쓰는가?

	春		夏		秋		冬	
甲	乙	丙	丁	戊	己	庚	辛	壬	癸
寅	卯	辰	巳	午	未	申	酉	戌	亥	子	丑

'춘하추동 신사주학'에서도 아마 자세히 살펴보면 이것을 다루는 부분이 있을 겁니다. '춘하추동 신사주학'에서 甲, 乙, 丙, 丁, 戊, 己, 庚, 辛, 壬, 癸를 그림의 표처럼 나누고 또 地支는 寅에서 주욱 세어나가서 子丑까지 상기 그림처럼 배열이 됩니다.

[그림 17-1-2]

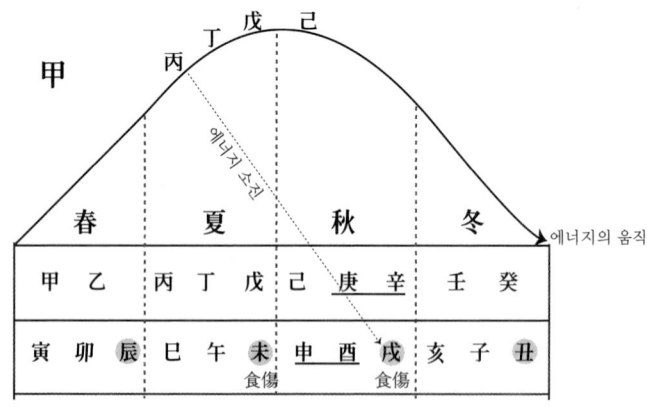

戊己가 있는 가운데 즉 陽의 기운이 발산했다가 戊에서 더 이상 발산되지 못하고 머물러 있다가 己에서부터 다시 陰으로 수렴되는 그런 과정인데 에너지의 위치를 표현한다면 甲乙에서 밀고 올라오고 丙丁에서 펼쳐져서 戊에서 그림처럼 이렇게 되는 겁니다.

에너지 움직임의 패턴이나 방향성 이런 것을 열량중심으로 대충 도식화 한다면 상기 그림과 같은 모양이 나오겠죠?

夏에서 丙丁이 머물러 있고 戊나 己는 위치가 다음 기운으로 확실하게 전환된 것이 아니라 丙丁과 무리 지어 있습니다. 무리 지어 있음으로써 食傷으로서의 기능적인 면이 미미한 것이죠. 食傷이라는 것이 앞의 기운을 누그러뜨려서 끌고 가는 것입니다.

그러니까 봄이 여름에 죽는 것이 뭡니까? 甲이 巳午未에 이르러서 기운이 쇠퇴하는 것입니다. 기운이 쇠퇴하는 것을 의미하는 거니까 甲이 未에 이르면 어떻게 됩니까? 午에 死地, 未에 墓

地가 됩니다. 앞의 기운을 끝내고 수렴을 시켜버리는 그런 작용이 있어야 되는데 丙丁戊己는 그런 작용이 아니고 에너지 위치상으로 보면 申이나 酉에 이르러야 기운의 소진이 이루어집니다.

즉 丙은 어디서 죽습니까? 戌자리에 와야 됩니다. 酉에 死하고 戌자리에 와야 이것이 자기 기운을 펼치지 못하고 에너지가 완전히 숙임을 당합니다. 그래서 地支에서 申酉 정도가 되어야 食傷의 기운처럼 형성이 되어지고 그다음에 天干에도 사실은 庚辛정도에 이르러야 食傷처럼 확실하게 다음 기운이 앞의 기운을 누그러뜨리는 작용이 발생한다는 것입니다. 이해되십니까?

학생 질문 3 – 丙丁은 地支에 辰戌丑未는 食傷이 아니고 뭐로 봐야 됩니까?

선생님 답변 – 그러니까 戌정도에 이르러야 墓가 되는 것이고, 未가 食傷작용이 조금 있습니다. 그런 다음에 丑은 수렴작용이 있으므로 형태상으로 土로 우리가 분류하지만, 이것은 金을 수렴하는 것이지 火氣를 수렴하기 위한 본래적인 글자가 아닙니다.

그래서 食傷의 양상을 가져오는 것은 맞지만, 오히려 官星과 무리 지어서 세력을 억제하는 것입니다. 그러니까 食傷이라는 것은 나와 상생 관계가 되어야 되잖아요? 그런데 오히려 알고 보면 丑은 丙火의 기운을 丑이 확 가져갑니다. 가져가지만 이것

은 食傷으로써 가져가는 것이 아니라

"너 안 내놓으면 죽는다."

이렇게 싹 데려오는 것입니다. 그러니까 오히려 丑은 水와 무리 지어서 오히려 水가 도리어 火를 극하듯이 하는 그런 작용이니까 기운을 억제시킨다는 면에서는 食傷의 기능이 있긴 하지만 이것은 오히려 食傷의 본래적인 작용과는 조금 다른 측면에 食傷입니다.

그다음에 辰은 형태는 食傷이 맞기는 한데 오히려 火氣를 딛고 일어서게 함으로써 이것이 食傷으로써 형태만 食傷이지 실제로 食傷의 작용이 활발하지 못하다고 보는 것입니다.

그래서 未나 戌정도에 가야 그래도 食傷으로서의 작용이 본래적인 뜻으로써 계승된다는 겁니다. 그리고 오히려 현상적으로 보면 申이나 酉에 이르면 오히려 食傷으로써 火氣가 누그러뜨리지기 시작을 합니다.

그러니까 申에 이르러서 뭐가 長生합니까? 壬水가 長生합니다. 그래서 立秋부터 겨울이 일어서기 시작하니 이제는 더운 기운이 스무스(smooth)하게 물러간다는 것이 食傷입니다.

그래서 그런 측면에서 이 戊己를 잘 쓰지 못하고 戊己는 매광(埋光)으로 모양은 食傷을 하고 있으되 자기 본래의 색깔만 흐리게 만드는 그것도 食傷은 食傷입니다. 食傷인데 食傷의 일반적이고 본래적인 그런 작용과는 조금 거리가 있으므로 잘 쓰지 못한다는 겁니다. 못쓴다가 아니라 잘 쓰지 못한다는 것입니다.

학생 질문 4 - 子 大運이 명조에 있는 午 官星을 冲했을때 지방, 해외로, 軍 관계자는 야전으로 보직변경 및 직책이 이동 된다 하셨는데 이는 子 干支의 속성을 염두에 두고 해석한 것인지요? (반대로 午대운이 子 官星을 冲하면 직책이동 속성이 달라지나요?)

선생님 답변 – 당연하다고 보면 됩니다. 그래서 그 케이스만을 말하는 것이 아니라 冲 작용을 만들어내는 것의 속성을 파악하게 하기 위해서인데… 그러니까 좋은 흐름이 유지되고 있을 때는 冲을 만나면 두 가지입니다. 움직이거나 더 좋은 흐름으로 갈 때는 주마가편(走馬加鞭)입니다. 달리는 말에 이렇게 채찍을 더해줌으로써 오히려 더 좋은 이동이 일어난다는 것입니다. 도리어 큰 흐름이 나빠질 때는 정말로 冲의 어떤 부정적 작용으로 애들 말로는 박살이 나는 그런 落馬를 만드는 그런 작용이 되는 겁니다.

학생 질문 – 선생님, 子의 干支 속성이 '야전' 이런 식으로 陰으로 해서 야전사령관으로 해석한다면, 밝은 午를 뭔가 중앙으로 보직이 이동된다든지 하는 식으로 이해할 수 있습니까?

時	日	月	年
○	辛	○	○
○	○	午	○

子대운

선생님 답변 – 그렇죠. 질문의 내용이 그 의미네요! 예를 들어서 상기와 같이 午월에 辛일주가 있는데 子대운이 왔을 때 그 케이스를 설명하면서 이 子의 속성을 취한 설명이 어느 수업 때에 있었을 겁니다.
이 子가 午를 건드려서 결국은 午를 포섭시켰다고 표현해도 되니까 그 午의 모양은 어떻게 됩니까? 子가 가운데를 포섭했으니 午가 구석으로 밀려난다 하는 겁니다.

그런데 결국은 子라고 하는 대세 속에 자기 존재양식을 유지해야 되므로 그래서 子라고 하는 것이 말 그대로 변두리, 숨어있는 곳, 그늘진 곳, 해외 이런 속성으로 가는 겁니다. 그 부분이 아마 그 문자적인 의미에 집중해서 설명했을 때에는 그 의미가 되는 것이고 거꾸로 될 경우에는 아닙니다.

[그림 17-2]

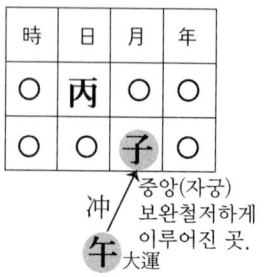

이런 경우에 오히려 子월에 丙일주가 있으면 子의 속성 중에는 중앙이라는 겁니다. 그러니까 자궁(子宮)이라고 합니다. 가장 보안이 철저하게 이루어진 곳입니다. 子라고 하는 것이 비밀스러운 것을 가려야 됩니다. 그래서 보안이 철저하게 이루어져 있다는 것은 특수한 미션을 관장하거나 가장 중앙에 근무한다는 것입니다.

　그런데 누가 와서 子를 冲해서 포섭하면 결국 어떻게 됩니까? 이 경우에도 밖으로 드러난 곳으로 가게 됩니다. 그래서 드러났다는 것은, 즉 누라고 하는 것은 누구라도 보여지는 곳, 즉 공공성이 있는 곳이나 사통팔달의 교통이 확보되어 있는 곳 이런 식으로 그 의미까지 같이 확장 해석해 주는 겁니다. 이동은 당연한 겁니다.

　그래서 대운에 있는 것이 항상 그 사람이 머무르거나 노출되는 어떤 공간, 계절, 기운 이렇게 해석을 해서 冲과 물상을 같이 설명했던 부분에서 아마도 질문하신 것 같습니다. 뒷부분에 '子 干支의 속성을 두고 해석한 거죠?' 라고 질문이 되어 있는데 子 干支의 속성을 염두에 둔 것이 맞습니다.

　제가 질문의 중간 괄호에 있는 글부터 먼저 읽어서 '반대로 되면 되느냐?' 하는 내용에서 당연히 이동된다는 말씀을 드린 것입니다. 그런 속성을 아시겠죠?

[그림 17-2-4]

대운(큰단위): 공간, 추구성, 조건
세운 : 행위, 해결수단, 가까운 상황.

12신살		大 運	歲 運
亥	劫殺겁살	공간적:끝자락, 마지막 자리, 해외, 섬, 지하실, 변장. 추구성 : 이속성(남들과 교통이 없는 곳). 조건:자기의 속성 감추고자 하는.	숨기고 다님, 주먹 쥐고다님, 묶을 것. 운동 스타되는 경우(도화와 준하는 인기).
子	災殺재살	간첩처럼 지냄, 해외, 지하실, 비밀스러움, 학문연구로 긍정적인 부분도 있음. 자기독단적인 삶, 압박이 주어짐(온갖 찌푸림).	간첩이 된다. 온갖 꾀를 쓴다, 머리를 쓴다. 이벤트는 타력이용, 상문조객(초상)으로 부가 이익. 수옥살.
丑	天殺천살	종교성 있는 공간, 학교, 정신적 수양, 텅빈공간. 육친 관계가 좋지 않을 발생 빈도 높음. 자기가 극복하기 어려움. 정신세계 추구.	큰단위의 부동산이 움직임. 대항 할 수 없는 일들도 다발함.
寅	地殺지살	역할강화, 새로운 무대진입, 命내 자체에 역마를 이 갖추어져 있는 경우 조금만 바꾸어도 변동, 運에서 무리지어 있는경우 제한적으로 발생.	自意의 변동(구체화 6~7/10), 이사, 이동, 간섭인자 (年月 :대규모, 日時:소규모, 年月:오랫동안보유한 것, 時:어떤 임대용,사업적 목적인 경우),식구발전.
卯	年殺년살 (桃花도화)	子 午 卯 酉 능력, 직업적 프로 만듬, 시선 모으는 능력, 어느 분야에 성패 상관없이 추구성 지속됨.	상을 받거나, 대외적으로 시험 성취, 질병(문병), 사업가가 정치하기 위해 지갑을 연다. 음주가무로 품 잡는다. 젊은나이 연애인.
辰	月殺월살	역마대운, 申子辰 三合, 해외, 섬, 지하실, 달이 떴다는 말은 주변 어둡다. 세운 속성 동시에.	원룸, 모텔, 달이 뜰때 돈이 들어오는 것, 밀수, 나이트클럽, 오징어잡이, 도선생. 조그만 임대사업,상속의 빈도 높음.
巳	亡身망신	노출, 피하는 동작, 음성소득, 탈세, 끝자락에서 드러남, 정관일때 비호세력으로 잘 쓰는 경우도 있음. 조후적 측면 기울면 간질병 노출.	부가이익 발생. 혼기 있는 사람 연애사. 건강 불안.
午	將星장성	주동자, 중심 역할, 미션이 주어짐, 끝부분에 건강상의 문제 발생되는 경우 다발생. 길한 경우 업적을 많이 쌓음.	누적에 의한 만성 건강 문제발생, 식구발전, 역활발전.
未	攀鞍반안	천살과 반대 안전한곳, 참호(움푹 패인 땅), 생활 편리하는 주저 앉아 있는공간 답답함. 정체되어 있는 그곳에서 움직임. 평생의 기반.	천살을 밀어냄. 힘겹게 했던 것을 떨쳐냄, 학문성 논문, 압력 받던 곳에서 움직이나 편하지 않음. 오래갖고 있을 수 있는 실속 있는 규모의 부동산.
申	驛馬역마	해외 출입 역동적 변화. 이동성, 전후 연결運을 참고함, 역마와 무리지은 경우 상반기 움직인다.	돌격 앞으로 삼재 시작. 이사, 무대의 변동(7~8/10) 현대(5/10).
酉	六害육해	子 午 卯 酉(장성) 군령 규칙 吉하면 吉하게, 凶하면 凶하게 씀, 무덤의 문턱(저승사자 자기 자신 처신 조절).	三災와 무리지어 본다. 변화 주도하기에는 좋지 않다. 갖가지 번거롭고 거추장스러운 일 발생.
戌	華蓋화개	辰,戌,丑,未, 기운 수렴, 이중성, 어떤 六親(肉親) 부가이익, 반복성, 정신적 힘들게 쓰는 경우 다발생.	묵은 것 또는 미결된 것을 정리, 매듭, 갈무리, 이동(자의) 다발생, 재회, 재생, 合에 의해 식구발전.

■ 亡身殺

오늘은 지난번에 다 못했던 부분이 12神殺 亡身까지 했습니까?

대운의 12神殺에서 亡身이라는 것을 만났을 때 이루어지는 작용 이런 것들이 대체로 12神殺의 일반적인 의미 속에도 다 드러나 있으니까, 제일 특징적인 것은 텍스트에서 다루고 있는 것이지만 특징적인 것이 노출이라는 것이 亡身의 일반적인 속성입니다. 남들에게 실제 노출이 된다고 하는 속성을 많이 가지고 있는데 또 이 노출을 피하는 동작도 잘 발생합니다.

그래서 亡身이라는 것 자체가 자꾸 노출되니까 노출을 피하는 동작이 많이 가해짐으로써, 보통 돈을 벌어들일 때 보면 약간 음성소득이라든지 또 탈세라든지 이런 것들이 잘 조장되는 인자로 보통 봐서 이 亡身을 잘 쓸 때는 음성소득 같은 것이 잘 발생합니다.

결국은 亡身의 끝자락 이런데 가면 드러나게 되는데 亡身이라는 것을 당하려면 또 숨겼던 것을 피했던 과정이 있어야 합니다. 그래서 그런 것을 피했던 과정에 음성소득이라든지 탈세라든지 이런 것들이 많이 발생하는데 제 경험으로는 이 巳 대운에 조사가 많이 나왔습니다.

물론 의도적인 것은 아니었는데 어느 정도 현금수입이 있으니까 완벽하게 장부로 처리가 안 되고 한 부분이 있었는데 하여튼 저는 亡身을 巳대운에 여러 번 겪었습니다.

학생 질문 – 선생님은 天乙貴人이 있지 않습니까?

선생님 답변 – 그러니까 그것 때문에 완전히 나자빠지고 이런 것은 아니지만, 세무조사가 세 번씩이나 나왔습니다. 乙巳대운 지나갈 때 묘하게도 피하는 동작이 잘 발생하고 또 그것이 노출됨으로써 또 희생을 당하기도 하는 그런 것들이 발생하였습니다.

제가 庚일주니까 偏官이 됩니다. 그래서 偏官이 어딘가 했더니 군부대는 아니고 법조계도 아니고 세무분야에서 나와서 조사를 했는데, 그래도 세금을 낼 때 내더라도 자연스럽게 생겨나고 이런 것이 되기 쉬운 것이 亡身이고 실제로 亡身대운을 지나갈 때 노출이 안 되고 가는 사람도 상당히 많습니다.
한 절반 정도는 오히려 음성소득이 자꾸 생겼는데도 노출이 안 되고, 그것은 官을 잘 쓰는 경우입니다. 이것이 正官이거나 하면 오히려 비호를 해주는 그런 세력을 또는 관계를 만들어서 자연스럽게 넘어가 버리는 겁니다.
그래서 그런 속성이 잘 발생하고 그다음에 명조 따라 차이는 있지만, 亡身은 실제로 건강이나 調候的인 측면에서 많이 기울어짐이 생기고 하면 건강 쪽에서 상당히 많이 오랫동안 긴 질병에 노출되기도 합니다.
그 자체로 길 작용 흉작용 이런 것만 분류하려고 하지 마시고 길 작용으로써는 이런 작용, 흉작용으로써는 이런 작용 이런 것들이 발생한다고 생각하시면 됩니다.

■ 將星

그다음에 將星은 말 그대로 자기가 좌장이든 모임에 수장이든 이런 것들이 이루어지는 거니까 將星의 흐름에서는 결국은 '주동자 역할', '중심 역할' 그다음에 '부득이하게 미션이 주어지는 것', '안 하면 안 되는 것' 이런 식의 속성이 잘 발생합니다. 그래서 보통 將星의 끝 부분쯤에 가면 보통 건강 쪽으로 상당히 불안한 과정이 많이 생깁니다.

왜냐하면, 대체로 사회적인 활동이나 역할이 상당히 심하게 노출되었었다고 보기 때문에 將星이 끝나는 지점 또는 그러니까 將星대운이 10년이라고 한다면 보통 한 8년차 7년차에 들어가면 말 그대로 장군이 되어서 자기가 오랫동안 돌아다녔다는 말이 됩니다. 그러니까 피로감이라는 것이 당연히 누적될 수밖에 없고 건강 부분에 항상 압박이 생길 수밖에 없다 이렇게 해석하면 됩니다.

학생 질문 - 亡身에서 건강적인 문제가 연장선이 되어서 將星에 왔을 때 후반부에 그런 일이 있다는 것입니까?

선생님 답변 - 아닙니다. 이런 亡身에도 자꾸 귀찮고 피곤한 일에 자꾸 연루된다 이런 뜻입니다. 그러니까 덮어두면 좋을 것을 자꾸 삐져 나오게 한다는 것입니다. 그러니까 몸도 마찬가지라는 겁니다. 자꾸 뭔가에 노출된다는 것은 노출시켜서 해결한다는 말이 됩니다. 병원에 가면 어찌 됐건 살을 가르든 뭘 하든 자꾸 자기를 노출시켜야 됩니다. 자기가 가진 몸이든 여러 가지 정상적인 구성요소에서 그것은 단발성으로도 나오는데 자주 발생할 수 있습니다.

將星은 누적에 의해서 將星대운의 뒷부분에 가면 전쟁터를 많이 돌아다닌 그런 것의 피로감이 쌓이게 되고 그로 인해서 만성적인 건강부담이 잘 생깁니다.

학생 질문 - 대운은 12神殺이 逆으로 가든 順行으로 가든 상관없이….

선생님 답변 - 그렇습니다. 이것은 神殺은 將星이 된 것으로부터 앞뒤를 따지는 것이 아니라 將星의 대운이 감당된 때부터 전체적인 작용이 있다고 보고 그 행위의 누적이 뒷부분에 드러난다고 보면 됩니다.

五行的으로는 보통 강약차이를 두고 갑니다. 초입 부분이 바로 가느냐? 거꾸로 오느냐? 따라서 자기 기운의 강약차이가 생깁니다. 將星을 잘 써먹는 사람들은 그럴 때 사회적으로 업적을 많이 세웁니다. 사회적으로 업적이라든지 이런 것을 많이 만드는데 將星을 힘들게 쓰는 사람들은 이렇습니다. 진짜 힘든 직장 생활을 하는 사람들은 자기 아니면 빠질 사람도 없고 대체할 수 있는 사람도 없는 식의 일을 감당하는 것이 많습니다. 가정에서 살림을 돌보는 사람도 자기가 이집저집에 가족사를 챙겨야 되는 식이라는 것이죠.

그러니까 아버지가 몸이 안 좋아서 거기에 들여다봐야 되고 그다음에 남동생은 이혼해서 애들 조카들도 내가 챙겨야 되고 이런 식으로 해서 이일 저 일에 막 끼어서 번거로운 상태입니다.

■ 攀鞍

그다음에 攀鞍입니다. 그래서 이것이 소위 말안장이라고 하는 것이 이것은 그냥 天殺 반대의 개념으로써 생각하시면 될 겁니다. 天殺과 가장 먼 곳입니다. 그래서 보통 攀鞍이라고 하는 것이 공간적으로 약간 주저앉아 있는 곳, 움푹 파인 곳 이런 것을 의미합니다. 그래서 참호 속에서 지낸다 해서 자기 머리 위에 총알이 날아오거나 포탄이 바로 떨어지는 일은 없지만, 그러니까 극히 흉하거나 고달픈 일은 생기지 않는다 하더라도, 자기가 주저앉아서 역동적으로 변화하기에는 힘든 상태입니다.

그래서 天殺 반대라는 의미에서는 안전한 곳을 의미하고 또 그것을 생활측면에서는 생활의 편의성 공간으로 쓰고 또 생활의 편리를 위한 수단 이런 것들로도 해석하지만, 대체로 운에서 흘러갈 때에는 역동적인 변화를 일으키기 힘든 모양이 됩니다. 그래서 편하다고 할 수 있지만 답답합니다. 이해되십니까?

보통 변화가 적은 직장생활하는 사람 또 아주 변화성이 많지 않은 사업을 하는 사람들, 이럴 때 그냥 꾸준하게 뭘 하는데 그 구간 안에서 큰 변화를 일으키기에는 한계가 있는 그래서 참호 속에서 이동한다는 겁니다. 그것을 기본 모양새로 두고 논리를 확장해 나가면 될 겁니다.

■ **驛馬**

그다음에 驛馬인데 참호 속에 있다가 나온 상태로 해서 驛馬 대운이 상당히 움직임이라든지 이런 것이 역동적 변화 그다음 요즘은 해외출입, 그리고 직업이나 일에서 이동성이 열려 있는 것입니다. 驛馬, 이동성 그것은 아주 일반적인 의미로써 하는 것인데 이것이 앞뒤의 연결과정을 볼 필요가 있는 것입니다.

전후 연결 운을 좀 참조해 볼 필요가 있습니다. 그래서 대체로 좋은 흐름으로 가고 있을 때 驛馬는 자기 삶을 역동적으로 변화를 시킬 수 있는 여러 가지 여건이나 환경이 만들어지고 또 해외 출입이나 이동이 발생할 수 있는데, 그러니까 집은 서울에, 직장은 또 부산에 이런 식으로 왔다 갔다 왔다 갔다 하는 그런 과정을 통해서 활발하게 이루어지고 요즘은 제일 많은 것이 사실은 해외 쪽으로 움직이는 경우가 많습니다.

그러니까 학생들도 요즘은 驛馬에 오르면 바로 해외로 나갑니다. 驛馬대운 바로 초입에 일어나지 않는다 하더라도 驛馬대운의 보통 상반기 중에 驛馬와 무리 짓는 자들 災殺, 月殺 이런 것들이 오면 자연적으로 보따리를 싸고 움직일 일이 생겨버립니다.

그래서 대운 세운이 서로 힘의 가감을 줄 때 자기를 더 많이 운동하고 동요하게 하는 그런 기운이 와버리면 바로 짐 싸고 간다는 겁니다. 그래서 대운을 봐 나갈 때 이 정도로 감안을 하시면 될 것 같습니다.

그다음 우리가 세운을 봐 나갈 때는 어떻습니까? 보통 이사 그다음에 자기가 맡아보는 무대의 변동 이런 것들이 많이 발생합니다. 그래서 크냐, 작으냐? 이런 차이는 좀 있다 하더라도 크고 작고 간에 변동은 발생한다. 이렇게 보면 됩니다.

■ 六害

그다음에 六害입니다. 六害라고 하는 것이 걸리는 자리가 子午卯酉입니다. 皆花論형태의 神殺을 적용하지 않으면 기본적으로 子午卯酉가 六害가 됩니다. 보통 길흉이 한 방향을 주로 잘 가지는 겁니다. 그러니까 辰戌丑未를 雜氣라 한다면 雜氣에 대한 대비되는 개념 또는 표현이 뭡니까? 順氣가 됩니다.

그래서 雜氣에 대비되는 개념으로써 順氣가 있다는 것은 대체로 시종 비슷한 기운으로 주욱 영향을 준다는 것입니다. 그래서 운에서 해석을 할 때는 吉이면 吉로 시작해서 吉로 지속되고, 凶이면 凶으로 시작해서 상당기간 동안 그대로 작동해버리는 효과가 발생한다고 보면 됩니다.

물론 六害의 일반적인 의미가 있습니다. 그러니까 子午卯酉는 전부 將星입니다. 즉 將星이 있다는 것은 군대로 치면 군령(軍令)이 서 있다는 것입니다. 군령이 서 있음으로 법령이라든지 규칙이라든지 이런 것을 안 지키면 안 되는 상태가 되는 것이죠. 그러니까 '가야만 한다.' 이러면 계속 시종 가야만 되는 그런 의미인데 힘들게 쓰는 사람은 힘들게 가고 좋은 흐름으로 쓰는 사람은 좋은 흐름으로 가는 것이죠.

물론 아무리 생선이 잘 생겨도 대가리가 있고 꼬리가 있습니다. 대가리 꼬리에서는 운이 해체되기 시작하는 작용이 옵니다. 갈치도 꼬리가 있고 대가리가 있습니다.

[그림 17-2-3]

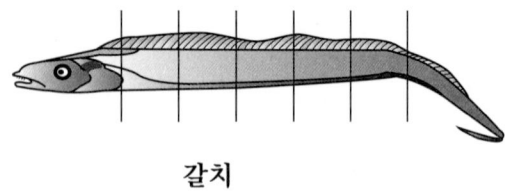

갈치

이 부분(대가리, 꼬리)은 1~2년 또는 2~3년 정도까지는 이런 작용이 해체됩니다. 吉에서 시작해서 吉로 가다가 吉로 마무리를 짓는데 여기서부터는 吉이 서서히 흐트러지는 작품이 발생합니다. 흉도 마찬가지로 흐트러지는 이런 작용이 발생합니다.

그다음 세운에서 볼 때는 소위 三災와 무리 지어서 보면 됩니다. 세운에서 볼 때는 三災와 무리 지어서 六害의 의미를 해석해 주면 됩니다. 그래서 내가 변화를 다 주동하기에는 여러 가지로 여건이 좋지 못한 상태입니다.

그러니까 여섯 육자라는 것이 딱 숫자 여섯 개가 아니라 '갖가지' 이렇게 보면 됩니다. 그다음에 옛사람들이 3이라고 하면 셋을 말하는 것이 아니라 대체로 여러 사람을 의미하는 것이죠. 그러니까 삼인행 필유아사[三人行 必有我師]다 이런 말은 세 사람과 같이 길을 가면은 반드시 내 스승이 있다가 아니라, 여러 사람과 행보를 같이하면 그중에 나의 스승이 있다는 뜻이고 6이라는 것은 온갖 갖가지입니다. 갖가지 해로움 또는 거추장스러움이 펼쳐져 있는 상태 이런 뜻입니다.

그래서 대운을 보실 때는 이것을 좀 더 비중 있게 보시고 吉吉, 凶凶 그다음에 세운을 볼 때는 三災와 무리 지어서 갖가지 거추장스러움과 번거로움이 발생한다고 보시면 됩니다. 그래서 보통 여러 가지로 지연되거나 제대로 제 모양을 갖출 수 없는 이런 것들을 의미하는 것입니다. 그다음에 명조의 구성이나 흐름 따라서는 일종의 저승사자가 되는 것이죠.

그러니까 제일 접근을 쉽게 할 수 있는 것이 丙火가 寅午戌을 만나면서 이루는 12運星的 작용이 長生 帝旺 墓입니다. 이런 모양에서 寅午戌이 결국 丙火를 여는 작용, 다시 갈무리하는 작용, 가장 화려하게 하는 작용을 봤을 때, 여기서 申酉戌의 위치라고 하는 것은 丙火의 힘이 크게 쇠락되는 작용이니까, 寅午戌이 사회적으로 자기 기운을 발산할 수 있는 그런 측면에서 볼 때는 활동력이 많이 쇠퇴할 수밖에 없는 것이죠.

華蓋가 기운을 전체적으로 다 갈무리해서 수렴하는 작용을 한다면 그 직전에 일종의 무덤의 문턱에 서 있는 것인데, 무덤의 문턱이 뭡니까? 저승사자입니다. 그래서 저승사자를 만나서 또는 마주쳐서 자기가 처신을 조절해야 되는 그런 상태로 해석해 주는 것입니다.

그래서 저승사자한테 어쨌든 잘 보이면 吉로 시작해서 吉로 가고 그다음에 힘들게 써먹는 사람은 凶으로 시작해서 凶으로 상당한 세월을 감당해야 되는 그런 흐름이 六害의 속성입니다.

학생 질문 - 子午卯酉운에 있어서는 대운은 초기에서 끝까지

다 한결같다는 말입니까?

선생님 답변 - 그렇습니다. 將星도 내가 오야붕(대장)으로서의 역할, 대외적으로 뭔가 활발하게 움직일 수밖에 없는 상황 그것 때문에 할 수 없이 말에 올라타서 저 운이 끝날 때까지 말 타고 돌아다닌다. 그래서 '말에 올랐다. 뭘 맡았다. 중심이다.' 이것을 일정 기간 감당하니까 그것을 길흉적으로 나눈다면 子午卯酉는 길흉 이런 것을 이 논리로 적용해서 봐도 됩니다. 그래서 災殺, 桃花殺, 將星, 六害 이 네 가지는 그렇게 子午卯酉로 기본적으로 무리 지어서 작동하는 것이죠.

그러니까 桃花運은 뭡니까? 桃花運을 지난 시간에 했습니까?
"안 했습니다."
안 했는데 왜 오늘 亡身부터 시작했죠? 亡身殺을 다루다가 넘어간 겁니까? 사실은 이런 의미는 간단하게 다루고 넘어가 버리려고 그때 하다가 김밥이 옆구리 막 터진 거네요.
桃花運도 桃花運 내내 桃花의 속성도 되지만 좋은 스타트를 죽 밀고 나가는 것이 막 7~8년씩 갑니다. 그다음에 그것이 흐트러지기 시작합니다. 또는 변화되기 시작하는데 그 子午卯酉가 몰렸을 때는 그런 속성을 정리할 필요가 있는 것입니다.
그러면 災殺도 마찬가지입니다. 감방에 갔다면 기본 7년~8년 이렇게 살고 나옵니다. 아니면 해외에 갔다면 원래 한 5년만 근무하기로 했는데 7년 근무하게 하는 것이 災殺입니다. 災殺이라는 것이 이 공간에 있으면 뭔가 가장 위축된 모양으로 자기가 활동을 하고 있는 것인데 활발하게 움직이고 있다는 말은 공간적으로 벗어난 상태 또 남들이 잘 관찰할 수 없는 공간 이렇게 봅니다.

그러니까 災殺같은 경우에는 별도의 명칭이 囚獄殺입니다. 囚獄이 되었다는 것은 그래서 범죄자가 2년 받고 나와서 사고치고 다시 얼마 안 되어서 사고치고 들어가고 그런 것이 기본적으로 10년~15년씩의 긴 단위의 운에서 압박하면 그렇게 될 수밖에 없는 것입니다.

그러니까 災殺이라든지 天殺같은 경우에 자기가 쉽게 극복하기 어려운 그런 압박을 주고 있는 것입니다. 그런데 災殺은 기본적으로 子午卯酉가 놓이게 됩니다. 그런데 災殺 바로 옆에 天殺이 붙어 있으니까 災殺 天殺이 무리 지어서 사람에게 압박을 딱 주게 되어 있는 것입니다.

물론 잘 쓰는 경우에는 그 사람이 변화가 별로 없는 직장, 연구 분야 이런 것처럼 그 직업적 속성을 그대로 주욱 지탱해서 나름대로 성과나 보상을 많이 만들어 냅니다.

■ 華蓋

그다음에 華蓋의 속성에서 제일 볼만한 것은 이런 것입니다. 華蓋 자체는 주로 이중성이 발생하고 그다음에 六親에서 여섯 六자라고 해도 되고 고기 肉자를 써서 가족 六親할 때는 우리가 고기 肉자를 씁니다.

그래서 六親이 나에게 영향을 줄 수 있는 六親의 활동력이 지

극히 제한되거나 쇠락하거나 하는 그런 과정을 통해서 내가 부가이익을 얻는 그런 방식이 발생하는데, 그것을 구현하는 과정이 필요하므로 이중적인 생활양상 이런 것들이 잘 발생합니다. 그러니까 표리가 다른 모양입니다.

華蓋 자체가 어떤 기운을 감추고 있는 것입니다. 감추고 아닌 척하는 것입니다. 그래서 그런 상황에 본인도 잘 노출이 되는 거니까 이중성이고, 그다음에 그런 이중성과 동시에 반복성이 잘 발생합니다.

이 戌이라고 하는 글자가 불기운이라고 하는 것을 손상되지 않게 하려고 꼭 껴안고 있어야 되고 꼭 들고 있어야 되고 하는 이런 것들이 떨어질 만하면 들어야 되고 풀어질 만하면 다시 또 껴안아야 되고 하는 동작이 자꾸 가해짐으로써, 반복성이 자꾸 발생해서 보통 이런 운에도 정신적으로 굉장히 좀 힘들게 지나는 경우도 많습니다.

특히 이런 辰戌丑未라고 하는 것이 주로 뭡니까? 소위 雜氣로 분류하지만 어떤 행위의 복잡성을 이야기합니다. 그래서 행위가 복잡하다는 겁니다. 그래서 복잡하고 번거롭고 하는 그런 것을 부득이하게 감당해야 되는 그런 것이 저런 華蓋의 속성에서 많이 발생합니다.

대운에서는 10년씩이나 작동하는 거니까 '행위의 복잡성' '이중성 또 반복성', '누군가의 희생을 통한 부가이익' 이런 식으로 가지만 세운에서는 그냥 소위 三災의 끝 속성을 많이 다루어서 세운에서는 하여튼 묵은 것 또는 지지부진하게 잘 갈무리되지 못한 것을 '정리, 매듭, 갈무리' 또 그런 것과 동반해서 '이동' 이런 것도 됩니다. 그런데 이동이 뭐냐면 주로 자의(自意)에 의해서 이동한다. 움직인다는 것입니다. 그래서 그것이 대운에서 봐주는 키워드와 세운에서 봐주는 키워드가 조금은 차이가 나는 겁니다. 그래서 세운에서 올 때는 華蓋가 보통 이동을 잘 만듭니다.

그다음에 驛馬 때문에 막 흔들린 것을 "에이~ 기왕 안 되는 것. 영수증이나 하나 들고 가련다. 각서나 하나 받고 내가 가련다." 이런 식으로 지지부진하고 정리 안 되었던 것을 마무리하는 또는 갈무리하는 그런 정도의 동작이 주로 많이 발생하는 것이고 또 공간적인 이동, 이사도 많이 발생합니다.

대운에 적용할 때의 범위나 기준과 또 세운에 적용할 때 범위나 기준이 좀 편차가 있다는 것을 여러분이 새겨 놓으세요.

실제로 실관을 하다보면 저절로 분류됩니다. 이 친구가 이런 일들을 지금 이 운에 하고 있다면, 이것은 '대운의 무슨 작용이다.', '華蓋작용이다.', '세운의 무슨 작용이다.' 이런 것들을 저절로 분류할 수 있게 됩니다.

학생 질문 – 세운에서 華蓋殺을 맞을 때 다시 뭔가 시작하는 것도 됩니까?

선생님 답변 – 그렇습니다. 대운에서는 다시 움직인다 이렇게는 안보지만 세운에서 주로 많이 보는 것입니다. 세운에서 이동한다는 뜻도 되고 이것이 丙火의 작용을 다시 한 번 드러내고 포장하고 하는 것인데, 그래서 재회, 재생 이런 작용 이런 것은 주로 세운에 적용해서 그대로 해석을 해주는 겁니다.

그래서 대운에 쓰는 범주하고는 조금 편차가 상당히 발생하는 것입니다. 똑같은 神殺이라 하더라도 그래서 亡身도 뭐냐면 대운에서 어쩔 수 없이 뭔가 밖으로 드러난 모양을 감당하는 이런 것이라면, 세운에서는 생각 못한 부가이익 이런 것들이 많이 발생하는 것도 亡身입니다. 또 亡身이 혼기에 있는 사람들은 연애사라든지 이런 것으로 많이 넘어가고, 나는 별로라고 생각하는데 상대방이 좋다고 하는 것입니다.

■ 각종 神殺

그다음에 각종 神殺입니다. 사실은 12神殺만 가지고도 떠들 말이 너무너무 많다는 겁니다. 운의 해석을 해줄 때 질문의 종류가 워낙 다양하기 때문인데 운의 길흉을 묻는 측면과 그다음에 속성이나 선택을 묻는 질문을 구별해 주어야 되고, 운의 길흉은 그것이 財官일 때가 있고 주로 재물이나 명예에 관한 것 아니면 기타 몇 가지 길흉을 묻게 되는 것인데 주로 財官에 관한 재물의 흐름이나 이런 것을 많이 묻게 됩니다.

그런데 속성이나 선택을 물을 때는 이런 12神殺의 조건, 작용 이런 것들을 상당히 많이 기준으로써 해석해줄 필요가 있는 것입니다. 그래서 驛馬대운에 들어와서 발령이 났는데 가는 것이 좋겠습니까? 안 가는 것이 좋겠습니까?

"가게 될걸."

그러니까 이 驛馬라고 하는 상황을 길흉으로 묻는다는 겁니다. 길흉으로 묻지만, 사실은 답은 속성에서 말해줘야 되는 것입니다. 그래서 그런 식으로 질문의 어떤 패턴이라든지 방향이 어떻게 짜져 있느냐를 대부분 다 사람들은 길흉으로 더 많이 묻는다는 것입니다. 그런데 속성이나 선택의 문제로 결국 해설을 해 줄 때 12神殺이 굉장히 많이 쓰이니까 그런 것들을 여러분이 참조할 필요가 있습니다.

■ 桃花殺

학생 질문 - 桃花도 한번 설명해 주시면 감사하겠습니다.

선생님 답변 - 桃花만 빠졌습니까? 桃花라고 하는 것은 소위 年殺입니다. 年殺 또는 桃花殺이라고 합니다. 桃花라는 것도 놓이는 자리가 어떻게 됩니까? 子午卯酉입니다. 桃花는 寅午戌 같은 경우에는 卯에 桃花가 떨어집니다. 그러니까 자기 모습을 예쁘게 가공하는 효과가 생기는 것입니다. 그래서 그것이 주로 어떤 것으로 가느냐면 능력이나 직업적 프로를 만듭니다.

그래서 桃花運을 지나왔다는 것은 자기가 다른 사람과 차별화된 능력 또 직업적인 역량 이런 것을 만들어 왔다는 말이 되는 것이죠. 그래서 대운에 머물렀을 때는 특히 이런 부분을 많이 봐 두십시오. 桃花運을 지나왔다는 것은 우리가 뺨을 맞아도 제대로 맞았다는 것입니다. 앞에서 吉吉 凶凶을 해 봤습니다.

子午卯酉를 지나왔다는 것 자체가 그것이 災殺이든 年殺이든 將星이든 六害든 이런 것입니다. 너무너무 긴 장마 또 너무너무 긴 가뭄 그런 것을 맛봤다는 것은 자기가 거기서 생존능력을 얻었다는 것입니다. 생존능력을 얻은 것이니까 능력 면에서 프로이고 직업적으로 프로라는 겁니다.

그다음에 실제로 시선을 모으는 능력입니다. 그래서 팔자 내에 있으면 어떻게 됩니까? 이것이 소위 개인기가 되고 탤런트가 되는 것입니다. 운에서 만나면 시선을 모으는 여러 가지 다양한 능력으로도 꼭 직업적인 프로가 아니라도 자기가 뭘 꾸미든지 개인적인 여러 가지 방법을 동원해서라도 다른 사람으로부터 관심을 이끌어낼 수 있는 힘을 갖추게 된다고 보면 됩니다.

세운에서는 주로 남한테 짧은 시간에 주목받거나 하는 것으로 봐서 상을 받거나 그다음에 대외적으로 내세울 수 있는 시험의 성취가 되는데, 큰 운이 굉장히 나쁠 때는 질병으로 넘어갑니다. 대운의 운이 나쁠 때는 어떻게 되느냐하면 누워서 오만사람 다 오게 만듭니다. 문병을 오게 만든다는 것입니다.

"야야 네가 아프면 안 되는데." 이렇게 해서 시선을 모읍니다. 그것은 아주 부정적으로 흐름이 흘러가고 작용할 때 그때는 주로 질병 같은 일이고, 그다음에 대운 세운 다 같이 넘나들며 쓰지만 저런 대운이 왔을 때, 사업을 하던 사람들이 갑자기 국회의원 하겠다고 해서 지갑을 꺼내놓고 막 돈을 뿌리기도 합니다.

책에는 桃花는 주색잡기, 호색 이런 것들이 나옵니다. 음주가무 이런 것들로 나오는데, 그런 것이 선거에 나가기 위해서 지갑을 열어서 풀고 온갖 잔치든 이런 것으로 자기 이벤트를 만드는 것 이런 것들도 거기에 해당하는데, 年殺 대운에 걸리면 年殺 대운 내내 폼 잡고 꾸미고 다니고 싶어하고 지갑 열어서 폼 잡고 싶어하는 겁니다.

예를 들어서 이런 것입니다. 시에 空亡이 들었는데 官星이 空亡이 들었다. 그런 사람이 이런 운을 만나면 그때부터 본격적으로 집문서 가져오라고 합니다. 그것 가지고 노름 안 하면 국회의원 나갈 것이라고 돈 쓰고 있는 겁니다.

요즘 원래 정치를 하지 않던 분이 요즘 뭐 하나 만드는데 잘해야 됩니다. 그것이 그런 인자에 걸리는 경우가 많습니다. 그런데 물론 노름하는 것보다는 낫지만, 또 어떤 면에서는 노름하는 것보다 더 나쁘다고 볼 수도 있습니다. 그러니까 노름은 순간순간 자기가 즐겁습니다. 노름쟁이한테 물어보면 이렇습니다.

"아니, 노름보다 여자가 안 좋습니까?"

"그래, 여자도 좋지. 그런데 노름이 나는 더 좋아."

"왜요?"

"극도의 어떤 쾌감이나 이런 것이 남녀관계는 하룻밤에 한 두 번이라면, 이 노름은 하나 패를 잡을 때마다 막 손이 떨리면서 극도의 감정 상태에 흥분상태와 그 판을 먹었을 때 오는 쾌감 이렇게 하룻밤에도 수 십 번씩 쾌감이 오는데 내가 이것을 왜 안 하느냐?"

그런 것이 대운이 이런 것에 걸려있을 때 이런 年殺의 부정적인 면이 부각이 되기도 합니다.

물론 대운이 좋을 때에는 방송 타면서 완전히 왕폼 잡고 돌아다닙니다. 그런데 대운의 흐름이 부정적으로 갈 때는 노름, 음주 가무 그다음에 뭐 할 것이라고 오만가지 모임 만들어서 거기서 자기가 폼 내고 합니다. 그것이 이 운이 끝날 때가 다 되어서야 자기 아들 불러놓고 이야기 합니다.

"야야, 너는 절대 노름하지 마라. 너는 절대 정치 하지 마라."

그런 것이 끝날 때가 되어야 되는 겁니다. 그래서 桃花運이라고 하는 것이 대부분 젊은 날에 만나면 보통 공부를 통해서 직업적으로 프로가 되는 거니까 대체로 긍정적인데, 실제로 젊은 날에 빅히트치고 경제적으로 좋은 흐름이 오면 그때 아역스타 이런 것들도 되는 경우를 상당히 볼 수 있습니다.

桃花가 아니라도 桃花와 엇비슷한 작용을 일으키는 것이 劫殺과 그다음에 攀鞍이 거기에 桃花와 무리를 짓는데 그 운에도 桃花와 유사한 작용을 일으키는 예를 좀 볼 수 있습니다.

주로 劫殺같은 경우에는 무슨 운동 같은 것을 하는 경우가 많습니다. 운동에서 운동스타들 보면 劫殺운에 자기가 그런 역량을 많이 발휘하기도 하고 거의 桃花와 준하는 인기를 얻기도 합니다.

그다음에 攀鞍殺 같은 경우에도 조금 형태는 다양한데 보통 학문성 위주가 되기 쉬운데 그러니까 攀鞍殺은 辰戌丑未에 떨어집니다. 보통 학문성 중심으로 자기가 무슨 논문을 이렇게 내어서 유명세를 탑니다. 그러니까 攀鞍이라는 것이 주저앉아 있는 곳이라고 했습니다. 움푹 꺼진 땅, 天殺과 즉 하늘과 가장 먼 곳 그래서 지하실 연구실 이렇게 틀어박혀서 뭔가 목적을 달성시키는 그런 것을 의미하는데, 그런 것이 학문적으로 크게 사람들에게 반향을 일으키는 그런 업적을 쌓는다든지 그런 경우가 많습니다. 그 정도면 대충 정리가 됩니까?

세운에서 攀鞍을 만났을 때는 어떻게 되겠습니까? 생활의 편의를 주는 아주 규모가 크지 않은 부동산이라든지 이런 것들을 사고판다든지 이런 것들이 주로 이루어집니다. 그 반대로 天殺은 어떻게 되겠습니까? 天殺은 대체로 함부로 내가 팔고 사고 하기 어려운 단위의 큰 단위의 부동산 그런 것들을 움직이는 것이 됩니다. 그래서 攀鞍과 天殺의 대비적인 개념을 아시겠습니까?

학생 질문 - 攀鞍運에 승진도 가능합니까?

선생님 답변 - 攀鞍運에 승진도 계급장이 낮을 때입니다. 攀鞍이라는 것은 그랜드의 반대입니다. 그러니까 계급장이 낮을 때에는 "아이고, 인자 내가 좀 더 잘살게 됐네." 이런 정도 단계의 진급 이런 것들이 만들어집니다. 그것은 주로 세운에 적용해도 됩니다.

학생 질문 - 子午卯酉띠 말고 다른 띠는 三合으로써의 神殺과 皆花論的인 神殺 두 가지를 다 쓴다면 어느 것을 더 비중을 두어야 합니까?

선생님 답변 - 대운은 원래 그 자체의 의미를 더 해주면 됩니다. 그러니까 대운 세운의 적용을 皆花論 중심의 해석과 본래 패턴이 있으면, 대운은 원래 패턴을 좀 더 많이 봐주고 세운은 皆花論的인 것을 같이 보거나 같거나 좀 더 크게 봐주면 됩니다.

[그림 17-2-5]

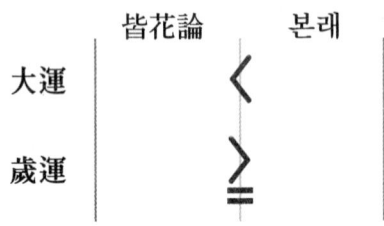

대운은 그 자체가 직업추리를 할 때 원래 첫 번째 대운 또는 두 번째 대운, 세 번째 대운 이런 것의 12神殺을 봐서도 이 사람의 직업을 어느 정도 유추할 때 씁니다. 그때 皆花論的으로 쓰는 것이 아니라 본래의 그 사람에게 주어져 있는 명의 월지에서 연결성이 주욱 펼쳐져 있는 그대운의 속성 그것을 보고 "아~ 이놈은 어느 분야로 직업적으로 가면 더 좋겠구나!" 이런 것을 씁니다.

그래서 대운에서 봐주는 것은 본래의 12神殺 그다음에 세운에서는 皆花論的으로 세운에서 온 驛馬 그러니까 申生이 寅을 보면 驛馬에 준하지만 戌도 어떻게 됩니까? 더 驛馬로써 취급을 해주라는 것입니다.

그런 측면에서 세운에서 이 부호를 생각하시면 될 겁니다. 그래서 여러분이 이런 기준을 가지고 그 사람이 살아가면서 일어나는 이벤트들을 두 가지를 대조해서 보면 이것은 뭐에 걸려있다. 이것은 뭐에 걸려있다. 이것이 저절로 구별될 겁니다.

그다음에 '각종 神殺'인데 각종 神殺도 워낙 많습니다. 워낙 많아서 제가 첫날 수업을 가서 일부러 질문 시간을 좀 많이 할애했더니 질문 중에 神殺에 대해서 질문을 많이 받았습니다. 神殺이 그러니까 작용이 있느냐 없느냐?부터 시작했는데 왜냐면 다른 집에서 공부해 본 사람들과 뒤섞인 강의가 상당히 번거로웠습니다. 뒤에는 거의 기립박수 가깝게도 박수를 치기는 했습니다.

"선생님 神殺같은 것을 씁니까?" 질문하시던데 "예. 그런 것 있다는 말은 들어보셨죠?" 하면서 神殺에 대해서 설명을 잘 해드리고 '神殺이 있다.' 이렇게까지 결론을 만들어 드린다는 것이 상당히 힘들었습니다.

사실은 여러 가지 神殺 책에 나와 있는 神殺들 중에 제가 쓰고 있는 것이 의미가 좀 크든 작든 간에, 열 개 중에 여덟 개 정도는 그 안에 있는 神殺을 거의 다 끌어다 씁니다.

제일 많이 나누어보는 것이 貴人이고 貴人 중에서도 天乙 그다음에 文昌 이런 어떤 인자를 제일 많이 쓰고, 나머지 天廚도 있고 많이 있습니다. 天廚, 太極 기타 등등 있는데 그런 것들도 다 의미 부여를 조금씩은 다 하면서 운세해석을 할 때 그대로 써줘야 됩니다.

神殺표가 있는데 그리고 그 神殺표에 대한 그 의미들을 써주는 것인데 이런 것입니다. 食神이 있는데 天廚貴人이 왔다면 밥을 들고 부엌으로 들어간다는 겁니다. 이것은 자기가 뭘 개발하기 위해서 요즘 TV만 틀면 전부 다 먹는 것 가지고 그것을 볼 때마다 이렇게 생각이 납니다.

"이야~ 食神이 天廚를 보는 현상이 이것이 각 개인의 명조가 아니라 우리나라 국운에 저런 작용이 분명히 뭐가 있나 보다?"

작년부터 유독 먹는 것을 하는 프로들이 많이 늘어났습니다. 그것은 食神과 天廚의 작용이 팔자 내에 있는 경우에는 더더욱 그렇고 어우러지면 먹는 것을 다루는 에너지가 더 강해지는 것이고 그다음에 예를 들어서 운에서도 食神이 있는데 天廚가 운에서 들어오면 뭘 하고 싶어서 막 난리를 피우는데, 사실은 天廚 貴人과 같은 기운의 작동 때문에 밥장사하려고 하는 분이 있었습니다.

오늘도 저한테 욕만 먹고 간 것은 아니지만, 하여튼 분명히 하지 말라고 했습니다. 그냥도 아니고 메모를 해 주었습니다. 아이템도 본인이 원숭이띠인데 생선류를 다루려고 하는 겁니다. 하지 말라고 했는데 결국은 2012년에 시작해서 15년에 손을 터는데, 어떻게 터느냐면 권리금을 좀 받고 팔려고 그렇게 했는데, 결국 문을 열고 있는 만큼 권리금 받기도 전에 나자빠질 것 같아서 그대로 문을 닫은 겁니다.

그런 것이 뭐냐면 그전에 "안 하면 미치겠다." 이래서 하는 작동 그다음에 세운의 불리함 이런 것들이 있었던 것이죠.

[그림 17-2-6]

壬
辰 巳午未
年

그 양반이 丙申생이었는데 丙申생에 庚일주가 되면, 壬辰년이 들어오면 壬子가 食神이 됩니다. 食神이 뜨고 팔자에 天廚貴人이 붙어 있었습니다. 범 寅자입니까? 寅월쯤 되는가 봅니다. 寅월에 天廚貴人이 머무르니까 壬자가 딱 들어오니까 하고 싶어서 안달하는 겁니다.

"하든가 말든가. 함 해보소."

그런데 하필 생선을 다룬 겁니다. 그래서 자기는 그 장사하면서 장사도 들쑥날쑥하고 몸도 안 좋았습니다. 그것은 당연한 것입니다. 辰巳午未 이렇게 흘러들어 가면 食神이 세력이 없습니다. 그런데 종업원들만 얼굴 뽀샤시하게 해서 반들반들하게 다니더라는 겁니다.

생선이 잘 맞는 사람들이 종업원으로 있었던 것이고 자기는 안 맞는 상태에서 장사를 한 것이죠. 물론 戊子년에 최고로 많이 벌었었고 한데, 2005년도부터 뭔가 일을 벌여서 乙酉 丙戌 丁亥 戊子까지 4년간 잘 벌고 庚寅 辛卯에 조금 시들시들해서 壬辰년에 다시 했습니다.

이것이 神殺로 보면 어떻게 됩니까? 申이 辰을 보니까 궤도수정, 이동입니다. 그다음에 (壬水)食神의 무늬는 와있으니까 새로 해야 되겠다. 그런데 알고 보니 땅바닥은 食神 入庫, 絶地 이렇게 딱 묶여있는 상태에서 벗어서, 그동안 이렇게 상당히 열심히 해서 모아놨던 것을 싹 다 까먹고 신용까지도 불량이 되어서 오늘 찾아온 겁니다. 찾아와서 지금은 "아들아 나는 너만 믿는다." 아들을 앞세워서 뭘 해보려고 하고 있었습니다.

그런 神殺的인 작용이 반드시 작용하는 겁니다. 天廚라고 하는 이런 인자들이 있으니 이 글자가 오면 먹는 것을 하고 싶어서 안달이 나는 것입니다.

그 두 글자에 神殺的인 작용에서 왜 먹는 것이냐? 그러니까 유통업도 할 수 있는데 寅申相冲을 봐서 일반적으로 유통이나 무역이나 또는 이 寅申相冲의 주변 간섭자를 봐서 財星의 세력이 좀 어중간하면 그냥 영업중심으로 갈 수도 있습니다. 그런데 壬의 간섭을 만나니까 또 먹는 것을 할 것이라고 하게 되는 것이 地支의 작용과 별도로 이런 神殺的인 요소와 매칭이 되면서 이루어지더라는 겁니다. 그래서 각종 神殺은 사실 일일이 다루려면 시간이 워낙 걸리고 그러니까 명조 내에 있을 때 갖는 의미 그다음에 운에서 올 때 작용되는 의미나 기운 이런 것들을 그대로 이끌어서 해석할 필요가 있다는 것입니다.

그런 것들을 굉장히 디테일하게 다루어놓은 책들도 있습니다. 그런 것이 사실 어디에 많이 나와 있느냐하면 지금은 폐간되었는지 안 되었는지 모르겠는데 '월간역학'이라는 책이 있었습니다. 한때 중간에 폐간되었다가 하고 있는 것 같던데, 그래서 거기 보면 사례라든지 이런 것을 보면 시시콜콜한 것까지도 神殺에 대한 의미를 해석해서 올려놓았는데 그 책에 다 언급이 안 된 것도 많습니다.

택일에 쓰는 神殺을 사주명리에 넣어서도 해석하는 그런 케이스들을 거기에는 상당히 많이 다루고 있어서 제가 한때 한참 헌책방 뒤져가면서 모아놓고 했었는데, 결국 이사하면서 없애버렸는데 거기 보면 지금도 기억나는 것 몇 가지 중에 '천구금계일(天狗金鷄日)' 이런 것이 있습니다. 하늘 天자에 개 狗자입니다. 天狗日 이런 것이 天狗金鷄 이런 것이 택일에 쓰는 神殺인데 그것이 명조 내에 그런 것을 범하면, 보통 천구(天狗)는 하늘에서 떠다니는 귀신들을 보는 그런 것을 의미합니다. 그것이 극적인 상황에서 '크게 운다.' 이런 것입니다. 그래서 보통 초상이 나면 막 소리 내어서 크게 운다 하는데 그것을 또 묘한 의미로 해석을 붙여서 또 남녀가 관계를 할 때 되게 시끄럽다. 이런식으로도 해석을 하는 겁니다.

그런 것을 설명해 놓고 그래서 '신혼 때 여섯 번 이사한 집 사연은….' 이렇게 해 놓은 이야기도 있었습니다. 아주 오래된 이야기인데 그것을 글을 쓰신 분이 그런 것에 대한 것을 감정을 해주면서 일종의 팁 차원에서 설명해 준겁니다. 그래서 이런 팔자는 이렇게 좀 시끄럽다. 그런데 자기가 진짜 궁금한 것은 그거였던 겁니다. 물으러 온 사람이 남편인데 마누라 때문에 신혼부터 집을 여섯 번 이사를 한 겁니다. 그래서 '천구(天狗)일은 아래와 같다.' 이렇게 설명이 되어 있던데 60干支 중에 몇 개가 있습니다. 그것은 택일에 나오니까 여러분이 찾아보면 될 겁니다.

원래 택일에서 나오는 천구(天狗)가 뭐냐면 저승에서 사신이 오면 그 사신을 보고 짖는다는 개의 이름이 천구(天狗)라고 나옵니다.

그다음 금계(金鷄)는 그 비슷한 의미로 쇠 金자에 닭 鷄자인데 귀신이 들락날락할 때 이럴 때만 울어준다는 닭이 금계(金鷄)라고 나옵니다. 그래서 '그 날짜에 이런 干支를 가지면 거기에 해당하므로 이렇게 해서 이런 날은 택일은 피한다.' 이렇게 택일에서 쓰고 있는데 택일에 나와 있는 그런 神殺을 명리에 그대로 끼워 넣어서 神殺로 쓰더라는 겁니다.

그래서 공부하는 방법론 측면에서 제가 이야기를 해 드리는 겁니다. 하여튼 옛날 사람들이 그래도 오랜 연구나 또는 경험이나 이런 것을 통해 정리해놓은 神殺들을 함부로 그 의미를 져버릴 필요는 없다는 것입니다. '왜 그랬을까?'라고 의심을 던지고 현대적 의미로 다시 해석을 해주면 현대에서도 적용이 가능합니다. 그것이 좀 기막힌 사연 아닙니까? 마누라 때문에 온 동네가 시끄럽다고 매일 이리 하소연이 들어오니 그렇지 않겠습니까?

학생 질문 – 행복한 가정 아닙니까?

선생님 답변 – 행복한 그런 것은 아닙니다. 그것도 정도껏입니다. 그런데 그 남자는 그것이 진짜 자기한테는 진짜 큰 걱정거리였던 것입니다. 그래서 자기가 어떻게 보면 통쾌하게 결국은 그 사람 것을 봐준 하나의 사례로써 이야기했는데 사실은 그렇습니다.

실제로 보면 우리는 별로 중요 안 하다고 생각하고 "이 집에는 할머니가 어떻네!" 이렇게 하면 그것 때문에 "맞습니다. 저는 그것 때문에 머리가 아파 죽을 지경입니다."

"뭔데?" 이러면 "우리 사촌 간에 할아버지가 물려준 그 땅이 있는데 그 땅을 배다른 고모 6촌 간에 지금 시비가 붙어서…"

우리가 한 말은 '이 집에 할머니가 둘이네.' 이런 말밖에 안 했는데 본인은 그때부터 좔좔좔 이야기를 하는 겁니다. 그런 식으로 아마 감명을 하면서 있었던 것일 겁니다.

그것은 제가 기억을 돕기 위해서 조금 극단의 케이스를 말한 것이고 이런 어떤 神殺도 그 의미를 자세히 새겨놓으시라는 겁니다. 새겨 놓으시면 쓰일 일이 반드시 있고 또 운의 해석에서 상당 부분을 활용하게 된다는 것입니다.

2-5. 남녀의 해석

2-5-1. 인간 運의 고정 요소
  신체 발달의 運
  정신 변화의 運
  기운 변화와 발달의 運
  인간의 운명
2-5-2. 남녀 運의 고정 요소
  남자 運의 고정 요소
  여자 運의 고정 요소
  남녀간의 편차
2-5-3. 남녀 運의 干支 적용
  干支의 적용과 남녀 편차
  三合의 적용과 남녀 편차
  해석의 실례
2-5-4. 남녀 運의 神殺 적용
  合과 冲의 적용과 남녀 편차
  12神殺의 적용과 남녀 편차
  각종 神殺의 적용과 남녀 편차

2-5. 남녀의 해석

2-5-1. 인간 運의 고정요소

[그림 18-1]

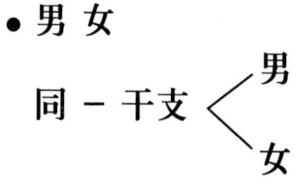

오늘의 주제 '남녀의 해석' 이것이 진도가 神殺 부분을 다루면서 늦어졌습니다. 그러니까 동일 干支라도 남자에게 적용하는 것과 여자에게 적용하는 것의 차이점을 지난번에 여러 가지 사례를 통해 봤습니다.

'인간의 운', '남녀의 운'을 포괄적으로 묶은 것, 세분한 것 이런 것들을 여러분이 한번 키워드만 정리해서 케이스만 조금만 몇 개 정리해보시면 어떤 것을 기준으로 해야 되겠다는 것이 정리가 될 겁니다.

제일 앞부분에 대전제로 했던 표가 기억나시는지 모르겠는데 용어를 무엇으로 채택할거냐? 아직 마땅한 번역어가 없어서 안 했던 것을 기억나십니까?

운명이라고 하는 것이 사전적으로 그냥 '데스티니 destiny' 이렇게 나누어서 다루기는 하는데 좀 큰 단위로써 그냥 표현한다면 이것을 전체 운명이라고 하면 命이라고 하는 것으로 플러스 運입니다.

[그림 18-1-2]

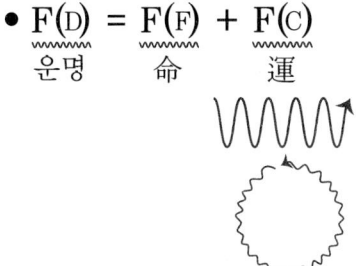

命은 뭐가 되겠습니까? 적절한 용어가 없습니다. 운명할 때 명운 또는 운명할 때 명이라고 하는 것이 고정적인 뭐라고 해야 합니까? 이것이 천명적(天命的)인 '기븐 given'도 아니고 참 이것이 '네이처 기븐 nature given'도 아니고 앞으로 어차피 누군가가 언어를 잘 정리하는 사람이 하기는 해야 되는데, 그래도 도식화하는 데는 서구적인 문자들이 일단 '픽스드 에어리어 fixed area' 내지는 요소들, 어찌 됐든 '픽스 fixed' 된 요소를 따서 그냥 F라고 합시다.

그다음에 운은 또 뭐라고 할 것이냐? '서클 circle'이라고 하는 것이 적당할까요? 흘러가는 것이 동양적인 운이라고 하면 서구적인 운은 이런 표현이 안 맞습니다.

동양적인 운은 적어도 '파동적인 이해' 내지는 '서클 circle' 개념이라면 서구적인 개념은 이런(그림참조 ◠◞) 개념들이 있습니다. 이런 방향(앞 그림 그대로 참조)을 운이라는 것이 이럴 수 있다고 보는 것이고 또 동양적인 이해는 "무슨 소리 하느냐? 왔다 갔다 하는 것이다. 또는 궁극적으로 순환하는 것이다.

또는 이런 사슬구조가 있다 하더라도 결국은 하나의 큰 '서클 circle'이라고 표현할 수 있는데 또 서양적인 표현은 또 좀 다릅니다.

그리고 F(C) 이 부분을 운에 관한 함수를 표현하는데 일단 가칭으로 저렇게 [F(C)] 표현하겠습니다. 가칭으로 F(C)로 표현했을 때 작은 함수로 해보겠습니다.

작은 함수로 이렇게 [F(C)+f( )+f( )+f( )+f( )…] 여러 개의 함수가 이어진다고 했습니다. 그러면 운에 영향을 주는 인자들이 干支도 있을 것이고, 陰陽도 있을 것이고, 五行도 있을 것이고 그다음에 남녀도 있을 것입니다.

[그림 18-1-3]

$$F(C) = f_1(\ ) + f_2(\ ) + f_3(\ ) + \ldots \quad f(\ )$$
運　　干支　　음양　　오행　　남녀　　주기

$$f_1(\ ) > f_2(\ )$$

그중에 지금 하나를 따서 지금 정리하고 있는 것입니다. 그다음에 주기중심의 것도 있을 것입니다.

제일 첫 페이지에 나누어 드린 큰 타이틀에 세 번째가 운을 함수적으로 이해한다고 한다면 그중에 하나를 따서 이것이 원래는 f( )의 괄호 안에 적절한 용어가 들어가야 되는데 적절한 용어는 아직도 영어의 의미와 최대한 상통하는 문자를 채택하는 과정이 남아 있습니다.

그러면 $f_1(\ )$의 비중과 이것의 $f_2(\ )$의 비중이 어느 것이 크냐? 작으냐? 하는 것들도 사실은 뒤에 '干支가 크냐, 陰陽이 크냐?' 이런 것들도 사실은 싹 정리를 한번 해봐야 됩니다. 하여튼 머릿속에는 이것을 잘 그려놓으십시오.

[그림 18-1-4]

형태에 비유하면 배가 흘러가는 것에 대해 말씀드렸습니다. 배가 흘러가는데 파도가 앞뒤로 치고 옆으로 치고, 바람이 불고, 해가 뜨고 지고, 날씨가 좋고 흐리고, 물이 깊어지고 얕아지고 하는 이런 것들이 다 이 함수 중에 하나씩입니다.

이것은 파도 그다음에 이것은 바람 이것은 큰 어떤 물깊이 이런 것들을 결국은 보여주게 되는 거니까 대충 지금 다루고 있는 영역이나 부분을 이해할 수 있겠습니까?

그래서 어느 것이 더 크냐고 하는 것은 지금 다루기에는 상대적인 것을 다 다루지 않았기 때문에 지금 설명하기에는 애매하고 일단 이 구조 속에서 다루고 있다고 이해를 하십시오.

신체발달의 運

[그림 18-2]

- 신체발달　人間 : 0 ~ 15 ~ 30 ~ 45 ~ 60 ~ 75

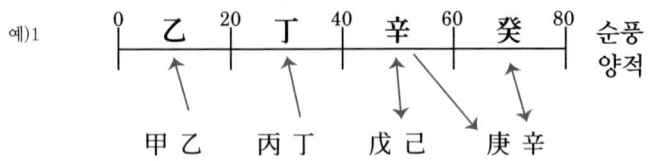

인간의 운의 고정요소에서 신체발달은 보통 0세에서 15세 또 15세에서 30, 30에서 45, 60, 75 이런 식으로 발달의 기준을 무엇으로 채택하느냐에 따라서 달라지는데 이 부분을 일종의 五行 속성으로라도 미리 전제해놓을 필요가 있는 겁니다.

제가 대표적으로 한번 정리를 해 드렸던 것이 보통 20년 정도를 단위로 해서 40, 60, 80 정도로 분리해서 乙, 丁, 辛, 癸를 적용한 것 기억나십니까?

이것이 태어나면서부터 이미 인간이 생물학적인 나이를 먹으면서 만들어지는 기운이라는 겁니다. 그러니까 어릴 때 일주가 甲이든 庚이든 상관없이 그 나이 또래에 비해서 庚일주 또는 丙일주가 좀 더 자기감정을 드러내거나 숙이거나 하는 편차는 생긴다 하더라도 어린놈은 전부다 다 乙운이고 그다음에 20대는 전부 丁이고 40대에서 60대로 넘어가면 辛이고 癸입니다.

이것의 비중을 얼마나 줄 것이냐? 문제는 남아 있지만 이것을 거의 고정적으로 두어야 한다는 겁니다. 이것을 고정적으로 둘 때 어떤 해석이 가능하냐 하면, 어떤 사람의 대운이 甲, 乙, 丙,

丁, 戊, 己, 庚, 辛 이런 식으로 대운을 끊으면 대운이 또 甲乙 20, 丙丁 20, 戊己 20, 庚辛 20 이렇게 끊어집니다. 이런 경우에 乙, 丁, 辛, 癸 글자와 甲乙 20, 丙丁 20, 戊己 20, 庚辛 20이 서로 相生관계가 되는 식으로 干支가 흘러간다면 순풍에 노를 젓는 것입니다.

[그림 18-2-2]

그러니까 순풍에 노를 젓는 것은 자기가 고유로 맞이하면서 가는 기운과 그다음에 사람의 신체적인 주기와 그대로 더 잘 맞아 떨어졌을 때 어떤 면에서 영향을 주느냐 하면 양적(量的)인 면에서 영향을 많이 줍니다. 양(量) 자체가 훨씬 커지는 효과가 있다는 것입니다. 그래서 인체의 고정요소 때문입니다.

[그림 18-2-3]

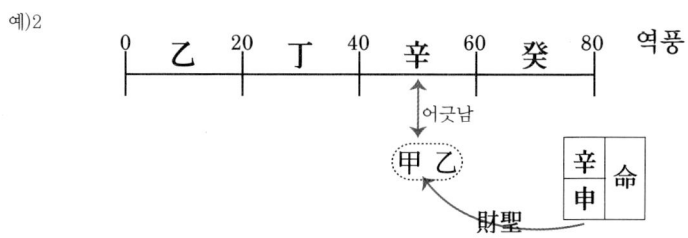

거꾸로 제가 甲, 乙, 寅, 卯는 몇 번을 강조해서 언급했지만, 예를 들어서 40에서 60사이에 이런 운이 와 있다. 그런데 이놈이 예를 들어서 庚申일주라서 이것을 甲, 乙을 財星으로 쓰고 있다면 이때에 분명히 財로써 뭔가 활용하게 되고 거기에 따른 성과나 보상을 얻어내는 것은 맞지만, 뭐가 어긋나 있습니까? 辛과 어긋나 있습니다. 辛과 어긋나 있으니까 그런 면에서 양적(量的)으로 상당히 많이 약화되는 모양이 됩니다.

[그림 18-2-4]

그러니까 역풍에 乙, 丁, 辛, 癸가 고정적으로 부는 바람이라는 것입니다. 고정적으로 부는 바람이 서풍인데 자기는 동쪽으로 노를 저어 나가서 고기를 잡는다. 그러니까 양적(量的)으로 많이 나가지 못하고 원활하게 많은 것을 건져 내는 데 방해가 있다 이렇게 보는 겁니다.

[그림 18-2-8]

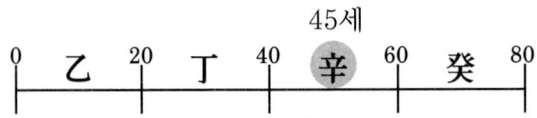

그래서 대운의 흐름을 보지 않아도 이런 겁니다. 그러니까 사주를 보러 왔습니다. 이 사람이 45살이라고 합시다.

"너 돈 되게 좋아하지? 맞나, 안 맞나?"

그러니까 이 45살의 나이가 되면 뭡니까? 다 돈에 대한 필요성과 돈을 장악하려고 하는 에너지 또 실제 장악하고 있는 것들 이런 것들이 많이 형성되어 있다는 겁니다. 그러니까 상기의 표 그림의 내용만 가지고도 사실은 상당 부분을 상담할 수 있는 겁니다.

[그림 18-2-5]

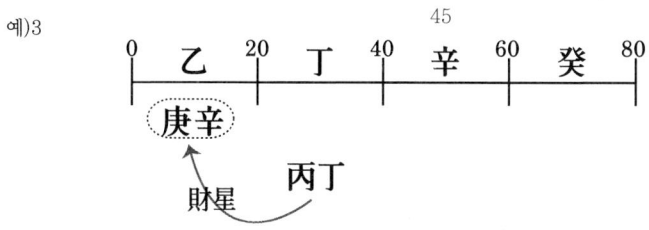

예를 들어서 乙, 丁, 辛, 癸의 운 중 乙운에 丙, 丁일주가 庚, 辛의 대운에 놓여서 庚, 辛을 財星으로 쓴다면 아직은 몸은 자기가 돈을 확 이끌어 잡아당기는 에너지 자체가 약한 상태입니다.

그런데 물론 원국 따라 다르지만, 자기가 타고난 그릇에는 젊은 날에 財운이 와 버렸으니 대체로 그런 경우에 10명 중에 7~8명은 주변에 의식주 환경이 좋거나 경제적 환경이 좋은 곳에서 살아가지만, 그것을 자기 것으로 장악합니까? 장악하지 못합니까? 잘 장악하지 못한다는 겁니다.

그래서 그런 고유의 작용으로 인해서 인간이기 때문에 이미 겪어나가는 고유의 운을 벗어나기 힘들다는 것입니다. 봄바람이 부는데 이놈은 호주머니에 밤, 대추, 열매를 확 담고 다닌다는 말입니다.

[그림 18-2-6]

그런데 이것을 흘리더라도 자기가 거기에 대한 소중함이나 가치라든지 그것을 잘 주워담으려는 행위 자체가 인간으로 태어났기 때문에 약하다는 것입니다. 그래서 젊었을 때는 기본적으로 다 그렇습니다.

그러니까 기본적으로 乙, 丁, 辛, 癸 요소를 무조건 깔고 본다는 겁니다. 그러니까 노인들은 80세에 들어가면 陰의 기운이 많이 더 누적됩니다. 그러니까 누구든지 삶의 60세 이전까지 이력이 어떻든 간에 노회(老獪)함이 생깁니다. 노회(老獪)함이 생기니까 외부에서 오는 여러 가지 상황변화 이런 것들도 노련하게 갈무리해서 자기가 대책을 세워놓고 그다음에 꽉 쥐는 작용이 강하니까 자기의 감정적인 요소에 대한 발산 이런 것들이 무조건 숨겨지고 가려지는 그런 동작이 더 커지게 되는 겁니다.

丙, 丁일주가 막 떠들고 설치고 나대고 이런 것이 다른 일주에 비해서 강하다고 해도 나이가 들면 癸 기운의 누적 속에 들어가니까 자기가 자기 조절력을 스스로 발휘하게 되는 겁니다.

생로병사(生老病死)라고 하는 것이 주제가 조금 구별되어 있어서 제가 나누기는 했는데 다음 시간 것과 많이 겹칩니다. 생로병사에서 이것은(老) 당연히 나이가 든다는 뜻이지만 이것은 수고로움입니다.

생로병사라는 문자 자체가 늙을 노(老)자를 쓰지만 乙, 丁, 辛, 癸에서 丁의 단계는 힘쓸 로(勞)자입니다. 노동할 때 힘쓸 로(勞)자입니다. 그래서 乙, 丁, 辛, 癸에서 丁의 단계는 말 그대로 힘쓴다는 것입니다.

그다음에 乙, 丁, 辛, 癸에서 辛의 단계는 일종의 수확기입니다. 丁의 단계에 씨를 많이 뿌리고 하였든 말든 간에 辛의 단계는 수확기에 들어가는데, 수확기면서 乙의 기운이 일종의 辛에서 病, 死의 요소가 오므로 辛 수확기에 아무리 경제적인 성취나 보상이 나름대로 이루어지더라도 몸 곳곳이 쑤시고 아프다는 것입니다. 이 辛자가 쑤시는 것입니다. 쑤시고 아픕니다.

그다음에 乙, 丁, 辛, 癸의 癸에 활동이 저조하다는 겁니다. 그래서 활동이 저조해지는 기운 속에 갇혀서 결국은 다시 이어갈 때는 다시 木 또는 乙 이런 기운이 형성되는 것으로 봐서 소위 노익장의 컨디션이 되거나 고목봉춘(古木逢春), 마른 나무에 다시 봄이 와서 꽃을 피우는 식의 흐름으로 연결된다고 본다면 辛, 癸 이때는 財星이 오든 官星이 오든 뭐가 오든 건강이나 활동성이나 이런 것들이 무조건 약화 된다고 봐야 되기 때문에 辛의 이 시기에 재물 운이 와서 좋은 컨디션이 온다 해도 '마구 좋다.' 소리하면 안 됩니다. 늘 이때부터 건강이라는 요소를 더 전제해서 봐줘야 된다는 겁니다.

그래서 보통 干支만 열심히 보다 보면 "아이고, 마! 이 운은 운이 좋아져서 어쩌고저쩌고…" 이렇게 설명을 많이 하는데 결국은 그 운 얼마 2~3년 남겨놓고 그냥 가버립니다. 그러니까 늘 辛, 癸 글자의 간섭 하에서 운명적 작용이 동시에 이루어진다 하는 것입니다.

양적(量的)인 면에서는 사람의 생애가 젊은 날에 乙 초년시기를 만나서 학문성 중심으로 긍정적으로 쓰고 그다음에 丁 운을 만나 젊은 시절 활동을 많이 하는 것처럼 乙, 丁, 辛, 癸를 그대로 씁니다.

그러니까 공부하고 활동하고 그다음에 경제적으로 성취하고, 명예중심의 삶을 구하고 고상함을 추구하는 것 이런 것들이 그대로 쓰게 되는데 丙, 丁일주가 乙, 丁, 辛, 癸 대운도 잘 맞아떨어지는 경우가 그 양(量)이 굉장히 크더라는 겁니다.

물론 여기는 운끼리 믹스가 된 경우를 더 초점을 맞추어서 봐야 되지만 아무튼 저 乙, 丁, 辛, 癸 요소를 무조건 봐줘야 된다는 뜻이고 그다음 신체발달의 운에서도 저런 속성이 乙, 丁, 辛, 癸의 속성을 그대로 따라갑니다.

정신변화의 運

정신변화도 마찬가지입니다. 대체로 乙, 丁은 자꾸 오르고 펼쳐지는 것이니까 숭고성을 따릅니다. 숭상할 崇 높을 高를 따르고 辛, 癸에 이르면 실(實)로 내려오는 것입니다. 그러니까 '실

(實)하다. 실(實)하지 않다. 실(實)없다.' 이런 표현도 합니다. 辛, 癸에 이르면 실없는 것을 이 시기 자연적으로 꺼리게 되는 것입니다.

乙, 丁은 말뿐이라도 '말이라도 고맙다.'가 됩니다. 그런데 계속 辛, 癸 단계까지 계속 말만 하면 어떻게 됩니까? 되게 욕 얻어먹습니다. "저놈은 말뿐이다." 기운변화라고 하는 것을 여러분이 반드시 전제해놓을 필요가 있다는 겁니다.

기운변화와 발달의 運

그다음에 기운변화와 발달의 운 이런 것도 마찬가지입니다.

인간의 운명

인간의 운명은 이런 것입니다. 乙, 丁, 辛 정도까지가 수확해서 현실적으로 뭔가를 자기가 성취할 어떤 시기가 되고 乙, 丁, 辛까지가 어떻게 보면 고생입니다.

이루고 난 뒤에 癸, 이 부분은 물론 즐거움으로써 현실적인 것을 채움으로써 오는 심리적 보상은 있지만, 새로이 뭔가를 해보기에 답답한 그런 상황에 놓임으로써 심리적으로 소위 명랑성 이런 것들을 많이 잃어버립니다.

그러니까 乙, 丁, 辛 이때 고생하거나 아니면 癸에 우울하거나 하니까 인생 전체가 고생 아니면 우울이라는 겁니다. 그것을 깔고 가야 된다는 겁니다. 고생도 즐거운 고생 그다음에 힘든 고

생으로 나누어서 정리하지만, 아무튼 인생의 태반은 고생이고 뭘 성취하고 났을 때에 오는 정서는 그것이 오래가지는 않는다는 것이죠. 그래서 그런 표현을 합니다. 부질없다는 표현을 합니다. 그래서 부질없음을 결국 또 자꾸 자기 정서로 결국 받아들이게 되는 것입니다.

학생 질문 - 天干은 乙, 丁, 辛, 癸로 가는데 계절이 겨울로 출발한다든지 하면 됩니까?

선생님 답변 - 地支도 거기에 부합해서 쓰면 됩니다. 그러니까 주로 겨울로 간다 이러면 甲辰부터 출발하면 되겠네요.

[그림 18-2-7]

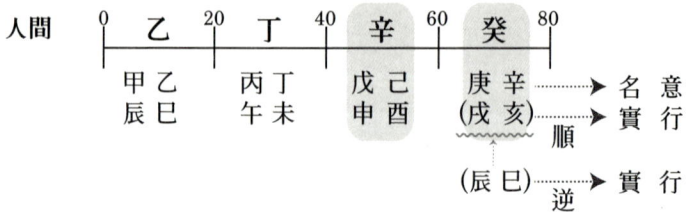

그림처럼 운이 흘러들어 가면 이런 경우 戊申, 己酉, 庚戌, 辛亥 운이 굉장히 농후해지는데 이것도 마찬가지로 天干에 있는 金(辛)과 地支에 있는 金(申, 酉)이 무리를 짓습니다. 그래서 몸이 컨디션이 안 좋아도 재물에 관해서 유익함이 자연스럽게 생겨난다는 뜻이 되고 그다음에 癸 겨울에 이르러서 같이 庚戌, 辛亥 水와 무리를 짓는다는 것은 순(順)하다는 뜻이 되는 것입니

다.

天干은 명(名), 地支는 실(實) 이렇게 나누기도 하고 또 天干은 그 사람이 추구하는 의지적인 면, 地支는 행위적인 면입니다. 행위적인 면에서 그 계절에 맞추어 산다는 것입니다. 살살 다녀야 될 때 살살 다니니까 오히려 순리적으로 간다는 것입니다.

순(順)하다는 것은 인체에 부여된 기운대로 대운도 잘 맞추어서 따라가 주는 경우가 순(順)이고 반대로 쓰는 경우가 역(逆)입니다. 이 역(逆)은 뭡니까? 癸의 단계에 들어서 운은 庚辰, 辛巳 이런 것이 오면 완전히 늘그막에 실행(實行) 아닙니까?

하루의 辰시가 되면 그때부터 일어나서 옷 입고, 단장하고, 꾸미고 호들갑스럽게 나가고, 그다음에 巳시가 되면 이때부터는 각자 외부에 나가서 활동을 활발히 시작합니다. 활발히 시작하는 이런 운이 오니까 癸의 시기에 庚辰, 辛巳 운이 되면 이미 부여된 큰 기운과 부합되는 것은 아니므로, 경제적 성취 측면이라면 효율성도 높지 않을 뿐만 아니라 자기는 부지런히 돌아다니고 움직여야 되는 상황이 생기는 것입니다.

그래서 노년에 바쁘다는 것은 어떻게 보면 일종의 축복이기도 하지만 또 일종의 재앙이라는 겁니다. 그래서 干支의 흐름과 인체에 일어나는 여러 가지 기운의 어떤 변화가 잘 맞아떨어질수록 인생의 효율성이 크게 좋아진다는 겁니다.

그 뒷부분에 나오는 것이 '2-6. 삶의 고정요소'와 오늘 나누어 드린 것과 주제가 거의 같이 맞물립니다. 그다음에 여기서는 남자와 여자가 쓰는 것이 다르다는 것입니다. 인간이라는 고정요소와 남녀라는 것을 한번 나누어 보겠습니다.

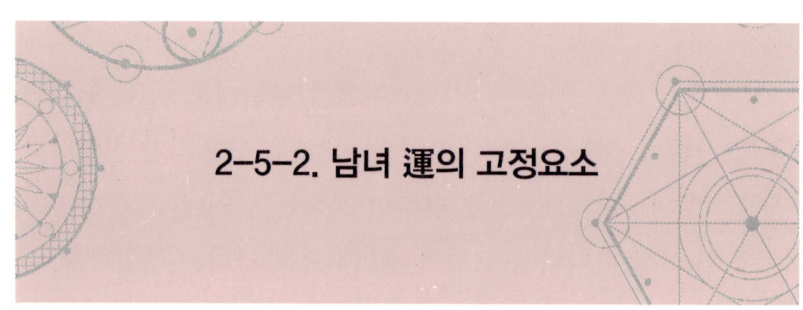

2-5-2. 남녀 運의 고정요소

남녀 運의 고정요소 / 여자 運의 고정요소

[그림 18-3]

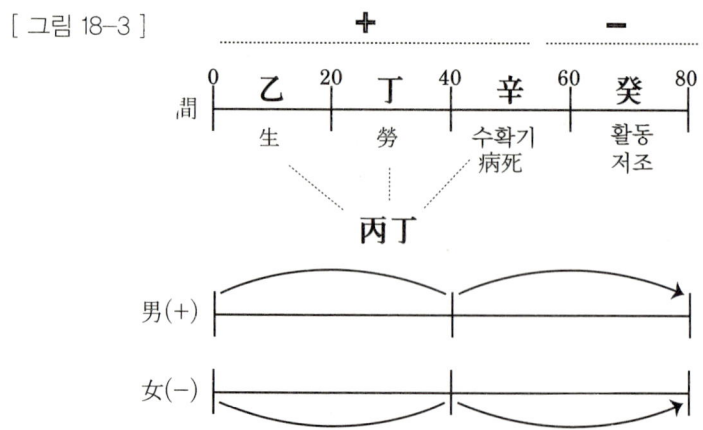

　　남자가 기본적으로 陽의 기운이 유여하다고 보고 여자가 陰의 기운이 유여하다고 본다면 대체로 남자는 젊은 날에 일어나는 陽의 기운이 많음으로써 이것이 안착하지 못합니다. 즉 뿌리내리고 딱 밀착이 되는 붙는 그런 작용이 약하다가 40세 이후 되어서야 서서히 삶 속에 이렇게 안착을 하는 그런 에너지를 기본적으로 가집니다.

그다음 각자 개인 운명은 있지만, 여자는 젊어서 오히려 陽의 기운을 만남으로써 대체로 주변의 혜택이라든지 이런 것을 상대적으로 남자보다는 주변의 혜택을 얻을 수 있는 기회가 많이 부여되고, 그다음 오히려 이런 辛, 癸라고 하는 이런 흐름 속에서는 몸이 아프거나 아니면 내가 나서야 되는 상황이 잘 발생합니다.

크게 봐서 乙, 丁의 단계가 陽의 기운이 유여하고 辛, 癸의 단계가 陰의 기운이 유여하다면 이 프리미엄이 기본적으로 좀 다른 겁니다.

그래서 보통 남자는 丁의 단계에서 辛의 단계로 넘어갈 정도 되어야 정신을 차리거나 안착을 하게 됩니다. 그러니까 40세 전후라고 하는 기준이 그만큼 중요하다는 것은 어디에 나옵니까? 논어에 공자님 이야기 중에 40이 되어야 불혹(不惑)이라는 말이 나옵니다.

학생 질문 – 요즘은 거꾸로 된 것 아닙니까? 나이 들면 남자가 자식하고 여자는…

선생님 답변 – 辛, 癸의 단계 힘에 눌리는 겁니다. 그러니까 여자가 辛, 癸는 짝짓지 못한다는 것이 결국은 계속 자기 나름의 고유의 운동을 감당한다고 보면 됩니다.

물론 요즘은 여인 천하의 시대로 가고 있으니까 그런 측면이 당연히 있지만, 기본적인 프리미엄 구조에서 볼 때, 말 그대로 남자들은 서른 중반이나 마흔까지 인간이 안 됩니다. 반쯤 미친 개라고 보면 됩니다. 그런데 뒤로 가면 여인들이 "다 덤벼라!" 이러고 그런 면에서 프리미엄 차이가 기본적으로 난다고 일단 이해를 하시면 됩니다. 하여튼 乙, 丁, 辛, 癸 작용이 그냥 단순하게 사회과학적인 것이 아니고 陰陽 기운을 가지고 기본적으로 나누고 있는 것입니다.

이런 것이 왜 운을 볼 때 필요하냐면 '남자가 서른 초중반에 돈을 잘 벌고 있다.' 이 말은 이것이 약간 변태라는 말입니다. 여인은 辛, 癸 단계의 운에 가서 돈을 벌어도 됩니다. 그런데 여인이 辛, 癸 이 단계에서 돈을 번다는 것은 뭔가 귀찮은 것을 감당하고 있다는 것입니다. 그러니까 辛, 癸 이 구간은 누구나 경제적으로 뭔가 쌓아나가고 해나가는 것이 생애주기에서 자연스러운 운입니다.

그런데 乙, 丁 이때 남자가 젊은 날에 돈을 잘 벌고 있는 사람은 반드시 뒤에 가면 문제가 터지게 되어 있습니다. 왜냐면 乙, 丁, 辛, 癸와 어긋나게 기어링 gearing이 되어가고 있기 때문입니다.

예를 들어서 30대 초반이나 중반에 자기가 자그마한 사업을 했는데 너무나 잘되어서 돈을 잘 벌고 있다면 대부분 다 40대 중반이나 50에 가면 나자빠집니다. 그러니까 乙, 丁, 辛, 癸가 정태(正態)라는 겁니다. 그리고 자기가 가진 특수성 때문에 변태적(變態的)으로 乙, 丁 이 시기에 무엇인가를 이룬 사람은 辛, 癸 이 시기에 가서 반드시 그 쇠락이 오게 된다는 것입니다.

남녀간의 편차

　그래서 고정적인 요소와 남녀라는 부분에서 편차를 둘 필요가 있고, 하여튼 여인이 辛, 癸 이시기에 돈을 번다는 것은 물론 충분히 금전적인 실속이나 성취의 기회가 많은데 뭐가 짝짓지 못하더라도 짝짓지 못하는 허결함이 있다고 보시라는 겁니다.
　예를 들어서 50대 중반이나 이런 여자 실업가가 찾아와서 앉으면 단번에 알 수 있잖아요? 장사나 사업 판에 있는 사람이라는 것을 앉으면 알 수 있습니다.
　알 수 있다는 말은 서방이 애를 먹이든지 서방이 짐을 싸고 가고 없든지 이런 식으로 하나 짝짓지 못하는 요소가 발행해 있다는 것을 의미하는 겁니다. 그래서 이런 점을 여러분이 머릿속에 전제해 두십시오.
　이것은 뒷부분이 오늘 나누어 드린 것과 같이 맞물리는데 남자 일생이라는 것이 있습니다. 남자 일생이라는 것이 글자 자체가 뭡니까? 밭에 나가서 밭에서 힘을 쓰는 것 아닙니까? 밭에서 힘쓰는 것이니까 남자가 기본적으로 일을 하고 있다. 이런 것이 당연한 것입니다.
　그다음에 '여인이 일을 하고 있다.'고 합시다. 편안할 안(安) 자를 어떻게 씁니까? 그러니까 집에서 가만히 자기 포지션을 취하고 있다는 것이 '좋다, 나쁘다.'의 개념보다는 편안하다는 겁니다. 그래서 편안함을 잃은 상태에 있으므로 여인이 일을 많이 하고 활발히 움직인다면 부자연스러운 것입니다. 그래서 고정 요소적으로 여인을 상징하는 글자에서 상형적으로 해설을 할 때는 출산입니다. 그리고 가정을 기본적으로 지켜야 되는 그런 행위 이런 것들을 피해갈 수 없는 것이죠.

그래서 흔히 여자가 만나야 할 세 남자 아시잖아요? 여자가 잘 만나야 될 세 남자 첫째 아빠, 둘째 신랑, 세 번째 아들로 표현합니다. 그래서 그런 배우자의 운명적으로 간섭요소 그다음에 출산을 통해서 자식을 얻고 그다음에 가정을 영위하는 것 이런 것들이 결국 여자의 삶 속에 필수적으로 따라다니는 것이고 이것이 하나라도 어긋나면 그로 인해서 여러 가지 불편함을 감당해야 된다고 볼 수 있습니다.

[그림 18-4]

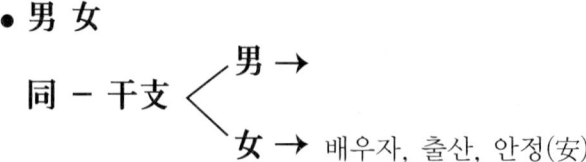

이것은 운명이라고 하는 범주에 큰 이야기일 수도 있지만, 가문의 번영을 상징하는 세 가지 아십니까? 그 가문이 장차 앞으로 크게 번영할 집이라는 것을 보여주는 징조가 첫째로 남자가 밭에 나가서 안 들어와야 합니다. 그러니까 일에 남자가 매달려 있는 경우가 됩니다.

그다음에 여인이 살림이라든지 집에 모든 것을 다 매달려서 돌보고 있을 경우가 됩니다. 그다음 세 번째가 애들이 방문을 막 발로 막 들고 차고 다니는 것입니다. 그것은 애들이 건강하다는 겁니다.

그래서 고정적으로 가장 표준이 되는 또는 바람직한 상태를 설정해놓고 거기서 벗어나 있다면 다른 불편함을 많이 감당할 수밖에 없구나 하는 것을 알 수 있습니다. 그러니까 그게 팔자를 안 보고도 보는 방법입니다.

"서방님 뭐하요?"

"놉니다."

그러면 그때부터 여자 팔자가 자동으로 나옵니다.

"너는 말이다, 어쩌고저쩌고…"

일간이 甲이고 乙이고 상관없이 허결함 때문에 결국은 불편함을 감당해야 된다는 것입니다. 이것이 매일 하는 상담 내용의 절반이라는 것입니다.

[그림 18-4-2]

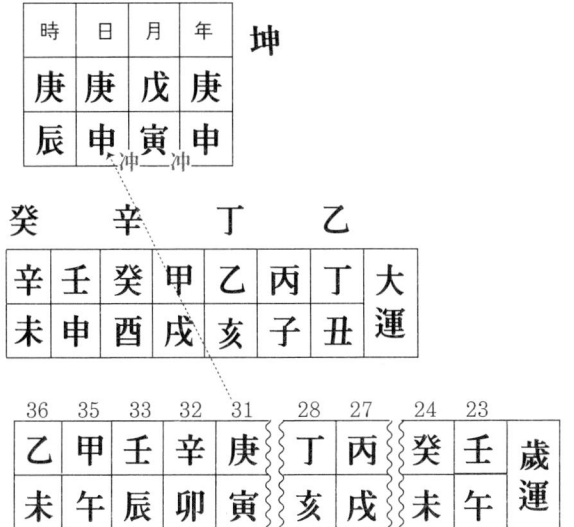

여자입니다. 甲戌대운 초입쯤 와있을 겁니다. 이 경우에 결혼 좀 천천히 하라고 이야기를 했었지만, 이 경우에는 그냥이 아니고 "무조건, 무조건 결혼을 늦게, 늦게 하는 것이 좋다." 했습니다.

지난 세월에 2002년도가 壬午, 癸未년, 丙戌, 丁亥년 이때 官星의 속성이 섞여 들어옵니다. 그다음에 庚寅, 辛卯년, 甲午, 乙未년에 가는데 庚申생이면 壬午년이 23살이 됩니다.

27살~28살, 31살~32살, 35살~36살 이런 시기에 인연이 오는데 무조건 35살 이후에 마흔 전후 사이 정도에 가서 결혼하는 것이 좋겠다고 하니까 "그게 무슨 말입니까?" 하는 것이죠. "아니 그렇게 하면 좋겠다."라고 하니까 결혼을 언제 했느냐면 서른둘에 해버린 겁니다.

庚寅년 서른하나에 寅申相冲이라고 하는 比劫을 순간적으로 흔들어놓는 그런 작용이 발생하면서 辛卯, 壬辰년으로 연결되는데 辛卯, 壬辰에 식구발전이라고 하는 인자로 연결되면서 辛卯년에 결혼이 이루어지고 壬辰생 용띠 아들을 낳고 또 甲午생 아들을 낳았는데 결국 결혼하고 보니까 정말로 머리가 아프기 시작하는 겁니다. 이 팔자는 그것 하나로 다 본 겁니다.

이 경우는 팔자 자체에서 이미 그냥 그렇게 되어 있습니다. 그러니까 이미 比劫 太旺의 인자에 노출되어 있는데다가 그다음에 寅申相冲이 뭡니까? 비록 이 경우는 두 개가 寅을 동요하고 불안하게 한다고도 볼 수 있지만 寅申 冲 자체가 있다는 것 자체가 뭡니까?

육기(六氣)를 나눌 때 소양상화(少陽相火) 이런 말을 합니다.

그러니까 寅, 申이 있다는 것은 寅의 기운이 주로 少陽 그다음에 申에 이르러서 相火가 되는데 相火라는 것이 재상(宰相)이니까 자오지기(子午之氣)에서 午가 군화(君火)라면 申은 상화지기(相火之氣)입니다. 그러니까 지상에 펼쳐져 있는 불이 되는 것이죠.

그런 기운이 기본적으로 형성되어 있으면 갈수(渴水)가 옵니다. 물이 자기 자리를 찾을 수가 없습니다. 이 申안에 壬水가 長生하고 있는데 寅이와서 흔들어 놓고 밖은 申이라는 글자도 三陰의 위치에 이르러 있지만, 立秋에서 處暑까지는 陽의 기운이 그대로 벌어져 있는 것입니다.

그다음에 處暑 이후에 白露사이가 되어서야 陰이 겨우 陽을 대적을 준비한 정도의 상태가 됩니다. 그래서 白露 위에 秋分에 가야만 陰이 陽을 능가할 수 있는 컨디션이 만들어지기 시작합니다.

酉에 이르러야 陰의 기운이 형태가 되는데 그러니까 결국 秋分에 이르러야 4陰의 상태 정도까지 가는 것입니다. 그래서 酉 단계까지 나가기 전에 申에 있을 때는 천지가 밖으로는 陽의 기운이 펼쳐진 상태라는 것입니다. 그런데 이 寅申이 서로 冲에 의해서 촉발시키는 작용이 오면 물이 메말라 버리니까 寅申相冲이 있으면 전부다 다 애정의 갈증으로 보면 됩니다. 偏財格이고 正官格이고 할 것 없이 무조건 寅申相冲이 있는 사람은 다 애정의 갈증입니다.

그런데 장점은 전부 다 직업적 프로입니다. 동물원치고는 전부 다 제일 재미있는 놈을 데려다 놓았습니다. 그러니까 동물원에 호랑이 있고 원숭이 있으면 애들한테는 최고 좋은 동물원이라는 것입니다.

그러니까 뭔가를 제일 즐겁게 하거나 파워풀한 콘텐츠 동물을 채워놨는데 애정적인 갈증 그다음에 寅중에 있는 丙火를 부득이 하게 취해서 짝을 삼아야 되는데 결국은 驛馬 地支에 올라앉아 있습니다.

그다음에 드러나지 않고 地支에 있지도 않고 地藏干에 있음으로써 결국은 직업적인 특성이 반드시 필요한데 딱 저런 경우가 마도로스 남편, 군인 남편을 둬야 가정이 훼손됨이 없다는 겁니다.

"그것이 무슨 말입니까?"
"말 잘했다."
그때부터 좔좔좔 제가 이야기 설명을 했습니다.
"서방은 요즘 뭐하노?"
"업소에 그냥 월급 받습니다."
"아~ 잘됐다."

야간업소에 월급을 받으니까 서로 마주치는 시간이 적다는 겁니다. 본인은 낮에 일하고 들어와 있고, 서방님은 밤에 밖에 나가 있다가 낮에 들어와서 조용히 있고 이렇게 서로 마주칠 일이 없습니다.

그래서 그것을 준 驛馬로 쓰는데 한 번씩 자기가 이런 말을 하는 것이죠.

"도저히 못 살겠다. 어떻게 하면 좋겠느냐?"
"그것은 인생관과 가치관의 문제로 결정할 것이지 여기서 행복의 카드를 찾아달라고 하면 방법이 없다. 단지 덜 불행한 카드가 뭔지만 고민해라. 이대로 살아도 불행하고 헤어져도 불행하다. 그런데 어떤 것이 덜 불행할까? 그것을 진지하게 고민하고 본인의 인생관대로 결정하라."

그것을 설득하고 납득하는데 한 20분 걸렸습니다.

"제가 진짜 후처로 가야 된다는 말입니까?"

"기왕 본처 되었는데 어쩌라고?"

하면서 이렇게 하는데 그리고 그 이야기 20분 끝내고 난 뒤죠.

"그러면 제 사업이나 일은 어떻게 되겠습니까?"

"이제 무조건 성공한다. 직업적으로 성공은 분명히 한다."

金이 다섯 개입니다. 그러니까 金이 다섯 개면 상대방의 목을 조릅니다. 죽여 버립니다. '걸리기만 해봐라.' 그다음에 偏財라고 하는 것이 항상 재물에 대한 역동적인 액션이 있는 것입니다.

그래서 사실은 그전에도 돈을 젊은 시절부터 벌었습니다. 화장품 이런 것에 관련된 유통, 영업 이런 것을 해서 젊어서 나름대로 돈도 잘 벌고 지금도 분야를 바꿔서 금융 쪽으로 넘어가서 영업하는데 잘합니다.

언제 큰돈 들어오느냐? 그동안 들어온 것도 그냥 제법 젊은 나이에 많은 것을 벌었지만, 앞으로 돈 버는 것은 申, 酉, 戌 대운 가면 금전적으로는 더욱 유리할 것입니다.

申, 酉, 戌 대운 자체가 어떻게 됩니까? 乙, 丁, 辛, 癸 와도 이것은 딱 잘 맞습니다. 그래서 이미 젊은 날에도 乙亥대운 들어오면서부터 잘 벌었고 지금도 잘 벌고 있고 그다음 酉대운에 더 벌지만, 이것이 陰大運이라서 대신에 이런 인간의 애로가 발생합니다. 酉대운 申대운 들어가면 뭡니까?

오늘 주제에 걸려 있는 케이스가 있어서 그렇습니다. 巳酉丑 申子辰은 여인이 사회활동을 활발히 해서 경제적 성취를 크게 이루는 것은 충분히 가능한데 인간의 애로가 반드시 발생합니다. 그런데 무슨 格用論的인 이해로 '팔자에 金이 많은데 金이 比劫이 와도 됩니까?' 이렇게 묻는 사람도 있습니다.

"반드시 돈을 법니다."

"金이 이렇게 많은데 선생님 이때 가면 군비쟁재(群比爭財)해서 죽는 것 아닙니까?"

"아닙니다."

그래서 운이 乙, 丁, 辛, 癸의 인자에 부합되는 모양으로 살아갑니다. 거꾸로 여기 乙, 丁, 辛, 癸의 癸에 申, 酉대운을 만나면 달밤에 체조하는 장면이 조금 나오긴 나옵니다. 달밤에 체조하는 장면이 나오는데 보통 申대운 끝날 때 건강이 문제가 됩니다. 申대운 酉대운에 금덩어리를 많이 들었다는 것입니다.

그다음에 또 주변에 인덕 부족의 세월 그다음에 남자 덕 부족의 세월, 남편 덕 부족의 세월 이런 것이 벌기는 내가 뼈가 부서지게 일해서 많이 벌어서 이곳저곳에 퍼주고 하면서 서서히 자기가 가진 에너지를 다 쓰게 됩니다.

분명히 戌대운, 酉대운에 많이 법니다. 그러니까 戌운은 戌운 자체로써도 결국 좋은 것 안 좋은 것 좀 뒤섞여 있기는 하지만 이것이 水運에서 金運으로 올라갈 때 금전이나 일에 관해서는 여러 가지 기회가 자기한테 많이 주어지게 된다는 뜻이 됩니다.

그다음에 乙, 丁, 辛, 癸의 운과 그대로 딱 맞아 떨어져 가면 돈을 많이 버는데 대신에 많이 씁니다. 그다음에 결국은 '남자 덕이나 남편 덕은 결국은 안 되는구나!' 하는 것이죠. 세월이 가야 받아들입니다.

"조금 이른 맛이 있지만, 이 말만 새겨 놔라"

"뭔데요?"

"돈이 서방이다 생각하고 살아라. 서방은 놀러 가자 하면 안 간다고 하고 어디 갈까? 하면 다른데 간다고 한다. 그런데 돈은 야야 서울 가자! 이러면 돈이 비행기 준비해놓고, 밥 먹자! 하면 예! 하면서 따라오고, 그런 좋은 서방이 어디 있노? 돈이 서방이다 생각하고 살아라." 하고 결론을 지었습니다.

이런 경우도 결국 한마디로 자신감이 가득한 겁니다. 비즈니스에서 워낙 히스토리가 좋은 겁니다. 그러니까 2004년도면 그때가 25살입니다. 甲申년에 25살인데 이때에 사회 진출해서 그때부터 계속 활동해서 庚寅년에 어느 정도까지 되느냐하면 작은 단위에 자기가 장(長)이 됩니다. 영업파트 중에서 거의 小社長 수준까지 가버리는 겁니다.

그것이 물론 유년으로도 따져서 亥, 子, 丑, 寅으로 흘러온 것도 있겠지만 명조 자체에서 비즈니스에 무조건 성공한다는 겁니다. 그리고 이 대운의 흐름을 자세히 보시면 乙, 丁, 辛, 癸 중 丁에도 丁火와 소통되는 인자 乙亥대운 乙과 甲戌대운 甲이 기본적으로 어떤 식으로든 깔고서 나아가더라는 겁니다.

우리의 학술체계를 공부한 분들은 이 운에 돈을 번다고 하면 아무도 이의를 안달지만 다른 모임에 가면 바로 손 나옵니다.

"선생님! 군비쟁재(群比爭財)도 모릅니까?"

그러니까 이 酉운에 보자 이겁니다. 그래서 하여튼 고정적인 운의 흐름이 부합되느냐? 안 되느냐? 하는 것이 굉장히 많은 영향을 주게 되는데 사실은 돈을 많이 벌었습니다. 그러니까 젊은 사람이 벌었다 하기에는 상당히 많이 벌었습니다. 억 단위는 당연히 뛰어넘었습니다.

학생 질문 – 직업은 뭘 했습니까?

선생님 답변 – 첫 스타트는 미용 화장품과 미용용품 이런 것에 관한 영업, 유통 이런 것을 했습니다. 比劫이 많이 있다는 것은 경쟁이 많은 상태를 의미하는 거니까 보통 이런 구조가 있으면 약간 네트워킹 속성이 됩니다. 그것은 인자가 어디에 있습니까? 미용이라는 인자는 寅과 辰입니다. 寅, 卯, 辰이 뭐냐면 장식, 건축, 디자인, 기획 그다음에 지금은 어느 쪽으로 가 있느냐면 申쪽으로 가 있습니다. 금융, 보험 쪽에 금융 영업 이런 것을 하고 있습니다.

그런데 만약에 대운이 戌운에 안 걸치고 만약에 亥, 子, 丑, 寅, 卯 이런 쪽으로 간다면 寅을 씁니다. 그러면 유통으로 갑니다. 자기가 직접 무역을 하든지 유통을 하든지 하게 됩니다. 운이라고 하는 것이 六親的인 어떤 환경을 제한하기 때문입니다.

그다음 癸酉大運쯤 가면 뭘 하는지 압니까? 교육, 임대, 용역 이것만 써먹는다고 보면 됩니다. 天干에 있는 '입만 움직여서' 이것만 해서 하는 교육 그다음에 財星을 떠나 있으면 그러면 부동산, 임대, 건축 이런 것으로 갑니다.

학생 질문 – 몇 세 대운입니까? 庚戌대운입니까?

선생님 답변 – 글쎄 숫자까지는 제가 못 외우겠습니다. 지금 甲戌대운 2~3년차쯤 됩니다. 어차피 다음 시간에 '2-5. 남녀의 해석'과 '2-6. 삶의 고정 요소'는 거의 주제나 접근방식이나 기준을 잡는 것이 겹치는 부분이 절반 정도가 됩니다. 그래서 같이 한꺼번에 묶어서 진도를 나갈 수 있으니까 그렇게 하기로 하겠습니다.

'2-5. 남녀의 해석'이나 '2-6. 삶의 고정 요소'는 주제나 접근 방식이나 기준을 잡는 것이 겹치는 거의 절반 정도 됩니다. 주제를 같이 묶어서 진도를 나갈 수 있으니까 그렇게 하기로 하죠.

학생 질문 – 지난번 수업에서 빠졌던 부분입니다. 地殺의 대운과 세운 작용에 대해 설명 부탁드립니다.
地殺에서의 이동과 驛馬殺에서의 이동에서 自意와 他意의 뜻 외에 (이동, 변동의) 차이점이 있는 것인지 궁금합니다. 또 驛馬星에도 강약이 있는 것인지 궁금합니다.
(地殺, 驛馬, 12운성으로 長生地와 病地, 隔角, 皆花論에서 驛馬작용, 自意에 의한 驛馬 卯, 午, 명조에 土가 없을 때 驛馬취급 등등)

[그림 19-1-6]

대운(큰단위): 공간, 추구성, 조건
세운 : 행위, 해결수단, 가까운 상황.

12신살	大 運	歲 運
寅 地殺지살	역할강화, 새로운 무대진입, 命내 자체에 역마살이 갖추어져 있는 경우 조금만 바뀌어도 변동, 運에서 무리지어 있는경우 제한적으로 발생.	自意의 변동(구체화 6~7/10), 이사, 이동, 간섭인자 (年月 :대규모, 日時:소규모, 年月:오랫동안보유한 것, 時:어떤 임대용,사업적 목적인 경우),식구발전.

 대운 세운 작용을 설명하면서 지난 시간에 地殺 설명이 빠졌다고 누가 지적을 해 주셨습니다. 그래서 이 경우는 地殺작용이 대운에 작용하는 것이나 세운에 작용하는 것은 속성이 거의 비슷한데, 대체로 대운에서 地殺은 사회적인 역할 강화 또 새로운 무대진입 이런 속성이 제일 일반적이라고 보면 됩니다. 그래서 地殺의 일반적인 의미를 그대로 확장하면 됩니다.
 대체로 무대진입이나 무대라고 하는 것이 공간도 되고 분야도 되고 속성을 여러 가지로 가지고 있는 것인데, 대운 단위에서는 대체로 사회적인 역할이 자기가 본격적으로 여러 가지 일에 가

담해서 활동하거나 이런 것들이 단위가 큰 의미로써 더 많이 적용된다고 보시면 됩니다.

　세운은 대체로 自意변동, 이사, 이동 등의 의미를 가집니다. 주로 自意 변동의 운이 와서 실제로 구체화하는 측면에서 보면 구체화가 대체로 10분의 6~7 정도입니다. 그러니까 地殺이 오면 새로운 공간으로 이동한다든지 새로운 분야로 진입한다든지 이런 행위가 이루어지는데 구체화가 한 6에서 7이 됩니다.

[그림 19-1-7]

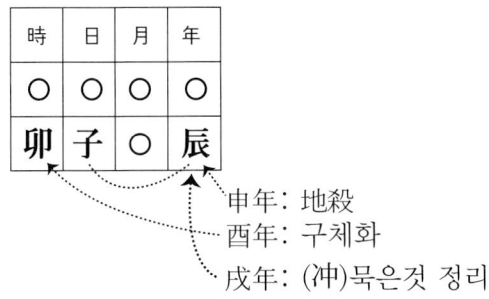

그런데 冲할 것이 남아 있다고 합시다. 예를 들어서 子나 辰이 명조에 있고 申이 운에서 들어오면 그래서 辰이 申을 만나든 子가 申을 만나든 일반적 의미로는 地殺을 만난 작용과 같은 것으로 해석하는데 팔자에 卯가 있어서 酉년에 冲할자가 남아있는 경우에는 갈 곳을 정해놓고 '주로 분양만 했다.', '계약만 해 놨다.'는 것입니다.

　언제 구체화가 되느냐하면 酉년에 가서 구체화가 되는 겁니다. 그래서 실제로 이동 변동을 완전히 마무리하는 것은 酉년에 마무리된다는 겁니다. 포괄적으로 보면 소위 冲할 것이 남아있으면 대체로 징검다리 효과가 생긴다고 보면 됩니다. 戌년에 辰을 冲할 것이 또 남아 있지 않습니까? 이런 경우에 보통 申년에 갈 곳을 정하고 酉년에 卯가 상징하는 부동산을 정리하는 식이 된다는 것입니다.

예를 들어서 연월일시가 부동산이라고 하면 卯는 내가 직접 주거하거나 관리하는 모양이 아니고, 임대목적으로 가지고 있던 부동산 이런 것들이 다 팔림으로써 완전하게 주거변동을 이룩하는 것이 酉년에 이르러서 이룩하게 됩니다.

戌년이 되면 명조 내의 辰이 또 冲할 것이 남아 있습니다. 또 冲할 것이 남아있는 경우에는 戌년에 가서 이것저것 전부다 마무리 짓는다는 뜻이 됩니다. 그래서 집을 옮기고 기왕 하는 것, 오랫동안 묵었던 것 또 조상의 활동요소에 의해서 혜택이 주어졌던 것 등을 정리함으로써 '완전히 이것저것 다 바꾸었다.' 하는 결과물이 나타나게 되는 것입니다. 세운에서의 작용력들은 간섭 인자에 따라 변화가 생기게 마련입니다. 그런데 일반적으로 구체화하는 것은 10분에 6~7인데 옛날에는 상대적으로 驛馬운에 더 많이 갔습니다. 그래서 驛馬는 타의(他意) 변동입니다.

地殺은 상대적으로 자의(自意)변동인데 옛날에는 驛馬운에 10분에 7~8 정도 움직였다면 요즘은 驛馬운에 10분에 5정도 움직입니다. 옛날에는 타의 변동이 더 많았고 현대에는 자의(自意)변동이 더 많더라는 것입니다.

학생 질문 – 驛馬殺의 이동에서 자의(自意)와 타의(他意)변동 뜻 외에 차이점이 있습니까? 또 驛馬殺에도 강약이 있는 것입니까?

선생님 답변 – 당연히 강약이 조금 있습니다. 대운 요소가 무리를 짓는다고 합시다. 예를 들어서 辰생이 戌대운이 들어오면 辰과 戌이 물론 華蓋속성으로써 다른 地支에 비해서는 驛馬작용을 활발하게 하는 작용력이 좀 떨어지지만, 이 戌대운에 다시 午가 오거나 驛馬 고유의 인자가 되는 범 寅자가 왔을 때에 운에서 간섭하는 인자에 의해서 더 활발하게 이것저것 다 옮기고 바꾸는 작용이 강화되는 작용이 발생하는 겁니다.

그러니까 대운의 간섭자가 어떤 것이냐에 따라서 강약차이가 당연히 발생한다는 뜻이고 그다음 명조 내에 驛馬殺이 자체로 형성되어 있는 팔자들은 조금만 간섭해도 움직이고 변동하고 하는 인자가 많이 발생하고, 또 명조 내에 合의 인자가 寅午戌로 무리 지어 있는 경우에는 子나 申의 驛馬인자가 오더라도 申운에도 제한적으로만 바뀌고 子에도 제한적으로 바뀌고 이런 식이 많습니다. 그래서 驛馬가 오더라도 명조가 가지는 특성 따라서 강약차이는 당연히 생기고 그래서 명조의 특성 차이에서도 생기고 또 운에서 무리 짓느냐? 무리 짓지 않느냐? 여기에서도 당연히 생깁니다.

그래서 그런 驛馬의 일반적인 속성은 일러주되 '이 시기에는 제한적으로 이동, 변동이 될 것이다.' 이런 식으로 해석을 해주고 그다음에 어떤 것이 주로 움직여지느냐? 할 때 충동이나 驛

馬를 일으켜주는 작용이 걸려드는 연월일시 인자 중에 어느 것이 더 걸려드느냐? 따라서 연월에 있는 것이 대체로 대규모가 되고 일시에 있는 것이 소규모다. 그다음에 연월에 있는 것이 오랫동안 보유하고 있던 것이고 시에 있는 것이 임대용이라든지 사업적인 목적으로 활용하던 것을 움직이게 하는 것이라고 구분을 좀 해줄 필요가 있는 것입니다.

그런데 보통 地殺이 合에 의해서 이루어지는 거니까 보통 地殺에 식구의 발전 이런 것도 많이 발생합니다. 세운에서 보면 식구발전 그러니까 식구 발전 운에 본인이 시집장가를 가는 것도 있지만 보통 자손 자식이 연애하고 아이를 낳고 이런 것들도 잘 발생을 합니다.

그러니까 三合에 무리 지어서 이루어지는 地殺, 將星, 華蓋 이런 것들은 식구발전이라고 하는 인자하고도 같이 맞물리게 됩니다. 물론 식구발전은 년에서만 이루어지는 것이 아니라 다른 인자도 合을 해서 合을 강하게 훼손하지 않으면 보통 식구가 변동하거나 늘어나거나 하는 그런 작용이 기본적으로 발생한다고 보면 됩니다.

그다음에 위치 따라서 대체로 어떤 특정 형태일 때는 아들이 많이 변동사가 생기고 또 다른 형태일 때는 딸이 생기는 식이 됩니다. 또 그것이 가지는 六親 따라서 변동이 오고 안 오고를 따져서 세밀하게 분류해주기도 하는데 일단 자식에 변동이 온다고 보시면 됩니다.

학생 질문 - 선생님 금방 寅午戌에 申이 왔을 때 驛馬가 와도 변동이 완벽하게 안 된다고 하셨는데 오히려 申이 왔을 때 寅을 沖하고 午와 戌을 전부 다 隔角시키니까 驛馬작용이 더 강한 것이 아닙니까?

선생님 답변 - 그렇습니다. 다 흔들립니다. 다 출렁출렁 흔들리는 작용이 발생하는데 팔자에 슴이 많으면 끌고 가야 될 놈들이 너무 많습니다. 보통 沖이 왔을 때 驛馬도 되지만 슴을 끊어놓는 작용이 좀 더 많이 발생하고 또 三合의 활동이 위축되는 모양이 잘 발생하긴 하는데, 이동까지 발생하는 것은 안 바꾼다가 아니라 驛馬殺 자체가 팔자에 있는 것보다 덜하다는 겁니다. 그래서 沖이 슴작용이 원활하지 못하도록 슴의 인자를 주로 해체하는 작용 이런 것을 주로 많이 합니다.

[그림 19-1-2]

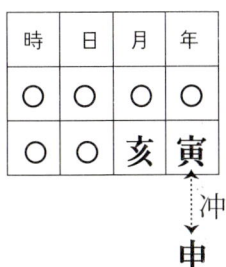

이런 경우에 六合자가 들어와 있으면 이것은 강하게 버티는 작용을 더 많이 합니다. 三合은 고리가 쉽게 끊어져 버려서 驛馬가 왔을 때 전체적으로 동요하는 인자가 더 강해지는 반면에 六合자는 버티는 겁니다.

[그림 19-1-3]

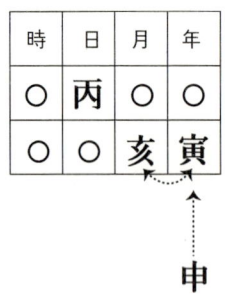

예를 들어서 丙일주다 이러면 寅은 偏印성에 해당하는 것으로써 六親的으로는 주로 모성(母性)으로 분류하고, 활용도가 쉽게 움직이기 어려운 부동산 같은 속성을 의미하기도 하는데 거기에 원숭이 申자가 와서 건드리면 이 경우에는 팔리려고 하다가 그냥 넘어가 버리는 이런 식이 많은 겁니다.

그러니까 대운에서 巳나 申이 와서 크게 동요하게 하지 않는 한 세운에서는 팔리려다가 말아버리든지 이런 식으로 결합력에 의해 그냥 넘어가 버리는 식이 많습니다. 六合은 결합이 강한 것으로 보면 됩니다.

학생 질문 - 오히려 合은 冲이 왔을 때 각자 제 기능을 하는 것은 아닙니까?

선생님 답변 - 그러니까 이 경우 六合은 거의 陰陽이 서로 짝을 짓는 거라서 冲이 와도 계속 무리 지으려고 하는 속성이 그대로 깔려있습니다. 그러니까 寅 이놈 하나를 밀쳐내려 하니까 亥 이것이 붙어 있어서 잘 밀쳐 내지지가 않는 그런 작용이 발생하는 것입니다.

학생 질문 – 子丑 合 있을 때 申이 오면 어떻게 됩니까?

선생님 답변 – 년에 子가, 월에 丑이 子丑 合을 하고 있다고 치고 申이 왔을 때 말입니까? 이 경우에는 따라가 버립니다. 그러니까 六合이 부부지합이라고 했습니다.

[그림 19-1-4]

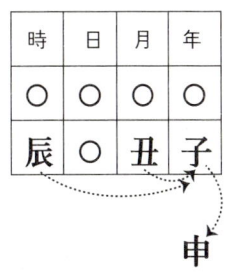

학생 질문 – 만약에 시에 辰이 하나 있다고 한다면요?

선생님 답변 – 이때도 地殺작용은 그대로 활용되는 것입니다. 이것은 더 좋습니다. 그러니까 이 丑의 입장에서 예를 들어서 子가 서방이라면 서방이 짐을 싸고 움직이니 그 짝도 짐을 싸고 따라간다는 것입니다.

이럴 때는 다 같이 무리 지어서 같이 움직이는 인자가 발생하는 것이고 상기 寅亥 合의 경우에는 도로 뭡니까? 서방님을 흔드는데 마누라가 못 가게 잡는다는 것이죠. "뭐하려고 이사하려고요?" 이러면서 붙드는 모양입니다.

그러니까 寅이 자기 고유의 기능을 하기 곤란한 여러 가지 상황이 발생한다는 것이죠. 괜히 와서 팔라고 뭐라 뭐라 하더니 마누라가 그냥 팔지 말자는 바람에 그냥 약간의 이벤트만 일어나고 넘어갔다. 그래서 계약금은 받았는데 안 하겠다고 하더라는 식으로 해서 申이 偏財星으로써 경제적으로 작은 실익은 주더라도 제대로 寅이 묶었던 것을 다 청산하지 못하는 작용 이런 것이 잘 발생하는 것입니다. 그래서 合이 많은 것이 참 고단합니다. 얽히고 설키면 이것이 마음대로 움직이질 못하는 겁니다. 地殺의 일반적인 의미와 대세운의 적용 범주, 크기 정도를 구분하실 수 있을 거라고 생각합니다.

그다음에 우리가 지난 시간에 사실은 주제가 좀 겹쳐있는 것이 '2-5. 남녀의 해석', '2-6. 삶의 고정요소'이었습니다. 진도 부분 생각나십니까? 주제나 내용이 서로 연결고리를 가지고 있기 때문에 수학과목처럼 떼서 할 수 있는 것이 아니니까요. '干支 적용의 남녀차이 남녀편차' 그 정도쯤 하다가 옆구리 터져서 질문하고 받고 이렇게 되었습니다.

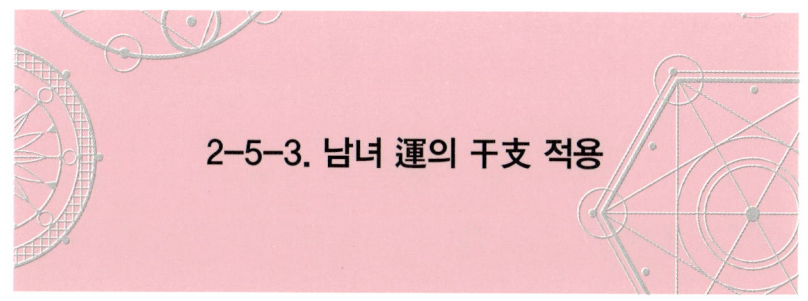

2-5-3. 남녀 運의 干支 적용

干支의 적용과 남녀편차

명내에서 干支 적용도 甲에서 癸까지 그다음에 子에서 亥까지 글자 자체에 대한 적용의 편차를 확인해 봅시다. 물론 자기가 자체로 가지고 있는 고유의 인자가 있지만 대체로 무리 지어서 볼 때, 甲에서 戊까지가 陽운동이 좀 더 강하고, 己에서 癸까지가 陰운동이 강한데, 그 자체로 甲, 乙, 丙, 丁이 陽, 陰, 陽, 陰으로 분류해 나갑니다.

그럴 때 남자는 陽의 속성이 많이 드러난 干支를 좀 힘들게 씁니다. 그다음에 여자는 대체로 긍정적으로 쓰는 인자가 많이 발생하고 이것도 도식화하면 甲, 丙, 戊는 운행적인 측면에서 陽의 속성이 많습니다.

그다음에 干支자체로 또 陽입니다. 그다음에 乙이나 丁은 운행에서는 陽의 속성이 많고 그다음에 고유의 자기 위치로써는 陰의 속성이 많으니까 똑같은 분류법으로 己, 辛, 癸, 庚, 壬이 있다면 이 자체가 운행에서는 둘 다 陰이고 그다음에 己, 辛, 癸는 고유의 干支에서 陰이 되고 庚, 壬은 陽이 됩니다. 그래서 陰

陽을 써먹는 남녀차이가 발생한다는 겁니다.

[그림 19-1-5]

甲 ~ 癸   甲 ~ 戊   己 ~ 癸
子 ~ 亥   陽(+)   陰(-)

※干支적용의 男女 편차

干支\분류	운행	干支	男	女
甲 丙 戊	+	+	↓↓	↑↑
乙 丁	+	-	↓	↑
己 辛 癸	-	-	↑↑	↓↓
庚 壬	-	+	↑	↓

運의 예
女→丙 辛
　　○ ×△

女→癸 戊
　　× ○△

命의 예
男→丙 ×
男→辛 ○

　그림을 참조해 보세요. 구간을 나눈다면 고정적인 명내에 있는 것이라도 남자는 甲丙戊운에는 ↓↓화살표 두 개가 됩니다. 이해됩니까?
　그다음에 여자는 그림처럼 ↑↑화살표 두 개입니다. 그다음 +-陽陰이 같이 섞여 있는 것은 남자는 화살표가 ↓이렇게 되고, 여자는 ↑이렇게 됩니다.
　그다음에 남자는 己辛癸 구간에서 대체로 陰의 기운이 중첩되어 있으므로 대체로 긍정적으로 ↑↑ 이렇게 써먹게 되고, 여자는 陰의 기운이 몰려있음으로써 화살표가 ↓↓ 가 되는 식으로 표가 예쁘지는 않지만, 이해는 하시겠죠? 상기의 표를 보시면 이해는 하실 것 같습니다.

그러니까 干支 자체 하나를 놓고도 이런 겁니다. 그것을 일주에도 그대로 적용해서 쓸 수도 있는데 팔자 명내에 남자 일주가 丙일주 일 때 태어난 날의 속성상 이것 하나만 가지고도 프리미엄이 적다는 것을 알 수 있습니다. 그러니까 인생 전체를 놓고 고생할 일이 여러 번 생긴다는 것이죠.

그러니까 자기가 제일 주된 기운으로 써먹는 해결수단이 丙을 쓰고 있으니까 고단하다는 것입니다. 거꾸로 남자들이 辛을 써먹고 있는 경우가 ↑↑이 케이스에 해당합니다. 이런 것이 은근히 실속이 있고 좋은 찬스를 많이 장악하게 되는 속성을 가진다고 봅니다. 이것을 그냥 운에도 그대로 써먹을 수 있다는 겁니다. 운에도 그대로 써먹을 수 있는데 그중에서 合化를 해서 된 모양이 부족할 때에는 그 부분을 삭감해서 보는 겁니다.

[그림 19-1-8]

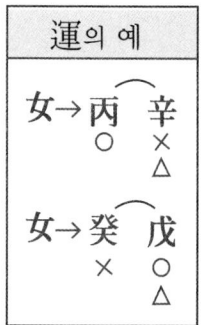

예를 들어서 운에서 丙辛 이런 것들이 오면 丙을 여자가 잘 써먹는다 해도 이것이 辛에 의해서 자기 고유의 기질을 쉽게 잃을

수 있다는 뜻으로 모양은 좋아도 合에 의해서 쉽게 변질이 될 수 있다는 것이죠.

여자 입장에서 보면 이 丙자를 보면 일단은 좋습니다. 좋은데 辛이라는 글자에 의해서 그 속성을 한꺼번에 손상을 당할 수 있으므로 곱표 내지는 세모 이런 것들이 숨어있는 것으로 보는 겁니다.

거꾸로 여자가 癸 글자를 만나서 대체로 힘들게 쓰는 인자로 있는데 癸가 戊를 만나면 좋게 쓰거나 평균보다 나은 수준으로 쓰게 되는 이런 변화요소가 운에서는 좀 더 적용되어서 본다고 보시면 됩니다.

그래서 상기의 그림표는 명내에 적용할 때 보는 것이고 운에서 쓸 때는 그림의 표를 기본으로 하되 合에 의해서 변화되는 것을 감안한다 보시면 됩니다. 그러니까 길도 운에서 흉의 작용이 수시로 발생할 수 있다고 보고 조금 더 고유의 글자와 화(化)한 자를 같이 봐주는 그런 것이 필요하다는 겁니다.

地支도 마찬가지입니다. 地支는 정진반할 때 표를 나누어 드렸습니다. 子, 丑이라고 하는 기본 인자나 또는 午, 未라고 하는 글자의 陽운동, 陰운동의 극단적인 작용은 인간 전체에 부담을 주는 인자로 해석할 수 있습니다. 그다음에 남자는 午, 未 운을 힘들게 써먹게 되고, 여자는 子, 丑을 힘들게 써먹게 되는 것들이 그 地支 모양 자체에서 힘들게 쓰고 덜 힘들게 쓰고 하는 것을 알 수 있는 겁니다.

[그림 19-1-9]

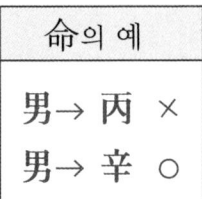

뒷부분에 바로 그다음 타이틀이 나와 있습니다. 三合자에서 地支도 약간 강약차이를 매겨보면 대체로 남자들이 잘 쓰는 인자가 보통 辰, 丑, 酉 이런 글자들이 운에서 마주쳤을 때 辰, 丑, 酉가 가지고 있는 陰의 운동이나 기운 작용을 남자들은 잘 쓴다는 겁니다.

[그림 19-2-2]

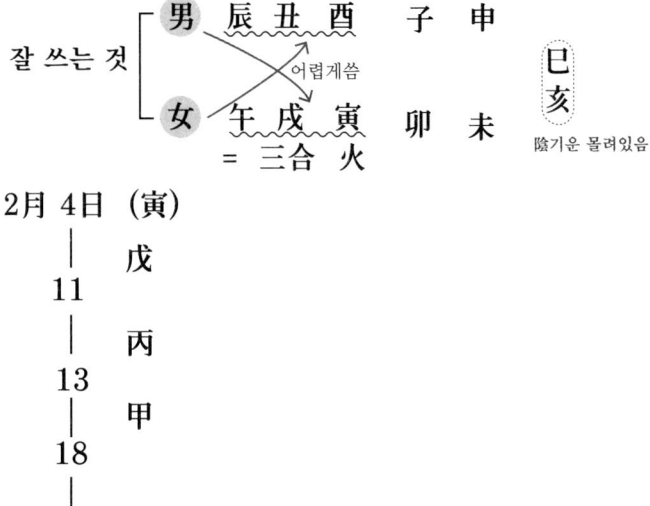

여자들은 제일 활발하게 잘 써먹는 것이 보통 午나 戌, 寅정도

잘 쓰고 寅午戌이 기본적으로 三合의 결과물로써 火를 조성하는 인자가 되는데, 그중에서 午는 현찰이고 戌은 보온물병처럼 불기운을 항상 장축하고 필요에 따라서 열어줬다가 또 수렴해주었다가 하는 그런 작용을 하는 것입니다.

그다음에 寅은 火氣를 발화시킬 수 있는 인자로 작용함으로써 대체로 잘 써먹으니까 이것은 뒤집어 생각하면 됩니다. 여자가 辰, 丑, 酉 이런 것을 지나갈 때 어떤 식으로든 고달픔이나 힘든 흐름이 발생합니다.

[그림 19-2-3]

寅 地藏干을 보면 7일간이 戊가, 11일부터 18일까지 丙이 놀고 그다음에 甲이 놉니다. 寅월이기 때문에 가진 속성인데 올해가 어떤 해입니까? 丙申년에 庚寅월입니다. 그러니까 이놈이 기본적으로 연월에서 소양(少陽)에 상화지기(相火之氣)입니다. 그래서 寅申相冲이라는 것 자체가 결국은 갈수(渴水), 발화(發火)가 되는데 그러니까 갈수(渴水)라면 인간과 인간 사이에도 촉촉하게 붙는 작용을 하는 것이 아니라 보편적으로 일어나고 있는 운동이 이런 소양지기(少陽之氣), 상화지기(相火之氣) 이런 것들

이 활발하게 일어나는 작용을 합니다. 이것이 오히려 대체로 물이 조성되는 시기에는 다정지기(多情之氣)가 됩니다.

水운동이 대체로 활발해지면 사람과 사람끼리 싹 붙어서 뭘 하고 있고 그것이 좀 심할 경우에는 '쏙닥쏙닥, 수군수군, 비밀비밀' 합니다. 그래도 대체로 서로 '너만 알아라!' 하면서 서로 가까이 됩니다.

그런데 丙申년에 庚寅월 이렇게 되면 이것이 오히려 물 반대편으로 갑니다. 수시로 불이 튀어 올라옵니다. 물론 그것 때문에 득 보는 사람도 발생하지만 그래서 이 글자에서 2월 하여튼 4일인가 3일 날인가 있었던 이야기입니다.

"이번 달 피곤하겠다." 하면서 우리 같이 일하는 스텝들하고 이야기한 겁니다. "왜 그런지 아느냐?" 하면서 이 이야기를 해주었습니다. 이 이야기를 해주면서 이번 달은 丙申 庚寅 이놈이 작용하기 때문에 이것이 수시로 골치 아픈 일들이 발생할 수 있다는 것이죠.

이런 겁니다. 그러니까 지금 사회현상으로도 제일 큰 사건이 있었습니다. 남북 간에 '개성공단 철수한다.' 이러니까 '바로 나가라!' 하는 것이죠.

이것이 어떤 작용입니까? 丙申년 庚寅월 이 글자들 속에 전부 다 노출되어 있으니까 그런 작용이 일어나고 거기에다가 오늘 일진은 己巳일입니다.

[그림 19-2-4]

寅중 丙이 움직이는 13일부터 반짝 워밍업하려고 문을 여는데 그날이 乙丑일이었습니다. 그래서 乙丑일 이것이 저한테는 天殺도 되고 또 巳酉丑 작용은 자꾸 끊어지는 작용입니다.

"아이고 오늘도 좀 피곤하겠구나!"

생각했는데 역시나 한 명이 저를 괴롭혔습니다.

"선생님 공부하셨으면 格은 알지요?"

[그림 19-2-5]

"선생님 공부했으면 格을 맞춰 보이소?"

이러는 겁니다. 참 기가 차서 제가 그냥 일부러 그 구도대로 대답하는 것 자체가 그래서 "格만 가지고는 그게 다 해결이 안 되는데…." 하니까 "格이 뭔지 맞춰보라니까요." 하는데 제가 어이가 없었습니다.

오늘도 아침에 일진 보고 '오늘 나가면 진짜 또 피곤하겠다.' 생각했는데 그것도 마지막 손님입니다. 피곤한 한 사람이 와서 화를 돋우던데 명조가 갑자기 그냥 막 범벅이 되어버린 겁니다.

보통 팔자를 보고 나면 그중에 중요한 소스가 될 만한 것들은 바로바로 기억하는데 거기 또 붙들려서 피곤하게 되어 버렸습니다. 그러니까 일진을 볼 때 이런 요소들을 여러분이 참조하시라고 이야기 해 드리는 것입니다.

지금 보편적으로 머무르고 있는 기운이 丙申 庚寅이기 때문에 막 성질나면 불 질러버린다는 겁니다. 이런 경우에 서로 '수군수군, 속닥속닥, 다정, 화합' 이것이 안 되는 겁니다. 그래서 자꾸 이것 가지고 끝까지 그것을 물어보길래

"모르거든요. 잘 모르거든요."

"아~ 그것도 모르면서 말을 합니까?"

"그런 것 말고도 보는 방법이 있습니다."

결국은 寅申 작용 때문에 결론을 낼 수 없다는 것을 이미 알고 하는 겁니다. 그러니까 명조는 아까 샘플을 제가 떠올리려다가 그것보다 오늘의 일진까지 해서 丙申년 庚寅월 己巳일의 작용들을 여러분이 생각해 보시기 바랍니다.

물론 丙火라고 하는 기운을 잘 쓰시는 분들은 생각 못 한 이벤트라든지 보상 이런 것이 발생하지만, 偏印으로 쓰거나 偏官으로 쓰거나 또 劫財로 쓰거나 힘들게 쓰는 사람들은 굉장히 번거로워지는 것입니다.

그러니까 기본적으로 歲君의 인자는 金인데 그래서 지금 歲君의 인자에 의해서 庚이 투출되어 있습니다. 그다음에 申의 반대

편에는 寅이라는 인자가 와있고 또 寅중에 있는 丙火가 드러나 있고 그다음 地藏干 (戊7일, 丙13일, 甲10일) 변화 일자로 볼 때 戊, 丙에 놀고 있고 丙 이런 것이 들어오면 '배 째라!' 이런 것이 생깁니다.

"네가 뭐 아는데?"

이렇게 되는 겁니다. 그러니까 아무리 학문적으로 멋있게 설명해줘도 이것은 김밥 옆구리 딱 터진다. 그러니까 아예 모른다 해 버리는 것이 더 나을 수도 있는 겁니다. 약간 지엽적인 것으로 넘어왔습니다만 이런 인자들의 작용을 항상 생각하시면서 이렇게 피곤한 날은 그냥 노십시오.

앞에 샘플에서 제가 언뜻 기억 속에 지나가긴 했었는데 辰, 丑, 酉 적용법 아시겠죠? 물론 이 나머지 무리에는 또 어떤 것이 있습니까? 子, 申이 있습니다. 辰, 酉, 丑을 가장 잘 써먹는다면 子, 申 이런 것이 두 번째로 써먹게 됩니다.

그다음의 여자일 경우에는 대체로 卯나 未나 이런 것이 잘 써먹는 인자 이런 것이 됩니다. 그래서 팔자 명내에서 구성인자를 그대로 보는 것과 그다음에 피곤하게 쓰는 것이 이 뱀 巳자입니다. 겉으로는 불기운이고 合에 의해서 化하면 陰으로 넘어가고 왔다 갔다 하는 거니까 중간 정도에 걸립니다.

돼지 亥자도 마찬가지입니다. 巳, 亥라고 하는 자리는 陽운동을 열어주기도 하지만 모양은 六陰으로 陰의 기운이 확 몰려있는 모양이 있음으로써 이 둘은 巳, 亥는 복잡성을 가집니다.

그래서 地支 자체로만 본다면 상기 내용으로써 보통 무슨 사업을 한다든지 해서 그 사업의 성과물이 양적(量的)으로 표현될 때 辰, 丑, 酉의 시기에 벌 때 많이 버는 겁니다. 그다음에 골병 들 때 골병듭니다. 이런 것이 주로 量的인 요소를 많이 조성하게 된다는 것입니다.

三合의 적용과 남녀 편차

그래서 그 干支적용과 남녀편차가 당연히 존재한다는 것이고 그다음에 三合의 적용은 여러분이 다 잘 아시니까 여기에도 三合적용이 좀 예쁘게 그려 보겠습니다.

[그림 19-3]

분류	寅午戌	申子辰	亥卯未	巳酉丑
男	××	○	×	◎
女	◎	×	○	×

人德 : 남자덕, 남편덕

남녀, 寅午戌, 申子辰, 亥卯未, 巳酉丑 네 개로 분류해서 그림을 그리면 의미가 정확해집니다. 보통 申子辰이 좀 더 잘 써먹을 것 같은데 실제로 보면 巳酉丑 金을 더 잘 써먹는 모양이 됩니다. 申子辰하고 비슷하기는 한데 실제로 보면 巳酉丑을 좀 더 잘 써먹더라는 겁니다.

여자들은 寅午戌, 亥卯未를 잘 써먹고 巳酉丑은 곱표 하나정도 申子辰은 곱표 하나 정도로 보면 됩니다. 申子辰, 巳酉丑은 장단점이 섞여 있는데 어느 것이 더 좋으냐? 나쁘냐? 정확하게 구분하기에는 힘이 듭니다.

 그래서 경제적인 성취물 중심으로 볼 때 남자들은 오히려 申子辰이 陰의 기운이 더 농후함에도 불구하고 巳酉丑에서 좀 더 잘 써먹는 속성이 발생합니다. 그다음에 인덕을 입는 면에서는 또 申子辰이 좀 더 유리한 작용을 많이 발생합니다.

 여자들은 巳酉丑은 비록 힘들게 쓰기는 하지만 그 자체가 金局입니다. 金局이니까 보통 경제적인 결실 보상 이런 것들이 부가적으로 따름으로서 그렇고 이런 申子辰도 경제적인 축적이나 보상 측면에서 긍정적인 작용을 조금씩은 가지고 있지만, 인간관계라든지 이런 면에서 굉장히 희생 국면이 많이 발생하고 또 이럴 때에 재물을 많이 장악하면 陰의 기운이 농후한 인자를 가지고 있기 때문에 건강 쪽으로 굉장히 힘들게 지내는 경우를 많이 볼 수 있습니다. 또 人德을 보는 측면에서도 그대로 상기 표와 같은 길흉작용이 발생합니다.

 오늘 찾아온 손님의 명조가 甲일주였는데 대운이 丁丑대운, 丙子대운 이런 식으로 바뀌고 있었는데, 이미 그전 대운 즉 戊寅대운에 경제적으로 상당히 많은 것을 이룩했고 그 상태로써 조금씩 조금씩 더 좋아지고 있는 상태입니다.

 더 좋아지고 있는 상태인데 무엇 때문에 왔느냐면 남편이 丁丑대운 들어오기 전부터 서서히 서로의 관계가 소원해져서 별거 상태로 살다가 벌써 떨어져 산지가 십수 년이 되는데, 갑자기 옛날에 준 부동산을 내놔라 해서 소송을 걸었습니다.

 증여를 해줬다가 남편이 별거 상태에 있으면서 증여 무효 이런 소송을 한 겁니다. 甲寅일주였습니다. 올해 丙申년이 왔잖아요? 丙申년이 와서 일지를 건드리면서 배우자 자리의 여러 가지 재편요소 그다음에 偏官 七殺의 요소 그다음에 刑과 冲의 동시발생입니다.

그것을 재작년에 제가 써놓은 것입니다. '반드시 배우자 자리에 여러 가지 신경 쓸 일이나 재편요소가 발생한다.' 그다음에 '구설 잡음 관재' 즉 偏官의 일반속성을 다 메모를 해놓은 것입니다.

"나는 이런 것 별로 잘 안 믿는데요. 선생님 이상하게 이런 일이 생겨서 왔습니다."

"까불지 말고 좀 들으소."

大運은 丁丑 大運으로 丑 大運에 들어와 있는 겁니다. 그래서 天干에 傷官을 그려놓고 있고 또 丑 大運이면 여자의 인덕은 사회활동에서 인덕도 되지만 남자 덕, 남편 덕이 포함되는 것입니다. 지금 丑대운 한 6년 차쯤 온 겁니다. 그런데 다음 대운이 寅대운으로 빠지는 것이 아니라 子대운으로 들어간다는 겁니다.

"당신은 원래 丑 大運 들어오면서 벌써 당신은 내용상 과부다. 앞으로도 13년간 과부다. 아무리 서방이 있다고 우겨도 내용상 과부다."

"진짜 어쩔 수 없는 겁니까?"

"당연하죠."

"그런데 재물적으로는 극단적 불이익이 생기는 것은 아니므로 그런 소송을 통해서 재물을 크게 손상당하지는 않지만, 이것을 피할 수는 없으니 그것을 그대로 감당하라."

그러니까 자기는 이런 겁니다. 이 사실도 기분 나쁘고, 내용상 과부다는 이 말도 기분 나쁘고, 재판 자체도 안 하고 싶은데 이것은 말도 안 되는 재판이다.

"이미 증여해 놓고 또 되돌려달라는 이런 것이 어디 있노?"

"모르겠고 그것은 법률전문가에게 물어보시고 하여튼 당신은 올해 운명적으로는 이것을 당해야 된다."

그래서 하도 납득을 안 해서 이렇게 이야기를 했습니다.

"이런 것 안하면 올해 당신이 크게 아프다. 몸에 수술을 하든지 그럴 것인데 그러면 수술하는 게 좋소? 이것이 좋소?"

"둘 다 싫어요."

이러더라고요. 그 손님이 오늘의 스타트였습니다. 10명 중에 한 여섯 명이 전부다 다 피곤하게 비비 꼬는 겁니다.

학생 질문 – 祿을 冲할 때 해로움은 어느 정도 입니까?

선생님 답변 – 祿을 冲할 때 건강 쪽으로 심각한 경우도 많습니다. 그러니까 대운의 흐름이 불리하고 祿을 冲할 때 엎어지는 것입니다. 지게가 자빠지는 것입니다. 이것이 祿을 冲하는 작용도 당연히 발생하니까 祿 冲의 해로움도 있고, 당연히 대운이 어느 정도의 간섭을 주느냐? 또 어느 조건을 주느냐? 따라서 가감을 해야 되겠지만 올해 이것이 딱 일어날 일입니다. 그래서 祿을 冲한다는 것도 굉장히 불리하다는 겁니다. 그래서 자기는 둘 다 싫다고 합니다.

"알아서 하이소. 다음 손님"

그 대운이 丑대운일 때 이것이 陰의 농후(濃厚)를 의미하는 겁니다. 陰氣가 농후해지면 여인이 외부에 와있는 기운을 통해서 재물적인 것을 지킬 수는 있으되, 인덕이나 남자 덕, 남편 덕 이런 것에는 반드시 고충이나 애로가 있다는 것입니다.

申子辰은 반타작쯤 되는 겁니다. 그러니까 이 申子辰이라는 자체가 水운동을 만듦으로써 애정사를 불러일으키는 작용은 하지만 피곤하다는 것입니다. 그래서 전체적으로 이미 陰氣에 의한 해로움이 있으면서 또 水운동을 만드니까 피곤하다는 겁니다. 巳酉丑은 잘 끊어져 버린다는 뜻입니다.

이야기를 들어보니까 丑대운 들어오기 전부터 이미 별거를 했던데 甲寅일주의 특성만 봐도 별거를 안 하겠습니까? 세운만 간섭해도 애들 말로 지랄지랄 할 판인데 대운까지 그렇게 흘러들어가니 흩어버린다는 것입니다.

그러니까 흘러들어온 대운이 앞에 戊寅대운이 옵니다. 이미 寅 자체가 陽氣의 덕을 寅대운에 증여받았다는 말입니다. 그러니까 寅대운에 증여를 받았습니다. 증여를 받아서 거기서 나오는 임대료 가지고 나름대로 잘 먹고 살고 있고 다른데도 조금 있는데, 그런 경제적인 측면에서는 별문제 없이 寅대운에 혜택을 얻었지만, 이 자체가 祿이니까 배우자와의 조화로움이 허물어지기 쉬운 운에 寅대운에 증여받고 한 2년인가 3년 지나서 별거가 서서히 시작되었습니다. 丑대운 들어오면서 아예 별거한 것이죠.

"그동안 어떻게 살았소?"
"그동안 괜찮았지요. 뭐?"

"아니 서방과 떨어져 사는 것도 괜찮은 거냐?"

"그것이 뭐가 문제 있습니까?"

"과연 甲일주다."

그래서 이 寅대운에 받은 것이 이제 丑대운에 사실은 압박이 생겨나는데 다른 큰 흐름이 나쁘지 않기 때문에 재물상 소모는 적다더라도 결국 그런 人德부족이나 陰氣의 해로움은 어쩔 수 없이 감당해야 된다 하는 것입니다.

운을 보실 때 보통 저것이 길흉적인 요소도 어느 정도는 간섭하지만, 길흉보다는 환경 또는 속성을 의미하고 환경이라는 것이 보통 물적인, 인적인 전부 다를 의미하지만 주로 인적인 요소가 좀 더 많기는 합니다. 그다음에 대체로 인생관 이런 것도 많이 간섭합니다. 물론 인생관에 포함될 수도 있는데 삶을 바라보는 정서가 인생관과 매칭되어 있는 것이지만 정서에서 낙천성, 염세성 이런 것들에도 그대로 간섭을 하게 됩니다.

그러니까 원래 명조가 甲일주나 이런 干支 구성은 그래도 막 우뚝 서는 기운입니다. 그러니까 우울증까지는 아직 안 왔던데 만약에 癸丑일주라든지 癸酉일주라든지 陰氣가 상당히 농후하게 명조 안에 드러난 사람이 이런 巳酉丑같은 운을 지나가면, 그러면 인생관도 완전히 염세적(厭世的)으로 확 두드러지게 되고 염세성 뿐만 아니라 우울증도 잘 옵니다. 그래서 명리에서는 우울증이 더 극명하게 잘 보입니다. 결국 陰陽 편기(偏氣)라는 것입니다.

陰陽이 한쪽으로 가버리면 생명력을 잃어버립니다. 그때에 쾌활한 놈이 어디 있습니까? 다 우울합니다. 그리고 그 구간이 대운에서 왔을 경우 이럴 때 기본적으로 5년, 10년입니다. 그것이 사실은 약 먹어서 다 컨트롤이 되겠느냐는 것입니다.

그런 것이 오면 보통 5년, 10년 길게는 子, 丑대운 전부다 20년 더했다가 덜했다가 이런 식이라는 겁니다. 그런 식으로 陰陽 편기(偏氣)가 만들어졌을 때 우울증이 당연히 발생하는 것이고 그런 데에도 많이 영향을 준다는 것입니다.

그다음에 재물이라든지 사회적 성공이라고 하는 위치요소에 많이 간섭하지는 않는데, 환경, 속성, 인생관, 정서 이런 것이 자기가 돈을 벌고 성공을 하더라도 저녁에 퇴근하면 바로 우울증모드로 바로 바뀝니다.

사람들이 고민이라든지 힘들어하는 부분이 이런 것에 의한 간섭자도 많다는 겁니다. 그런 기운 속에 갇혀있기 때문에 상담을 하러 가면

"네가 문제야!"

이렇게 표현을 하잖아요? '내가 문제 맞기는 하는데 이러는 나도 내가 싫다는 겁니다. 싫은데 안 되는 걸 어쩌란 말이냐?' 이런 컨디션 속에 노출되고 그것을 어느 정도 감당을 하고 있다는 겁니다.

어느 모 정신과 유명한 교수님이 있는데 몇 년 전의 이야기입니다. '꼭 좀 만났으면 좋겠다.' 하시는 분이 있는데 이분의 오래된 환자 중에 한 대여섯 명이 너무 상태가 좋아진 겁니다. 너무 상태가 좋아져서 궁금한 것이죠.

"도대체 그동안 무슨 약 먹었느냐? 뭐했냐?"

이렇게 환자에게 물어본 겁니다.

"딴 것 없고 박청화 선생한테 한 번 갔다 왔어요."

그것이 한두 명 같으면 뭐 그럴 수도 있겠다고 생각하겠는데 오랫동안 오던 환자들 중에 대여섯 명이 다 그렇게 이야기를 하니까 '아~ 이 양반이 도대체 뭘 말해 줬길래 그랬을까?' 궁금해서 꼭 한번 미팅하자고 해서, 제가 5~6년 전에 식사를 같이 하면서 그런 부분을 설명해 드린 적이 있습니다.

그분들도 모르는 것이 아닙니다. 원인이 이런 사주 干支가 되고 이 사주 干支가 결국 천체운동 아닙니까? 천체운동에서 온 계절, 그 계절적인 에너지에 의한 영향이라는 프로세스를 어느 정도는 이해는 하는 겁니다. 그런데 체계를 다 소화하지는 못하니까 陰陽 편기(偏氣) 때문에 어떠하다는 것을 그대로 본인에게 설명하고 납득해 줌으로써 우울증을 즐겁게 할 수는 없지만, 우울증을 감당하는 것입니다.

'언제 되면 당신에게 陰陽 偏氣의 기운이 이제 해소되기 시작한다.' 그러면 '그때까지 좀 힘들어도 견디자!' 그러니까 증세가 크게 약화되는 식으로 되는 겁니다. 증세는 당연히 있습니다.

이러나 저러나 겨울은 추우니까 어차피 겨울은 춥다고 생각하고 감당을 해버리더라는 겁니다. 그래서 사실 요즘 이런 속성의 상담도 상당히 많습니다. 그러니까 본인 것을 볼 때는 안 그렇고 본인 가족 것을 볼 때 이것이 많습니다. 본인 것은 대체로 이런 것을 묻습니다.

"나는 언제 돈을 많이 법니까?"

이런 세속적인 목표라든지 이런 것을 묻지만, 그 뒤에 가족들을 물을 때는 이렇습니다.

"이 친구가 몸이 좀 시원찮다."

그러면 '어떻게 어떻게 우울증이 온 지 몇 년 된다.' 그러면 그런 설명을 하게 되는 것이 상당히 많습니다.

해석의 실례

해석의 실례는 워낙 케이스가 많아서 앞의 케이스도 寅대운 잘 써먹다가 丑대운으로 딱 떨어지면서 일어나는 일들이 있습니다. 그래서 지금 丑대운 한 6~7년 차쯤 됩니다.

"지금 남편이 시비 분쟁을 걸어왔으니까 이것이 좋게 끝나겠느냐?"

"큰 흐름으로 볼 때 좋을 수는 없다. 재판은 어떻게 극복을 해서 해 나간다 하더라도 두 사람 사이에 좋아질 확률은 아예 없다. 그러면 앞으로 13년간 기다리면 된다."

13년이면 지금 나이 64세인가 67세인가 되던데 조금 그렇죠?

"그러면 영영 이렇게 살라는 말입니까?"

"어쩔 수 없다. 子 대운에 그냥 애인이나 한 명 만들던가?"

'내 나이가 어때서' 노래가 어디서 나온 것인 줄 아십니까? 노랫말이 작사가가 등산하는데 나이 많은 중년 부인들이 등산하더랍니다. 자기들끼리 하던 말을 따라가면서 뒤에서 들은 겁니다. 그 멤버 중에 한 분이 자꾸 자주 안 나오는 것입니다.

"왜 모임에 자주 안 나오느냐?"

"이 친구, 연애한다 아닙니까?"

그 옆에 있던 친구가 이야기하는 겁니다.

"이 나이에 무슨 연애고?"

이렇게 된 겁니다. 이러니까 그 여자가 하는 말이 이러더랍니다.

"와? 내 나이가 어때서?"

거기서 '내 나이가 어때서?' 가사가 나왔답니다.

67살에 처녀로 시집가는 분이 있었습니다. 대운이 진짜 귀신 장난이었습니다. 그러니까 대운이 어떻게 가느냐 하면 申, 酉, 戌, 亥, 子, 丑, 寅 이렇게 들어갑니다. 이 戌운 한번 지나가 버리고 여기서 보면 陰陽의 농후성을 따졌을 때 陽氣가 순식간에 아주 강하게 펼쳐질 수 있는 것이 이 戌운인데 이때가 65세 대운인가 바뀌었습니다.

그래서 이 양반이 몇 살 때 왔었느냐 하면 63살에서 64살에 왔을 때입니다. 그러니까 막 丑대운이 바뀔 때 亥대운 쯤에 결혼 안 하면 子, 丑운에 짝 찾기가 골치 아파집니다.

그래서 이 시기에 어떻게 했느냐고 물으니까 한번 혼기를 놓치면서 결국은 결혼을 놓치게 되었답니다. 子, 丑대운에 어떤 일이 있었느냐 하면 이분이 아버지가 광산업을 했습니다. 그래서 광산업을 하는데 따라다닌 겁니다. 아버지 사업 같은 경우 치다꺼리가 많습니다. 그래서 따라다니면서 해줬는데 이곳저곳 돌아다니면서 비즈니스에 관해서 그런 활동을 많이 했었는데 그러다 보니까 혼기를 놓쳐 버린 겁니다. 戌, 亥 대운을 넘기고 애석하게도 이 양반이 오십 초반쯤 됐을 때 아버지 광산업이 완전히 망해버립니다.

그러면서 오갈 데가 없는 처지가 되어서 형제들 도움 근근이 받고 또 남 하는 것 거들어주면서 근근이 세월을 보내고 있다가 65살 丑에서 寅대운 딱 바뀔 때 찾아온 겁니다.

그런데 세운으로 볼 때 그 양반이 乙일주였던 것으로 기억하는데 甲申년 하반기나 乙酉년 정도 되면 2004~05년도입니다. 05년도쯤 되면 申 天乙貴人, 正官이 들어옵니다. 그래서 이때 영감을 하나 만날 것인데 위를 보니까 甲을 닮았고 즉 기상은 파릇파릇하고 즉 甲申이라는 기상이 그렇습니다.

그다음에 아랫도리 申金은 백색에 속합니다. 이런 사람은 기상은 팔팔한데 그것이 돈이 있다고 볼 수도 있고, 하얀 털 덮인 사람이라는 뜻도 되고 어쨌든 신상품을 하나 만날 것이니까 기대해 보시라고 했습니다. 그러니까 웃으면서 "오늘 좋은 덕담 하나 듣고 갑니다." 이렇게 하고 갔습니다.

그때가 2002년인가 03년이었습니다. 그래서 이 양반이 대충 나이 들고, 주변에 형제들 도움받고 해서 조그마하게 생활할 수 있는 수단은 되었는데 할 것이 없으니까 노인 아카데미를 간 겁니다. 아카데미를 가서 서로 프로그램 같은 것을 하다가 눈이 맞은 겁니다. 이 영감은 한 6살~7살 많았는데 이미 자식들은 장성 다 해버린 것입니다. 그러니까 칠십 초반쯤 되었는데 부인은 10년 전에 상처(喪妻)를 해버렸고 몸이 아직 너무 팔팔하니까 자기도 할 것이 없고 해서 노인대학에서 만나서 "우리 집에 놀러 와!" 해서 놀러 가다 보니 '가지 말고 그냥 여기 있으라'고 한 것입니다.

가지 말고 여기 있으라고 제안을 받은 것이 2004년 아마 년 말씀 될 겁니다. 2005년 봄쯤에 와서 "어쩔까요? 이 나이에 이제 내가 무슨 창피인지 모르겠다. 여자가 나 혼자 살아도 편하게 살 수 있는데…." 했는데 그러니까 寅다음에 卯대운입니다.

"아니다. 당신은 반드시 이 대운 20년 중에 최소한 15~16년을 반드시 陽氣의 덕을 보게 되어 있다. 그래서 가정이라는 공식화를 하지 않더라도 남자 덕을 보게 되어 있으니까 긍정적으로 생각하고 그 집으로 들어가라."

그 양반도 식구라고 해봐야 개 한 마리, 운전기사, 밥해주는 아줌마 이렇게 밖에 없는 겁니다. 자식들은 다 장성했는데 정식 결혼을 안 하겠다고 이야기를 하니까 자식들은 좋아하는 겁니다.

적어도 한 달에 한 번씩은 들여다봐야 되는데 안 들여다봐도 되니까 또 자식들도 손주들 키우기 바쁜 것이죠. 그래서 해피앤딩으로 갔는데 그 뒤에 칠십 몇 살 때 한번 왔었습니다. 2010년도인가 11년도에 한번 왔었는데 그 이후에는 지금 아마 나이로 76살~77살쯤 되었을 건데, 별로 물을 일도 없고 그사이에 또 寅대운 중에 나름대로 잘해줬을 겁니다. 그래서 "해피앤딩이 있으니까 절대로 이런 대운이 남아 있으면 절대 포기하시지 말고 그때까지 기다려 보십시오."라고 이야기해준 적이 있습니다.

그렇게 승부, 성패, 길흉 이런 것에 많은 간섭을 하는 것은 아니라도 주변 환경, 여러 가지 일의 속성, 즉 힘들게 하느냐? 수월하게 하느냐? 그다음에 여러 가지 긍정적인 생각을 가지고 세상살이를 감당하느냐? 마느냐?

거꾸로 陽대운이 왔는데도 남자가 없다고 우긴다면 반드시 생물학적으로 너무 그런 것이 힘들 때만 아니면 어떻게든 숨어서 친구가 되었든 뭐가 되었든 마주쳐서 득을 보는 남자가 있다고 보면 됩니다.

꼭 배우자나 이성이 아니라도 비즈니스나 일로서라도 여자가 陽의 대운을 만났다는 것은 오빠 덕을 보든 아빠 덕을 보든 삼촌 덕을 보든 하여튼 남자에 속하는 사람의 득을 보게 됩니다. 또 손아래 조카라고 하더라도 남자 조카와 일을 같이 함으로써 덕을 보는 그런 구조 속에 들어간다고 보면 됩니다. 그래서 없다고 우기더라도 반드시 숨은 사람이 있다고 짐작하고 상담을 해주면 됩니다. 이야기 다 끝나고 나면 그때서야 꺼냅니다.

"지금 살짝 만나는 사람이 있는데…"

"살짝은 아닐껀데…"

"이제 한 4년 동안 조금씩 봤습니다."

"근데 그거는 뭐하려고 새삼 꺼내느냐?"

"사실은 내가 뭐 좀 해보려고 하는데 그 오빠한테 도와달라고 이야기해도 되겠습니까?"

그러면 도와달라는 그 답이 어디 있습니까? 이 대운의 속성입니다. 대운의 속성에 남자 덕을 볼 수 있다는 것이 깔려있는 것입니다. 그다음에 남녀 운의 神殺도 좀 편차가 발생하는데 남녀 운도 되지만 그 사람의 형평과 여건도 하나의 판단의 요소가 될 수 있습니다.

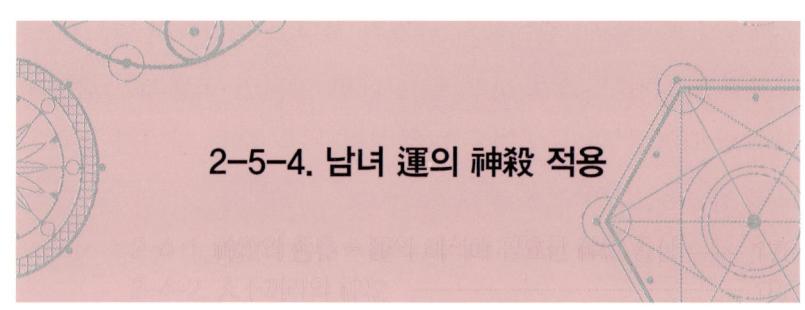

2-5-4. 남녀 運의 神殺 적용

◉ 合과 冲의 적용과 남녀편차

　合과 冲의 적용과 남녀편차에서 合, 冲에서 대체로 남자가 合을 조금 잘 씁니다. 그다음에 여자는 오히려 冲을 좀 더 잘 씁니다. 그러니까 여자는 陰氣가 기본적으로 더 많이 부여되어 있다고 보고 남자는 陽氣가 좀 더 많이 부여되어 있다고 봐서입니다.
　하여튼 남자가 가지는 속성이나 기질이라는 것이 틈만 나면 어쨌든 비집고 나가고 밀고 나가려고 합니다. 그것이 合의 모양은 아닙니다. 合의 모양은 아닌데 그것을 붙들어 잡아서 주로 생산이라고 하는 요소로 유도해 주게 됩니다. 그래서 이것이 모든 케이스가 되는 것이 아니라 이 둘을 비교했을 때 남자가 써먹는 合, 冲이 좀 다르다는 겁니다.
　여자는 오히려 冲을 더 잘 쓰는데 또 존비(尊卑)를 부여하는 것은 아닌데 여러 가지로 사회적으로 역할을 하기가 어려운 상태에 있는 사람 그것은 여자들이 좀 더 그렇습니다.
　요즘은 환경이 많이 바뀌었지만, 그다음에 사는 것이 막 지지부진한 사람, 사는 내용들이 지지부진한 사람들은 이 冲을 오히려 더 잘 쓴다는 것입니다. 그러니까 지지부진한 세월을 보내고 있는 사람에게 冲이 오면 무조건 좋다고 보면 됩니다. 죽든가 아니면 살든가 이런 장면을 만들어 줘야만 그 사람 삶의 내용이 바뀐다는 것입니다.

[그림 19-5]

분류	合	冲
男	○	× 지지부진한者 ○
女	△	○

그다음에 형편이나 처지가 아주 좋은데 冲이 오는 것은 혼란 작용을 일으키거나 부정적인 작용을 많이 하는데 그래서 남자들은 대체로 冲을 힘들게 쓰고 또 여자의 슴은 대체로 곱표까지는 아니고 세모 정도로 보면 될 겁니다.

그러니까 여기저기에 엮여서 마음대로 움직이지 못하는 요소가 됩니다. 그러니까 이런 것입니다. 슴이 왔을 때 식구가 불어난다고 했습니다. 손주가 태어났는데 며느리가 일을 한다면 하는 수 없이 할머니로서 거기에 붙들려서 세월을 보내는 이런 식이라는 겁니다.

그래서 슴 자체가 전체적으로 슴을 긍정적으로 쓰지만 그렇게 되고 그다음에 남자도 지지부진한 삶을 사는 사람은 冲을 잘 쓴다 보면 됩니다. 남녀 구분 없이 지지부진한 사람은 죽기 아니면 까무러치기 효과를 유도해주는 冲이 왔을 때 일단 좋다고 말해놓고 시작해도 됩니다. 일단 좋은데 좋으려면 뭔가 바꿀 수밖에 없는 과정을 거치게 됩니다. 그렇게 좋다고 해놓고 그다음에 가는 겁니다.

🌸 12神殺의 적용과 남녀편차

그다음에 12神殺의 적용과 남녀편차에서 12神殺도 君, 臣, 民 방식으로 묶는 방법이 있습니다.

劫 財 天 地

劫, 財, 天, 地 여기까지 물론 天의 중간 부분까지라고 보통 그 작용이 활발하다고 보는데, 華蓋의 중간 부분에서 묶어서 劫, 財, 天, 地라고 한다면 '박일우 선생님'은 보통 군(君)을 군위(君位)라는 표현으로 묶어놨습니다. 그것은 이해를 돕기 위한 하나의 방법인데 이 군위(君位)가 뭔가 큰 고상함과 노블레스 noblesse를 이런 것을 추구한다는 것입니다.

고상함과 노블레스 noblesse을 추구하는데 실속있고, 영양가 있고 이런 것은 어디로 가야 됩니까? 고상함이나 노블레스 noblesse 입니까? 아니면 현실적으로 뭔가 실속 있는 것입니까? 그러니까 실속으로 실리적인 성취입니다.

그러니까 명예를 추구하는 사람에게는 이런 劫 財 天 地도 잘 쓸 수 있습니다. 그런데 실리를 추구하는 데에는 이것이 대체로 상승작용을 하는 것이 아니라 하강작용을 많이 한다는 것입니다.

年月亡將

　그다음에 年, 月, 亡, 將은 신(臣)이 됩니다. 신위(臣位) 이렇게 표현합니다. 이것은 이해를 돕기 위한 큰 표현이라고 보시면 될 겁니다. 이것이 중간단계가 되고 그다음에 攀, 驛, 六, 華가 민(民)이라면 이것이 오히려 攀鞍殺부터 華蓋殺 이 정도까지가 민위(民位)가 됩니다.

[그림 19-6]
12신살의 적용과 남녀편차

12 身殺					人　間		男	女
華蓋	劫財	災殺	天殺	地殺	君	名↑ 實↓	×	△ ○
	年殺	月殺	亡身	將星	臣	名△ 實△	△	△
將星	攀鞍	驛馬	六害	華蓋	民	名↓ 實↑	○	△

　물론 이것이 장(將)의 중반부부터 원래 기운은 끊긴다고 보지만 攀, 驛, 六, 華에서 특성이 두드러진다고 보고 그래서 劫, 財, 天, 地는 주로 名에서 상승이고 그다음에 攀 驛 六 華에서는 名은 떨어지고 實은 대체로 강화되는 속성을 많이 가지게 되고 그다음에 年, 月, 亡, 將은 대체로 중간쯤 됩니다. 여기에서 대체로 남녀가 써먹는 모양에서 명(名)과 실(實)은 보편적으로 인간이 써먹는 속성이 됩니다.
　남자도 攀, 驛, 六, 華에 떨어져서 높은 곳이 대체로 陽의 기운이 더 펼쳐져 있는 곳 그다음에 낮고 탁한 곳이 陰의 기운이 많은 것으로 봐서 남자들은 이런 운 攀 驛 六 華에서 실리적인 면을 잘 써먹는다는 것입니다.

攀, 驛, 六, 華의 반대는 뭡니까? 대체로 못 써먹는데 名을 쫓는 사람 또는 봉직이나 공직이나 劫, 財, 天, 地쪽에 있는 사람들은 대체로 이 운을 아주 고상하게 써먹더라는 것입니다. 그다음에 年, 月, 亡, 將은 당연히 중간쯤 됩니다.

그다음에 여인은 요즘은 좀 바뀐 것 같습니다. 여인들도 요즘은 실(實)을 더 쫓아가는 것 같은데 대체로 성과물은 나오더라도 힘들게 써먹는 속성이 있음으로써 ▽ 되는 것입니다. 그런데 이것은 결과중심으로 표현한 것이고 대체로 여인은 군위(君位)에서 (△/○) 이 두 가지가 다 섞여 있는 모양이다, 이렇게 보면 됩니다.

보편적으로 직업적인 속성이나 개성에서 뭘 추구하느냐를 봐서 이런 것(君, 臣, 民)들을 참조할 필요가 있습니다.

劫, 災, 天, 地에서 여자는 보통 변화 적은 직장이라든지 살림살이 중심활동 이런 것을 구하고 있을 때 별 무리가 없기는 한데 본인이 사회활동을 주도하게 되면 이것이 배우자와의 어떤 관계 부분에서 劫, 災, 天, 地 이런 12神殺인자가 지나치게 이상성의 추구 이런 쪽으로 잘 가버려서 배우자와 정신적 부조화성 이런 것들이 잘 만들어집니다.

"아이고 인간아, 남자들은 다 그렇다."

본인의 추구성이 뭐냐면 그런 명예나 정신적 고상함 이런 것들을 자꾸 추구하고 있으니까 남자들은 다 저질 이렇게 보여지는 겁니다. 우리 서방을 쳐다보니까 우리 서방도 劫, 災, 天, 地를 달리고 있으면 괜찮은데, 우리 서방이 이쪽 攀, 驛, 六, 華를 달리고 있으면서 "돈이면 다지. 시끄러운 소리 그만해라." 이러는 겁니다.

그럴 때 보통 와이프가 서방님이 돈 잘 벌고 있는데 부인이 매일 선원에 가서 차 마시고 있고 이런 집이 있습니다. '인생무상이다.' 하면서 지내는 것들이 그 사람의 추구성이라든지 해결양식의 편차 이런 것들이 많이 만들어질 때 또 격차가 생겼을 때 잘 일어나는 것입니다.

학생 질문 – 부부의 인연법을 볼 때 대운이 남자가 여자가 君位에 가 있고 이런 식으로도 같이 접목시켜서…

선생님 답변 – 그렇습니다. '박일우 선생님' 노트에도 나옵니다. 그 부분이 君, 臣, 民 대운이 어떻게 흘러가는지 편차를 봐서 이것이 자꾸 인생관이나 문제 해결의 방식 편차가 많이 날수도 있고 거꾸로 날 수도 있는데, 대운이 서로 반대일 경우에 그런 격차가 심해질 수 있는 것입니다.

똑같은 臣位에서 출발했는데 여자는 君位로 가버리고 남자는 民位로 가버리면 그런 경우가 초창기에는 비슷비슷하게 어울려서 잘살아보세 했는데, 남자는 세월이 가면 갈수록 매일 돈 버는 것만 연구하고 돈만 따라다니는 겁니다.

"뭐하노?"

"선방(禪房)이지요."

"뭐하는데?"

"차 한잔 하고 있다."

이런 식이 많습니다. 그래서 스님들과 어울려 놀고 이것이 이런 추구성 때문에 그런 것이 발생합니다.

각종 神殺의 적용과 남녀편차

그다음에 '각종 神殺의 적용, 남녀편차' 이런 것들도 여러분이 일단 도구나 키워드를 지금 하나하나씩 새겨본다고 생각하시고 여러 가지 神殺을 남녀에 적용하는 것을 연구해 보세요. 그러니까 驛馬殺을 남자가 잘 쓸까? 여자가 잘 쓸까? 이렇게 남녀 따라서 쓰는 것의 차이점을 좀 생각해 볼 수 있습니다.

물론 명조마다 차이는 있습니다. 명조마다 역동적인 변화성을 가졌느냐? 아니면 정형화된 어떤 삶의 틀을 가졌느냐? 이것에 따라서 적용되는 편차가 생기지만 또 남자 여자가 써먹는 것도 편차가 생기더라는 겁니다. 그래서 그런 것을 가지고 바라다보면 거기서 드러나는 神殺들의 개성이나 속성들이 편차가 나게 되는 것입니다.

예를 들어서 文昌은 보통 地支의 食神이 위주가 됩니다. 문창귀인(文昌貴人)이라고 하면 食神인데, 이런 운이 오면 남자들은 食神자체의 속성을 더 많이 써서 무슨 일을 막 벌이려하고 뭘 키우려 하고 합니다.

그런데 여자들은 그런 일을 벌이는 것이 아니라 살림을 더 만들려고 하고 이런 식으로 가는 것입니다. 그렇게 해서 똑같은 文昌도 써먹는 것이 다르다는 것입니다. 그래서 여러분이 키워드를 잘 정리해서 해석의 안목이나 기준을 자꾸 만드시기 바랍니다. 수고하셨습니다.

박청화의 실전 사주명리학

運의 해석 夏

초판인쇄	2022. 02. 05
초판발행	2022. 02. 05
강 의	박청화
편 저	홍익TV
펴 낸 곳	청화학술원
주 소	부산광역시 부산진구 양성로 93-1(양정동, 초암빌딩 3층)
전 화	051-866-6217 / 팩스 051-866-6218
출판등록	제329-2013-000014호

값 35,000원
ISBN 979-11-86483-25-1
ISBN 979-11-86483-23-7(전4권)

ⓒ 박청화, 2021
www.hongiktv.com

* 무단 복제 및 무단 전재를 금합니다.
* 잘못 만들어진 책은 구입처 및 본사에서 교환하여 드립니다.